ドラッカー・スクールで学んだ本当のマネジメント 新版

The genuine management learned from Peter Ferdinand Drucker

藤田 勝利

新版

ドラッカー・スクールで学んだ本当のマネジメント

藤田 勝利

ドラッカー・スクールで学んだ本当のマネジメント

CONTENTS

The genuine management learned from Peter Ferdinand Drucker

目次

Prologue

プロローグ

本当の「マネジメント」を学ぶ旅へ 13

Chapter 0

序章

深く学んでいただくために ～本書の前提、目的、全体像について～ 25

Chapter 1

第1章

「セルフマネジメント」から始まる 49

Chapter 2

第2章

マネジャーは何を目指すのか 77

Chapter 4
第4章

イノベーションという最強の戦略　149

Chapter 5
第5章

会計とマネジメント ～知識資本時代の利益～

Chapter 6

第6章

Chapter 7

第7章

情報技術とコミュニケーションについて、本当に大切なこと

Epilogue
エピローグ

マネジメント 355
～明日を創る生き方、働き方～

プロローグ

Prologue

本当の「マネジメント」を学ぶ旅へ

■人と関わり共に目的に向かうために、誰もが知るべき「教養」

本書を手にとっていただき、ありがとうございます。この本を通じて多くの方とつながり、「マネジメント」という奥深いテーマについて対話できることを心から嬉しく思います。この本は、2013年に出版した『ドラッカー・スクールで学んだ本当のマネジメント』に最新の情報を追加してリニューアルしたものです。同著を読まれていない方はもちろん、読んでいただいた方にも多くの新しい発見と気づきがあるように内容を更新しました。

会社だけでなく、学校でも、スポーツチームでも、地域自治体でも、延いては家族でも、私たちにはいつでもマネジメントする力が求められます。人と人が関わり、協力し合い、皆が喜んで笑顔になれるという目的を達成するために誰もが知っておくべき教養が「マネジメント」なのです。

マネジメントは、細かい理論や知識を学べば身につくものでも、ひたすら実務経験を積めば身につくものでもありません。マネジメントをする個々人には多様な個性があったとしても、誰もが共通して守るべき基本と原則があります。実際に皆さんも、タイプが異なるリーダーと一緒に仕事をしても「このようなマネジメントを行ってくれる人や組織だと仕事がしやすく、モチベーションも上がり、結果が出しやすい」という感覚を共通して持ったことがあるかと思います。本書では、それらの重要な基本と原則が一体何かを、実話に基づくケースをまじえてご紹介しています。

経営者、組織のリーダーから、新入社員、学生の方まで、「組織やチームを良い方向に動かしていく」ことに関心をお持ちの方に役立つように想いを込めて書き上げました。誰でもすぐに使えて役立つ「教養としてのマネジメント」を学ぶ旅を、ぜひ楽しんでください。

■「マネジメント」の原理原則を求め、ドラッカー・スクールへ

私自身の「マネジメント」というテーマとの出会いについてもお話しさせてください。私は30歳のときに経営学を学ぶために米国へ留学することを決意しました。仕事もやめ、単身私費での留学でした。数あるスクールの中から1校に絞って出願したのが、ピーター・F・ドラッカーが30年以上にわたり教鞭をとり育ててきた、米カリフォルニア州のクレアモント大学院大学に所属する経営大学院「ドラッカー・スクール」（P.F.Drucker Graduate School of Management ※）でした。5つのリベラルアーツ・カレッジ（ポモナ、クレアモントマッケナ、ハーベイマッド、スクリップス、ピッツァー）で知られるクレアモント・カレッジズに所属するその小さなスクールで、私は生前のピーター・ドラ

ッカー教授や、その思想を受け継ぐ人間的魅力あふれるＭＢＡ教授陣からマネジメント理論全般を学びました。そこでの学びは巷にあふれる表層的な「マネジメント論」とは明らかに異なる本質的なものでした。そして、誰もがいつでも実行し、翌日の仕事の結果を変えることができるほど実践的なものでもありました。

※２００３年に、永くドラッカー教授と親交のあった現セブン＆アイ・ホールディングス伊藤雅俊名誉会長からの寄付を受け、正式名称はPeter F. Drucker and Masatoshi Ito Graduate School of Management に改称されています。

■「ビジネス」だけでなく「マネジメント（経営）」を学ぶ

優れたビジネスアイディアには多くの人の関心が集まります。しかし、長期にわたり、社会に重要なインパクトを与える事業として成功するかどうかはマネジメントの質にかかっています。ビジネスはマネジメント（経営）というテーマの中に包含されるもので、その一部に過ぎません。ビジネスが機能しなければマネジメントも成り立ちませんが、いかに独創的なビジネスアイディアであっても、それを動かす人たちが目的を共有し、各自が高いモチベーションと自己規律を持って取り組むマネジメントが機能していなければ、個々のビジネスは成功しないのです。

そのような理由から、留学に際して私は「ビジネス」だけではなく「マネジメント（経営）」の全体像を体系的に深く学びたいと考えました。留学時に多くのMBA課程のパンフレットやWebサイトを見ると、「我が校は、特にファイナンス分野で卓越した教授陣をそろえている」、あるいは「当校は、情報技術を活用したマーケティング理論の研究で高い評価を得ている」といった説明は並んでいるものの、なかなか「マネジメント」という言葉が前面に出ていませんでした。使われていたとしても、講義名称や一用語として出てくるのみです。経営大学院とはマネジメントそのものの原則と体系を探究し学ぶためのものだと考えていた自分には、いずれもピンとくるものではありませんでした。

そんな中、偶然知ったドラッカー・スクールはその学校紹介でこのように謳っていました。

“We are the Management school, not Business School”
（「我々はビジネス・スクールではなく、マネジメント・スクールである」）

また、こうも書かれていました。

「Efficient（効率的）である以上に、Effective（効果的）であるリーダーを育てることが我が校の使命である」

当時の私はピーター・ドラッカーという人の名前を多少聞いたことはあるものの、その考え方についてはほぼ無知な状態でした。しかし、このスクールの理念に強く共感したのを憶えています。社会人になって約7年、様々な挫折や葛藤を経て経営学を学び直す上で、ドラッカー・スクールの本質的なメッセージが強い力で自分に語りかけてきている気がしました。

■良い経営、良いマネジメントとは？

当時の私には、日々経営や組織変革の仕事に関わる中で感じる、強い問題意識がありました。経営やビジネスにおける様々な施策について「各論」が先行し、細分化されすぎていることに疑問を感じていたのです。どの会社も、いわばマネジメント（経営）という大きな森を見ずに木々の細かいことばかりに目を向け、お金と時間をかけているように思えました。ファイナンスに関わる施策や情報システムも間違いなく企業にとって重要です。プロジェクトマネジメントや業務改善の方法論も導入する意義があるはずです。しかし、コンサルティングやベンチャー事業の立ち上げで日々悪戦苦闘する中で、当時の私は「そもそも」の問いへの答えを探していました。

「良い経営、良いマネジメントとは、一体どのような条件が満たされれば実現できるのか？」

この問いに対する答えが持てなければ、どれほど各部署やプロセスの効率性（収益性）を高めても必ず行き詰まるという確信が私の中にありました。折しも多くの高収益企業で不祥事が起きたり、大規模な事業投資を行った後に突如業績が悪化したりする事態が相次いでいました。そのようなときに私はドラッカー・スクールのことを知り、その後に書店でドラッカーの著書を手にしてみました。そこにはこう書かれていました。

「いかに余儀なく見えようとも、またいかに風潮になっていようとも、基本と原則に反するものは、例外なく時を経ず破綻する」『マネジメント［エッセンシャル版］─基本と原則』（ダイヤモンド社）

この言葉を読み、私は留学する意思を固めました。このドラッカーという人のマネジメント理論には、自分が探していることのヒントが隠されているかもしれないと直感的に感じたのです。私は、マネジメントの基本と原則を徹底して学びたいという思いを胸に、海を渡りました。

■部分も全体も見る、理想的なマネジメント教育

2002年から2004年まで私が留学したときのドラッカー・スクールには、本書に登場する教授陣を含め、使命感が明確で個性豊かな教授が数多くいました。まだ現役で教鞭をとられている方も数多くいます。ピーター・ドラッカー教授がその知的バックボーンとなり、彼の思いに共鳴したリーダーシップ、国際経済学、心理学、戦略論、会計、ファイナンス、ビジネス倫理といった各分野の専門家が教授陣としてスクールに名を連ねていました。日本でも有名な「フロー理論」の提唱者でもあるミハイ・チクセントミハイ教授もドラッカー・スクールで教鞭をとっていたメンバーの1人です。

経営者の視点でマネジメントを学ぶためには、個々のテーマと経営の全体目的を絶えず行ったり来たりして考えることが不可欠です。ドラッカー・スクールの教授陣は自分たちが学生に教える内容について緊密に情報連携をしていました。また、マインドフルネス（セルフマネジメント）を教える教授と組織変革を教える教授が一緒に授業を行ったり、デザイン思考の授業と戦略の授業を合同で開催したり、というユニークなコラボレーションは今でも頻繁に行われています。

本当の意味で経営学（マネジメント）の意義や面白さを学ぶためには、それぞれの要素

がどう連携して経営全体の成功を実現するかを考える必要があります。実際の組織でも往々にして人事、情報技術、財務、経理、マーケティングなどの部署間で断絶が起きてしまい、個々の組織は優れた仕事をしていても全体としては良い結果が出にくいことがあります。経営学を学ぶ段階から、マネジメントの部分と全体両方を見る視野の育成が不可欠です。

小規模だからこそ実現できたのかもしれませんが、全体感を常に見失わないドラッカー・スクールの教育スタイルは、今でも私にとって理想の経営教育モデルです。現在、私が教鞭をとっている大学でのリーダーシップ教育でも存分に活用しています。そのような意味で、本書は、経営学の教育に携わる学校関係者の方にも役立つのではないかと思っています。

■原則を知れば、誰でも創造的な働き方・生き方ができる

殆どの人が人生の大半を「組織（事業体）」の中で過ごします。企業であれ、自治体であれ、非営利組織であれ、政府機関であれ、病院であれ、図書館であれ、教会や寺社であれ、誰もが組織に所属したり、あるいは組織と連携して仕事をしたりしています。であれば、その組織がいかに経営され、いかにマネジメントされるのが良いのかは、人間にとっても社会にとってもすごく大切なテーマです。

この本を通じて、正しくマネジメントすることが日本の、世界の明日を創る大事な仕事であるということ、そして誰でも年齢や業種に拘らず実践していくことで自分の身近なチーム活動から世界を変えていけるということを、多くの方に気づいてもらいたいと思います。そして、そのマネジメントという仕事に自信と誇りを持っていただきたいと願っています。

本書執筆にあたり

本書は、留学体験記ではありません。ビジネスノウハウ本でもありません。ドラッカーの理論だけを勉強するための本でもありません。ドラッカー教授やその理念に共鳴する教授陣がクレアモントで教えていたマネジメントの大切な原則を多くの方に伝えるとともに、日々の実務で実践していただくことを目指して書きました。ドラッカー教授も再三言っていたように、「Management is practice」(マネジメントとは実践)です。マネジメントは実践されなければ、何の価値も生み出しません。

私自身、ドラッカー・スクールを卒業して既に15年以上がたっています。卒業後、ベンチャー企業の役員として事業を率いた経験、様々な企業への経営コンサルティングやリーダー育成支援、そして大学での研究・教育活動を通じて、スクールでの学びを現場で検証・反芻する機会に恵まれました。各章についている「ケース」は実際に私が経験した実話をベースに書いています。どの組織にも、自分にも頻繁に起きる現場の様々な現象の中にこそ重要なマネジメント原則が隠されていることにも気づいていただきたいのです。

本書の内容は、ドラッカー・スクール在学当時に私が「マネジメント」について何を学び、どのように考えを整理し、実践で活かしてきたか、という視点で書かせていただきました。当然、ドラッカー・スクールは現在に至るまでにさらに大きく進化しています。ここで書かれていることはドラッカー・スクールで教えられていたこと、教えていることを網羅しているわけではありません。多分に私自身の受け止め方や主観が入っていることも、ご了承ください。

※本書のケーススタディーは実際に起きた事例を参考にしていますが、記述した名称は架空であり、実在の企業や人物とは一切関係ありません。

序章

Chapter 0

深く学んでいただくために

～本書の前提、目的、全体像について～

本書は、マネジメントやドラッカーの理論について広範なテーマをカバーしています。そのため、本編で詳細まで説明しきれていない重要なポイントがいくつかあります。序章では事前学習的に、いくつかの重要なテーマを先んじてご説明します。この内容からも新しい発見や気づきがあるはずですので、ぜひお読みください。

■そもそも、経営リーダーはなぜ「ドラッカー」から学ぶのか

プロローグにも書いた通り、本書はドラッカーの理論を学ぶことだけを目的にはしていません。しかし当然、ドラッカーの理論が本書全体を貫くバックボーンになっています。多くの方に質問されることでもありますが、なぜドラッカーの理論は、古今東西多くのリーダーに支持され、読み継がれているのでしょうか。その点について簡潔にお伝えすることからスタートさせてください。

1909年、オーストリアに生まれたピーター・ドラッカーは、ドイツに学び、英国でキャリアをスタートさせ、米国での活躍で世界的に知られるようになりました。激動の20世紀を約1世紀にわたって生き、2005年に、30年以上生活し、教壇に立っていた米クレアモントで96歳の誕生日を目前に亡くなりました。ちょうど私がスクールを卒業した翌年でした。卒業生としてクレアモントで行われた学校葬に参加した際、多くの人のお別れのメッセージから、いかにドラッカー教授が周囲の人に愛され、最期の瞬間

まで社会に良い影響を与える仕事をしてきたかを実感しました。

欧米、日本、他のアジア諸国をはじめ、多くの国にドラッカーの読者はいます。事業家だけでなく、学校や政府機関など公的組織のリーダーにも、ドラッカーの著書から学ぶ人が大勢います。米シリコンバレーなどに本拠を置く情報技術（ＩＴ）関連事業を手がける新興成長企業にも、ドラッカーのマネジメント理論を経営の土台としている会社が少なくありません。ドラッカーの語る経営理論は、国、業界、組織の種類に拘らず、なぜこれほど多くのリーダーに支持されてきたのでしょうか。それには大きく4つの理由があると、私は考えています。

①統合性、一貫性

ドラッカーは、ある意味で「経営」「マネジメント」に関する全てについて語っています。ミッション、ヴィジョン、事業環境変化、戦略、イノベーション、マーケティング、リーダーシップ、人と組織、モチベーション、会計、管理、コミュニケーション、ＩＴまで、幅広い経営テーマを網羅しています。

一般的に、あれこれ語りすぎると「軸」が見えなくなりますが、ドラッカーの場合は多様な分野を語っても「軸」がぶれません。その軸は、「企業は何のためにあるのか」「人や社会は経営とマネジメントを通じてどう幸福になれるのか」という、ドラッカー自身の根本的な探究動機とつながった理念でもあります。

ドラッカーの理論にはこのような「統合性」「一貫性」があるため、「リーダーはドラッカーの著作を読めば、経営の要点（原理原則）を網羅的に学べる」と言われます。経営学の研究テーマが細分化されすぎて本来の目的を見失いやすい現代、ドラッカーの著作が今なお読まれている理由の第一は、そこにあります。

②本質を見抜く洞察力

「部分や枝葉ではなく、ズバリ『本質』を突いてきますね」

ドラッカーについて、こう言われる方は多いです。「確かに、そこが最も大事」という原点、課題の本質に気づかせてくれるのがドラッカーです。彼にはなぜそれができたのでしょうか。それは、「人間」「社会」に関する広範な教養のインプットがあったからです。会計数字だけでなく、人の心理、社会、歴史、哲学、経済、文化、政治など多くの知を融合し、それを踏まえた上で、「会社は、組織は、そこで働く人はどうあるべきか」という考察を導くのがドラッカー流でした。「マネジメントとは一般教養（リベラルアーツ）である」と彼が再三伝えていた背景にはそのような思いがあります。

数字に偏ることなく、かといって数字を軽視することもなく（ドラッカー教授は企業倫理や社会的責任を説く一方で、統計や会計も教えていました）、人や社会に関する全体を俯瞰して考えていたからこそ、最も重要な本質をズバリ問いかけたり、言い当てたりすることができたのでしょう。ドラッカー教授は亡くなるその日まで、経営、歴史、政治、文化、心理、芸術など、幅広い分野について学び続け、大学教授として教えていた分野も多岐にわたります。幅広い視点からマネジメントについて原則を導き出しているからこそ、本質的なアドバイスとして経営者やマネジャーに受け入れられてきたはずです。

③「理念」と「実践」の両立とバランス

ドラッカーは大学で教える一方で、大企業、中小企業、非営利団体、スポーツチーム、学校、病院といった多様な組織の経営を支援し、リーダーや経営者、起業家と時間をかけて語り合いました。一見「学問」の人と思われがちですが、実は学会とは距離を置き、実践者のために一貫して仕事をしました。彼は概念や言葉を広めたかったわけではありません。学会で研究が評価されることや経営学者から支持されることを目的にしたわけでもありません。一貫して実践者に向けて書き、語りました。

ドラッカーの「マネジメント」の考え方は理念や言葉として理解するためだけのものではなく、現場実務の中に埋め込み、実践して成果を生むために使うものです。このため、その理論には理念が貫かれていると同時に、「どう実践するか」「実践結果をどう検証するか」といった現実的なことにもそれ以上に重きが置かれています。そのような理念と実践の両立とバランスが、特徴でもあります。

④時代を超える普遍性

20世紀を生きたドラッカーは、常に「現在起きている変化」の中に「未来」を見ていました。直近2、3年で利益をどう上げるか、どう競争に勝つかだけではなく、「何十年と続く重要な変化のトレンドは何か」「企業がこの先も持続的に発展していくために必要なマネジメント原則は何か」を考えました。

20世紀に書かれたドラッカーの言葉は、時代を先取りしていたとも言えます。数十年前に書かれたドラッカーの著書を読んでも、「ああ、これは今のうちの会社で起きていることだ」「今、まさにこういう時代になっている」という感覚を持つことが多いのは、そのためです。歴史の大きな流れを踏まえて組み立てられたドラッカーの経営理論は、それだけ説得力があり、時代を超えて（逆に時代が変わるからこそ）、多くのヒントを私たちに与えてくれます。これも、特徴の一つです。

このように、ドラッカーのマネジメント理論には、他者が容易には真似しにくい特徴があります。それが、古今東西多くのリーダーに読み継がれてきた理由と言えるでしょう。

■セルフマネジメントの重要性

本書の特徴は、マネジメントの本でありながら、「セルフマネジメント」（自分自身のマネジメント）というテーマが最初に来ていることかもしれません。なぜ最初に「自分自身」なのでしょうか。ドラッカー教授は、「組織のマネジャー」である前に「個」として自分のヴィジョンや価値観を明確にし、自分自身という希少な資源を最大限に活かすことが大事だと教えていました。私のまわりの経営者やマネジャーの方にも、組織の方向性を考える前にまず自分の軸をしっかり見つめ直すことが有効だと思われている方が多くいます。本書にも登場するセルフマネジメントやマインドフルネスの認知がずいぶん広がってきたこととの結果であるのかもしれません。

「自分とは何者か」「自分が生涯をかけて追求したいことは何か」「今何を、どう感じているか」「自分自身の価値観は何か」「自分本来の強みは何か」という根本的な問いに向き合うことで、目の前の壁を乗り越え、組織や事業をさらに発展・成長させていくヴィジョンとエネルギーが生まれます。これらはまさに、ドラッカー教授が最初に私たちドラッカー・スクールの学生に対して伝えたことでもあり、設立当初からドラッカー・スクールで大切な教育テーマに位置づけられてきたことです。マネジメントを良くするには、まず自分自身のマネジメントから。そのような考えから、本書では「セルフマネジメント」というテーマを冒頭に持ってきています。

■常にマネジメント全体の視点で考える

私が学んだドラッカー・スクールもMBA課程であるので、1年次は当然「会計」「財務」「戦略」「組織行動」「統計」「情報技術」などビジネス科目を中心に履修します。それらの基礎知識が学べていなければ経営やマネジメントについての議論も上滑りになります。その中でも、このドラッカー・スクールという学校の特徴は、極めて小規模で教授1人に対する学生の割合が小さく、双方向の対話や議論を重視していることでした。そして何より、全ての講義の具体的テーマにおいて「経営」「マネジメント」全体の視点で考えることを学生に要求していました。

詳しくは後述しますが、会計の授業でも、単純に数字的な解を出すだけでは良い評価はもらえません。「その数字の背景にある経営戦略的な意図は何か」、あるいは「その会社の持つ倫理的な価値基準として何を読み取れるか」「この会社で正しいリーダーシップは発揮されていると言えるか。なぜそう言えるか」といったマネジメントの視点での問いを突きつけられました。

個々の授業の予習、復習、課題、研究プロジェクトなどもハードで有益なものでしたが、この「マネジメントとして正しい問い」について考えるトレーニングを受けたことが、卒業後の実務でもとても役立っています。

■マネジメントの役割と目的を再定義する

マネジャーとして成果を上げるためにまず必要なことは、「マネジメント」とはそもそもどのような仕事で、何が重要な役割であるのか、何を成果として生み出すかを考えることです。そこが曖昧なまま日々追われるようにマネジメント業務にはまるのは避けるべきですが、実際世の中のマネジャーの殆どがそのような状態にあると言わざるを得ません。

「彼はマネジメントができる人材だ」
「君にはマネジメント能力を高めてもらいたい」
「子会社Aの業績悪化は、マネジメントの問題だろう」

など、職場には「マネジメント」という言葉があふれています。組織内で使われる言葉を集計したら、間違いなくトップ3に入るでしょう。「現場のマネジメント力の強化が喫緊の課題だ」と考えている企業も多いはずです。

しかし、そのマネジメントの本質的な意味は本当に共有されているでしょうか。私は多くの企業のリーダーに経営やマネジメントについて教える際、「皆さんにとってのマネジメントの定義を他者に伝わりやすい形で書いてください」とお願いします。改めて問われると、簡潔に言葉にできない人が殆どです。普段、マネジメントという言葉を使っていても、その定義は人によってバラバラで曖昧なままです。

頻繁に使われる言葉であり、時にはそれが意思決定に使われ、人材の評価にも使われる。もちろん、その人の給与にも、組織の業績にも影響がある。つまりは、家族を含めた多くの人の人生にも大きな影響を与えるのが「マネジメント」というテーマです。しかし、その言葉の意味は曖昧であったり、誤解されたりしてします。私の疑問と問題意識の発端はそこにありました。

また、留学前に20代で勤務した外資系コンサルティング会社の現場では、英語の頭文字略語が飛びかいました。「BPR（Business Process Reengineering＝業務プロセス改革）」「KM（Knowledge Management＝ナレッジ経営）」「SFA（Sales Force Automation＝営業支援システム）」……それらが「マネジメント」の革新につながると喧伝されていました。昨今でも、「デジタルトランスフォーメーション（DX）」といった言葉が脚光を浴びています。もちろん、いずれも極めて重要なコンセプトです。けれども、私は当時から疑問に思っていました。「良い経営、良いマネジメントとはどういうものか」という根本的な定義が曖昧なのに、どうしてツール論ばかりが先行するのかと。マネジメントの目的が曖昧なままツールを導入し、仮に業務の効率性が一時的に高まったとしても、本当にその企業と経営が良くなったという実感は持てないはずだと考えていました。

本書の各章の内容を参考にしながら、読者の皆さんがマネジメントについて明確な定義を持ち、言語化していただくことを願っています。明確に言語化することで「自分自身が本当はどのような組織づくりをしたいのか」「日々のマネジメントで特に重視すべきことは何か」が明らかになり、それを実現しやすくなるからです。その上でツールを最大限に活用すれば効果はさらに何倍にもなるはずです。

■マネジャーは「管理者」ではない

日本では、「マネジメント＝管理」という訳語が定着しています。この「管理」という言葉には、どこか冷たく、静的で、受動的なニュアンスを感じます。実際、多くの企業でマネジメントについて学んだり、考え直したりする上で最初の壁になるのは、この「管理」「管理職」という訳語の持つイメージです。マネジャーはどちらかというとプロセスや秩序の維持・監視・管理が仕事であり、創造的な取り組みは二の次と思われているのです。

断言します。多くの人が持っている「管理」のイメージは、マネジメント本来の意味とはかけ離れています。

日本では多くの方がドラッカーの著書を読まれていても、ドラッカーが提唱した「マネジメント」の本質はなかなか理解されていません。ドラッカー・スクールで学ぶ中で、私が確信したこと。それは、

「マネジメントとは人間と創造に関わるものである」

ということです。

■管理されすぎると、社員は主体性を発揮しにくくなる

大企業を中心とした有名・優良企業ほど、これまでの成功の再現を目指した統治システムが、逆に「イノベーション（革新）を生む力」「働きがい」を阻害しやすくなるというのはよくあることです。会社側が手取り足取り管理を増やせば増やすほど、逆に、目指していた活力と創造力あふれる組織からかけ離れていくというジレンマです。皆さんの

企業では次のような「症状」は出ていないでしょうか。

- マネジャーや社員が、自らの言葉でいきいきと製品・サービス価値をお客様に伝えることや、顧客にとっての価値を深く探求することが少なくなる（「受け身」「やらされ感」）
- 社内の権限・規定、慣習、制度などが優先される「内向き化」が強まる
- 組織の「縦割り化」が進み、全体最適視点で横の連携を進めることが少なくなる
- 本来、目的を共有し、コミュニケーションを積極的にとり、人を動機づけるべきマネジャーが、現場業務に時間をとられすぎる「プレイング・マネジャー化」が進む
- 結果、社員個々人は真面目に仕事をしても、組織として斬新なアイディアや革新案が生まれにくくなり、業績が持続・向上しにくくなる

これらはいずれも会社が社員をルールやシステムで管理しすぎることによって生じやすい現象です。会社としては良かれと思って導入している厳格な管理システムが、人間が本来持つ自発性や創造性を阻害するのです。本書を読めば分かっていただけるはずですが、ドラッカー教授のマネジメント理論が克服しようとしているテーマの一つもそこにあります。

■本当のマネジメントとは？　～組織は機械ではなく生き物～

人の強みを最大限に活かし、経済的・社会的に価値ある具体的な成果を上げることがマネジメントです。もちろんその一要素として「管理」「統制」も必要です。資源が生産的に活かされるよう、また社員や顧客に危険が及ばないよう、社会に悪影響を及ぼすことがないよう、ルールを明確にして管理することも必要です。実際、ドラッカーの著書『マネジメント』（ダイヤモンド社）の中にも「管理」という章があります。しかし、この「管理」の原文英語は「Control」です。経営上のリスクや危険を避けるためにルールや基準を厳格にもうけてControlすることは重要ですが、それはあくまで、組織としての創造活動全体の中の一要素に過ぎません。また、マネジメントでは状況の変化に応じて、その管理方針自体も柔軟に変化させることが求められます。

「どの組織にも目標は無数にあるが、目的がなかなか見当たらない」と言われます。ルールやノルマを増やし、管理ばかりを強化すれば確かに短期的に結果が出ることがあります。短期的には業績が上がったり、一時的にメンバーの行動が改善されたりするという状態です。管理を強め目標値を多数設定することに一定の効果があることは確かです。しかし、マネジメントそのものを「管理」と捉えてしまうことは大きな誤りです。

マネジメントの2つの役割

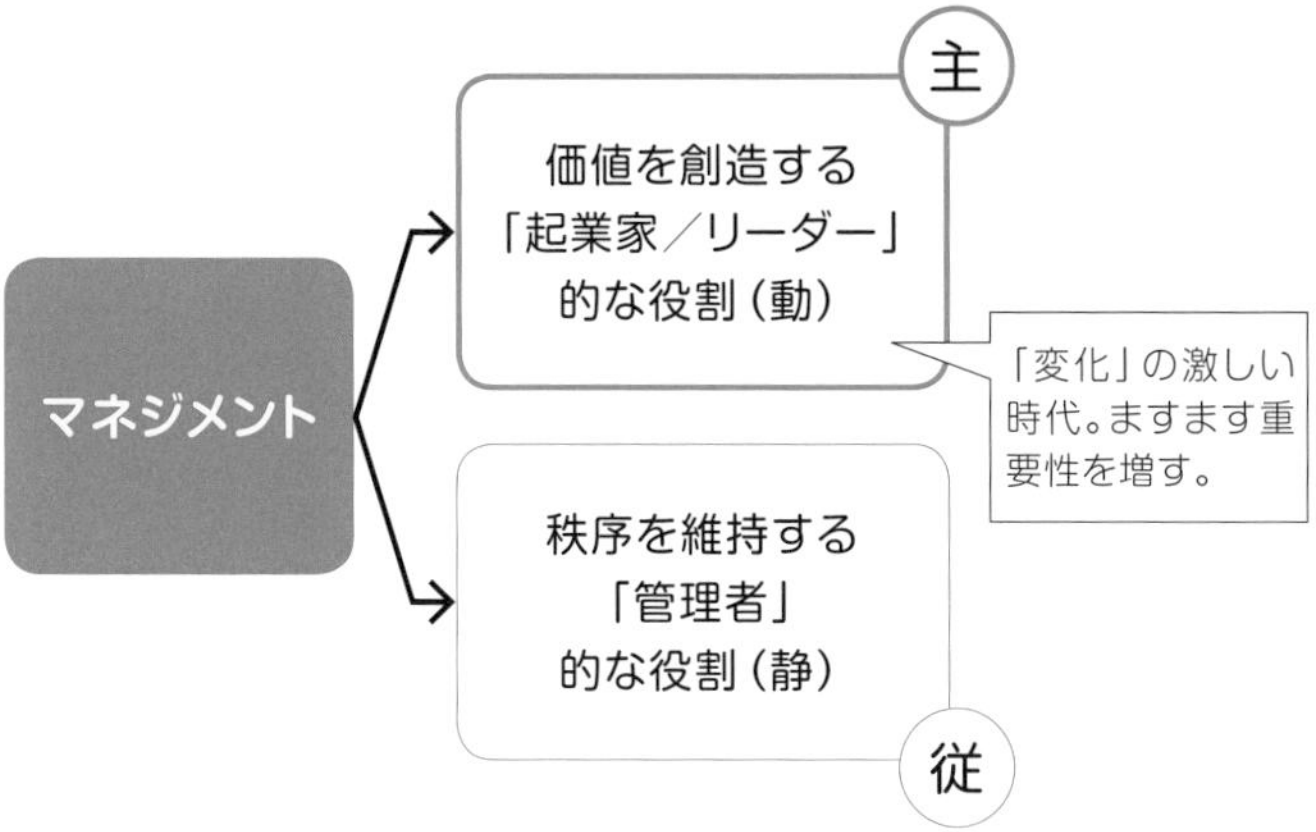

まず「創造・創発」を促す役割がある。
その上で、「管理（Control）」が必要なものは管理をしていく。

上の図を組織のリーダーたちと共有しながら話し合うと、多くの組織が同じ落とし穴にはまっていることが明らかになります。それは、本来の「主従」が逆転し、マネジャーの仕事において管理が主になり、新たな価値を創造する起業家・リーダー的な仕事が極端に少なくなっているということです。それでは、どんなに良いツールを導入しても期待している成果は生まれません。

新しい事業が立ち上がった瞬間から管理を始める組織はありません。まずはその組織の使命と目的に基づいた価値の創造に全員が邁進するはずです。そこから徐々に管理的な要素が増えていきます。あくまで、価値を創造し続けるために管理が必要なのです。

しかし、マネジャーが管理業務に忙殺されて疲弊し、管理されるメンバーの方も創造性や仕事へのエネルギーを奪われているとしたらどうでしょう。本来は管理する目的にあたる、生み出したい価値が見えないまま、手段である管理業務ばかりが増えて働く人のモチベーションを下げている状態です。

人が集まると管理業務にばかり力点が置かれがちになるのは組織特有の習性です。その習性に抗い、組織本来の使命、目的、価値の方にメンバーの視点や仕事の水準を高めていくことがマネジャーには求められます。そのために、「マネジメント」という教養を学ぶことが不可欠なのです。

本書をお読みいただければ、どれだけ技術が発達し、人々の働き方や職場環境が変化したとしても、いや変化するからこそ、本当の意味で優れた組織行動をデザインする「マネジメント」ができる人材がこれまで以上に必要になることがご理解いただけるはずです。人工知能(AI)をはじめとした技術が発達すれば「管理者」は大部分必要なくなるはずですが、本書で書いているような「マネジャー」本来の仕事は人間にしかできないことが大半であり、これまで以上に必要になります。

ドラッカー教授のマネジメント理論を学び、またドラッカー・スクールで教授やクラスメイトたちと議論をする中で私が発見したのが、機械的になってしまいやすい組織をいかに生命力あふれる形で経営するかという原理原則でした。

マネジメントを管理と捉えれば、機械的に目標管理制度や評価システムなどのツールを導入すればよいように思えます。しかし、創造・創発と捉え直すとどうでしょうか。社会、人間、組織、技術、心理、歴史、統計など、学ばなければならない分野が幅広く、深くなります。会社や組織はつまるところ人間の集団であり、そこに関わる個々人の能力を最大限に引き出し、その人たちの能力を創造的で生産的なものにするためには、人間と社会に関する幅広い知見と感性が求められるからです。

本書の構成と各章のポイントについて

本書の本編は7章から成っています。この形に構成したきっかけは、ある経営者の方から「ドラッカーのマネジメント理論を後継者育成や社内のマネジャー教育に使いたいが、範囲が広すぎて難解だ。いくつか重要なテーマを選別してプログラムにしてくれないか」と依頼されたことでした。そこで、ドラッカーのマネジメント理論の中で特に重要且つ実務者を育成するMBA的なテーマとも関連する7テーマを私が選び、それらについてドラッカー・スクールで教えられていた各授業のエッセンスを集約して書いたのが本書です。

あるとき、この7つを特に関連性が強いテーマを結びつけながら図にしてみようと考えて書いたのが、次ページの図です。見てお分かりの通り、まるで人間の形のようになりました。これを見て、私はまさにマネジメント本来のイメージを伝えるのにぴったりだと思いました。この図を見れば、人間の体と同様に、マネジメントの各テーマはバラバラに切り離すことはできず、血管や神経系統と同じく相互につながり合い作用し合っているものだと分かるからです。以来、本書の7つのテーマについて説明するときには必ずこの図を使っています。

この図の内容に沿って、各章のポイントをお伝えしていきます。

第1章　セルフマネジメント

第1章に書かれている「セルフマネジメント（自分自身をマネジメントすること）」は、人間で言えば「心臓（ハート）」にあたります。いくら業務遂行スキルが高く頭脳明晰でも、そのマネジャー本人の意図、価値観、強みといった人間的な部分が相手に伝わらなければ組織を動かしていくことはできません。どんなに頭がきれる優秀な上司でも、「こ

本書各章のテーマと構成

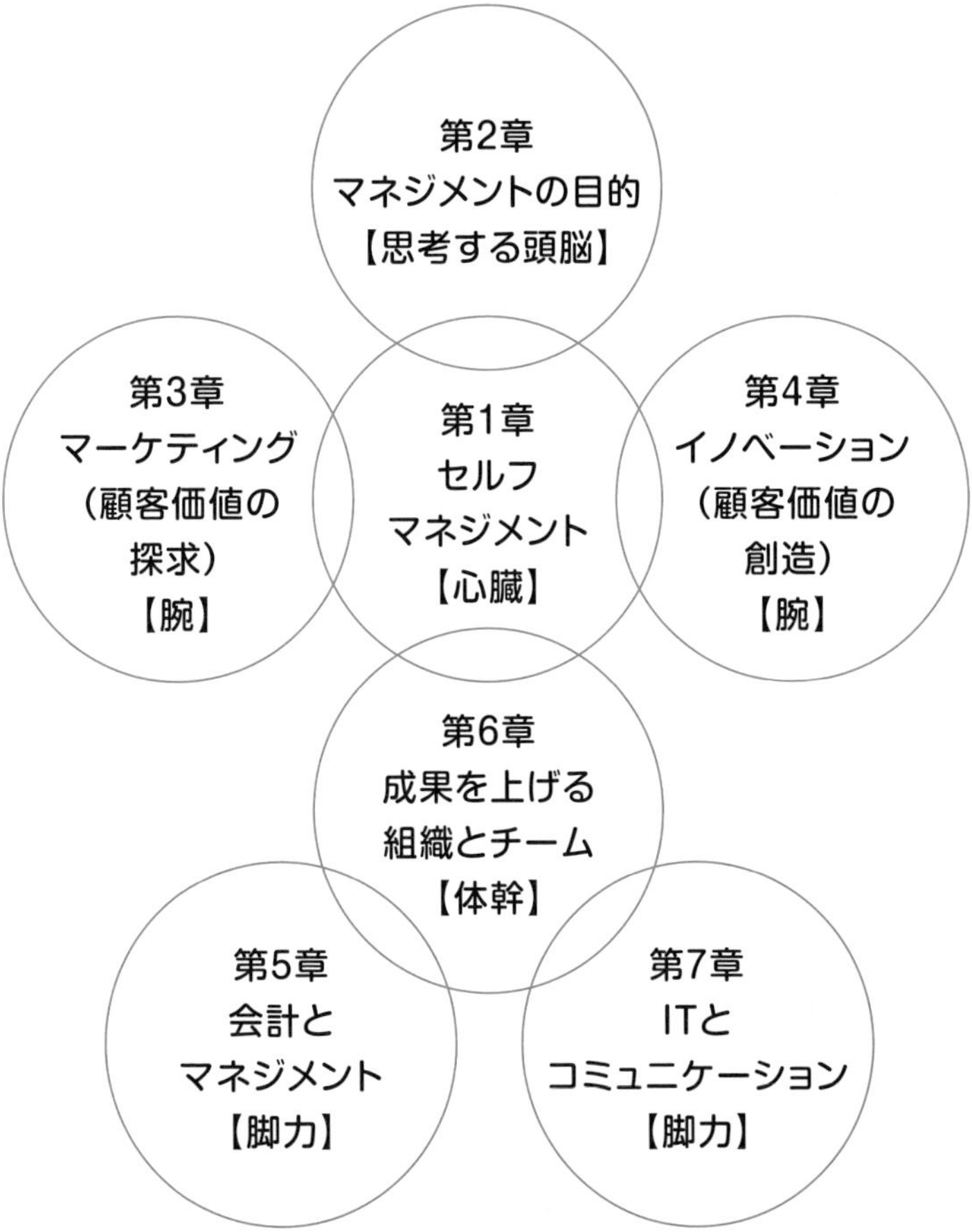

の人の本心や情熱は一体どこにあるのだろう」と感じてしまうことはないでしょうか。その人の人間としての想いや価値観が伝わってこず、まるで機械が話しているかのように感じる状態です。マネジャーは普段から自己認識を深め、自分自身という希少な資源に気づいて活かし、周囲に対して自分自身を表現していくことが求められます。立場や役職という仮面を被った自分ではなく、できる限り本来の自分の真意を伝えるということです。人間にとって心臓の動きが不可欠であるのと同様に、セルフマネジメントは組織のマネジメントをする上で欠かせない大切な条件です。第1章では、この「セルフマネジメント」がどのような場面で試されるのか、誰にでも起こりうるケースを使って解説しています。

第2章　マネジメントの目的

第2章では、マネジャーとしてどのような観点から組織の目的を設定し、方向づけを行うかについて解説します。図で言うと、心臓（ハート）から少し「思考する頭脳」の方に上がっていくイメージです。ただし、思考するとはいえ、前章の心臓（ハート）から思考が分離しすぎてしまっては逆に問題が生じます。組織の目的を考える思考と、人間としての自分自身の情熱や価値観が少なからずつながっていなければ、マネジャーとしても組織の目的に本気でコミットできないはずですし、メンバーの心に訴えかけるメッセージも生み出せません。第2章では、個としては極めて優秀と言われる人材が組織やチームを任されたときに、目的設定で犯しやすい間違いについて触れています。ご自身の経験と比べながら読んでいただきたいです。

第3章、第4章　マーケティングとイノベーション

第3章のマーケティングと第4章のイノベーションは共に「顧客の創造機能」であり、ドラッカーの経営学の中でも最重要テーマの一つです。民間企業、非営利組織、学校など、どのような組織であっても、顧客を創造することは不可欠です。図で言うと「両腕」であり、この両腕でしっかりと顧客にとっての価値を生み出す機能を持たなければ、どのように美しい目的を設定しても、組織が結果を生むことはできません。

マーケティングとイノベーションは顧客を創造するという目的が同じであるため、よく混同されますが、実は明確な違いがあります。マーケティングは顧客が求めている価値を徹底的に探り、その価値を届けることです。一方、イノベーションは、顧客さえもまだ認識していない新しい価値を新たに創り出す考え方です。マーケティングは顧客の声を、イノベーションは社会で起きている変化をよりどころとします。顧客を創造するためにはこの両方の腕が必要で、両方をバランス良く実践していくことが欠かせません。

腕もまた、他の体の部位と同じく、単体で独立して動くことはありません。目的、価

値観、願望、情熱と連動した動きをします。マネジメントに置き換えると、組織の使命・目的や自身の価値観と乖離したマーケティング施策、イノベーション施策では意味がありませんし、何よりそれを実施する人たちの気持ちが乗らない施策では、顧客にとっても魅力が乏しいはずです。マーケティングとイノベーションも、組織の目的やそこで働く人のやりがいとつながるものでなければいけません。第3章と第4章を読みながらこのマーケティングとイノベーションの本質は一体何か、皆さんの実務テーマと紐づけてじっくり考えていただきたいです。

第6章　成果を上げる組織とチーム

第6章は、働きがいがあり、人のモチベーションが高まりやすい組織やチームをどう築くかについて書いています。人間の体は、上半身だけ鍛えても安定しません。足腰や体幹と呼ばれる体の中心がしっかりして初めて、他の部位のパワーを生み出せます。マネジメントにおいて、組織とチームビルディングに関するテーマは、この「体幹」にあたります。とはいえ、ここでも足腰の鍛錬自体が目的となるわけではありません。この足腰を強化するのはあくまで、組織やチームの目的を実現したり、顧客が満足して笑顔になってくれたりする、そんな価値を生み出すことが目的です。また、自分自身の価値観や情熱といったものを犠牲にして組織に合わせることがあってはいけません。第6章では、組織とチームを創る上で何が最も大切なことか、他のマネジメントテーマと関連づけながら説明しています。

第5章、第7章 会計、情報技術（IT）、コミュニケーション

第5章は会計、第7章は主に情報技術（IT）とコミュニケーションについて書いています。人間で言うと、これらは「脚力」と言えます。経営陣から一般社員までが「会計リテラシー」「情報リテラシー」が高い組織というのは動きが速いものです。抽象的な議論に終始することなく、売上げ、コスト、利益、キャッシュ、といったことに勘が働きやすい会社は判断が速いものですし、また新しいテクノロジーに全員が関心を持っていて、少なくともアレルギーのないような会社は、システムの導入、利用、検証も素早く行われ、情報のやり取りやコミュニケーションの遅延も起こりにくいのです。そういう意味で、これらはマネジメントの実行を支える上で欠かせない「脚力」と言えます。

一方で、これらはあくまで組織にとっての「脚」であって、「心臓（ハート）」でも、「思考する頭脳」でも、また顧客を創造する「両腕」でもありません。つまり、利益やITを主役にしすぎて過信してはいけないということです。あるビジネスパーソンの方が、前掲の人間の図を見て、「うちの会社はやたら右足ばかりが発達して太くなっているな」と言ったことがあります。業績数値のことばかりを話題にし、その他のマネジメント機能について省みていない会社は気をつけなければいけません。第5章、第7章の内容から、

皆さんの会社では会計やＩＴについて共通の目的意識を持ち、効果的な活用ができているかを確認してみてください。

このように、本書に書いたマネジメントの７つの重要テーマは、まるで人の体の機能と同じように、相互につながっていて、切り離すことはできません。それがドラッカーの経営学の、またドラッカー・スクールで私が学んだマネジメントの特徴であり他に類を見ない貴重な価値だと思っています。

関心を持たれた章からでも構いません。１章ずつじっくりお読みいただき、マネジメントという仕事の奥深さ、広さ、つながりを楽しみながら学んでください。

第1章

Chapter 1

「セルフマネジメント」から始まる

「セルフマネジメント」という言葉を聞いて皆さんはどういうイメージを持ちますか。これも、「自己管理」といった安易な言葉に訳されてしまうと、「毎朝何時に起きる」「どれくらい運動をする」といったように、「自分自身を厳しく律し管理する」というニュアンスだけで受け取られるかもしれません。

しかし、マネジメント理論の中で扱う「セルフマネジメント」の本質的な意味は、そうではありません。文字通り、

「自分自身という貴重な資源を最大限活かし、成果を上げやすい準備をする」

という意味です。

ドラッカー教授は、ハーバード・ビジネス・レビュー誌の寄稿論文『自己探求の時代』でこう述べています。

「一流の仕事をするには、まず自己の強みを知ること。そして、仕事の仕方を知り、学び方を知る。価値観を知る。自己を知ることで、得るべきところがわかり、なすべき貢献が明確になる」

マネジャーとしてまず自分自身という資源を客観的に分析すれば、組織のリーダーとしてチームメンバーを活かして成果を上げるヴィジョンと軸を持つことができるというのです。

一方、現実を見ると、現代組織のマネジャーの多くは疲弊しています。あまりにも細分化された業務やルール、煩雑な事務処理、人間関係、人事異動や配置転換により、本来の自分とは違う働き方を余儀なくされている場合が殆どです。

ドラッカー教授の考えを受け継ぎ、ドラッカー・スクールでは一貫して、学生にシンプルな原則を教えています。それは、

「自分自身をマネジメントできなければ組織をマネジメントすることはできない」

ということです。

詳細は後述しますが、ドラッカー・スクールで「セルフマネジメント」という講義を担当するジェレミー・ハンター准教授はスクールで多くの学生たちと議論をする中で次のことに確信を持ったと言います。

「多くのマネジャーが自分自身の『外』のことに意識を奪われ、自分の『内』をマネジメントすることができていない」

自分自身の内なる感情や意図が閉じ込められ、本来の自分自身が活かせていない場合には、どんなに美しい言葉で語ったり、見栄えの良いプレゼンテーション資料を準備したりしても、「その人自身の思い」が感じられません。言い方は悪いですが、非常に性能の良い機械が話しているような感覚を受けることもあります。話の内容に感心することはあっても感動することは少ないのです。それでは、組織全体を動かすエネルギーは生まれてきません。感動によってこそ、人は自発的に動くようになるからです。

当然、組織で働く以上はやりたい仕事だけやれるわけではありません。様々な制約やストレスもあるはずです。管理職であればなおさらでしょう。しかしそれでも、自分が一番影響を及ぼすことができる希少な資源である「自分自身」をどう活かし、自分からどう最大限の成果を引き出せるか。この点を考えることからマネジメントの全てがスタートします。

ドラッカー・スクールの学生は、組織や事業のマネジメントに関することだけでなく、

「自分自身の意図、価値観、強み」を認識するために多くの講義で様々な問いに遭遇します。ドラッカー教授自身から教えられた大切なメッセージを含め、この第1章で皆さんと共有していきたいと思います。

次のケースを読んで皆さんは率直にどう思われるでしょうか。

CASE

有望なマネジャーがなぜ自滅してしまうのか

――「自分自身」という希少な資源をいかに活かすか

小林太一さんは、中堅食品メーカーに勤めて14年目の36歳です。妻と5歳と2歳の娘との4人家族です。週末に娘と遊ぶ時間や平日夜のジョギングといった趣味の時間を大切にしています。営業部門に配属され、持ち前の人なつこさ、相手の懐に入り込む性格で、顧客や取引先からの信頼を集め、3年連続地域営業のトップ5に入る実績を残しています。

約1年前に異動があり、本社経営管理部に配属されました。「そろそろ会社全体の管理も広く見た方が良い」という会社側の意向があったようです。営業と管理部では職務内容も全く異なり、「戸惑いはあったものの、同期もうらやむ出世コースの一つと長年言われてきた部署への異動でもあり、自分を奮い立たせました。

これまで小林さんは、営業チームのリーダーとして大方針や目標を立て、顧客と人間関係を築き、チームの若いメンバーと話し合いながらモチベーションを上げていく仕事のスタイルを追求してきました。しかし、管理部に来てからはそのスタイルを大きく変えざるを得なくなりました。殆ど電話も鳴らず、キーボードをたたく音以外に物音はほぼしません。業務時間の大部分をエクセルのシートと膨大な社内文書の作成、統計データの分析に使います。

直属上司の大場部長は管理畑25年のベテランで、言葉遣いや文言、書式などを事細かにチェックするタイプです。仕事内容だけでなく、席を外す時間、昼食のとり方・時間なども含め細かく指摘をする性格でした。その徹底した管理スタイルを貫き、経営管理部長まで上ってきた人であり、もちろんその実力も評価されています。ただ、小林さんとは性格も趣味もずいぶん異なり、なかなか話が合わず、昼食時の会話も途切れがちです。

「いくら営業で成果を出しても、管理部の仕事でも同じように優秀な結果を残さないと全く評価されないぞ。会社は総合力を見ているんだから」と大場部長は言います。小林さんは、この言葉に寝ている間もうなされるほど「追われている」自分の感覚になかなか気づかないでいました。

なんとか管理部でも評価されるようにと、朝は定時より1時間以上早く出社し、夜は終電ギリギリまで仕事をしていました。メンバーに選ばれている「内部統制」「全社販売管理費削減」のプロジェクトで求められる知識が圧倒的に不足していたからです。言うまでもなく、仕事の内容は営業時代とは真逆で、不祥事を未然に防ぐルールの設定、コスト高の要因になると思われる無駄を徹底的に排除していくというものです。小林さんは「こういう知識も自分には絶対必要だ」と自分を奮い立たせ、長時間労働を続けていました。そして、いつしか、夜のジョギングやスポーツはもとより、週末に楽しみにしていた娘たちと接する時間も激減させてしまっていたのです。

営業部時代のお客さんに久々に呼ばれて懇親会に参加したのですが、そこでも異変がありました。昔であれば意気投合したり、わくわくしたりしていた新商品の話やプロジェクトの話に対し、「それは内部統制的には、ちょっと難しいですね」「投資対効果が全然読めないんですよね」とついつい無意識のうちに水をかけてしまう自分がいました。

お客さんとの1次会終了後、元部下たちとの飲み会でも、その傾向はエスカレートします。次第に部下たちも気分を害し、「小林さん、なんかずいぶん変わっちゃいましたね。大丈夫ですか?」と言われる始末です。それでも、「営業にいるだけでは分からないんだよ」と皮肉めいた言葉を返すのがやっとでした。

家庭でも問題は起こりました。ある日遅くに疲れて帰宅すると、小林さんの妻がこぼしたのです。

「あんなに子供たちと遊ぶのを楽しみにしていたのに、最近全然かまってあげないじゃない。二人ともすごく寂しそうよ。それにあなた、最近家で仕事の話を楽しそうにすること、全然なくなっちゃったわね」

小林さんもつい感情的になり、言い返しました。

「楽しい仕事ばかりじゃないんだよ! こういう時期も大事なんだ。女房だったらそれぐらいのこと理解してくれよ」

このようなやり取りから、家でも険悪な雰囲気になってしまうことがしばしばありました。

一方で、異動後8ヶ月がたっても、なかなか業務にはなじめず、年下の部員に質問するたびに「え、こんなことも分からないんですか」という反応をされる始末です。営業で業績を上げてきたというプライドから、徐々に質問もしづらくなり、ますます内にこもるようになりました。人と接するのが嫌になり、昼食も一人でとることが多くなっていったのです。

そしてある日、管理部の同期から、大場部長が外でこのように話していると噂で聞いてしまいました。

「営業で実績を上げているから期待していたんだけど、こっちでの仕事ぶりは全くだめだ。頭が悪い。あれじゃ難しいよ」

小林さんの心の中で何かが切れたような気がしました。誰かに相談することもできず、小林さんはますます内にこもるようになってしまいました。

■「人は強みによって雇用される。弱みによってではない」

このケースに書かれたようなことは、程度の違いこそあれ、誰もが組織の中で経験することとです。日本の企業には特に、「ローテーション」で複数の部署を経験させ、「経営リーダーの視点」を持たせようという考え方が強くあります。

その基本的な考え方は理にかなっていることも多いと思います。経済が順調に成長しているときは、何かで「とがった」人よりも、全体的にオールラウンドな知識や経験を持っている人が昇進することもよく理解できます。

しかし今は「変化が常態」の時代です。市場は飽和しやすく、企業には常に創造的なイノベーションが求められます。その中で特に大切になるのが、個々のリーダーや人材が持つ「意図や目的」「強み」「特有の知識」「価値観」「倫理観」といった資源です。国内外問わず、成長企業のリーダーたちは、例外なくこういった突出した強みを有し、そこから独創的なサービスや製品を築いています。そういった企業と競い合っていく上で、現代の多くの日本企業のリーダー層には「とがった個性、独特の感性」が足りていないと言われます。元々持っている独自性・独創性を、組織人としての長い戦いの中で包み隠してしまっているのかもしれません。

たとえローテーションで人材を育成するとしても、会社側が人材の本当の資質上の強みや独自の価値観といったものを考慮して人事決定することが必要です。業務としては全く別のものにチャレンジする場合も、その人の「根っこ」の資質が活かされることが大前提です。それはもちろん、社員が自ら勇気を持って発信すべきことでもあります。

前述のケースの小林さんにとっては、営業現場で体感できる充実感、顧客との深い関わり、チームで生み出す創造的な成果といったものが自身の強み、価値観、生きがいと深くつながっていました。また、オフタイムにしっかり体を動かすこと、家族とのふれ合いを大切にすることも、小林さんにとってはバランスを保ち仕事の活力を養うために不可欠なものだったでしょう。これらの小林さん独自の要素が、マネジャーとして業務上の成果を創出する上でも重要な資源になっていたはずです。

本人の可能性を広げるための新しいミッションも、そういった小林さんの資質や価値観と接点を持った形で設計されるべきです。でなければ、どんなに自身が自分にムチを打って努力し、仮にそこで業績が多少上がったとしても、本人が輝くことなく燃え尽きてしまいます。そういう小林さんが、部下や組織を率いたとしても、営業職時代のようないきいきとした組織にしていくことは難しいでしょう。

勤勉で忠誠心の強い日本企業の社員は、そのような形で苦しい時代を乗り越えると、「結果的にこれで良かった。部下や後輩にもこういう試練が必要かもしれない」という心理に向かう傾向があります。結果、心のどこかでは人の強みを最大限活かしてあげたいと思いながらも一方でそれらを抑制する管理をしてしまう場合も少なくありません。

『マネジメント［エッセンシャル版］―基本と原則』（ダイヤモンド社）にあるドラッカー教授の言葉には強い信念が表れています。

「人は弱い。悲しいほど弱い。（中略）しかし人は、これらのことのゆえに雇われるのではない。人が雇われるのは、強みのゆえであり、能力のゆえである」

変化が激しく業績も不安定な時代に、特定の組織に雇用されるということは簡単なことではありません。では、なぜ会社は人を雇うのでしょうか。それは、その人が本来持っている強みを組織で活かしたいからに他なりません。だからこそ、厳しい就職面接で、個人の持っている価値観や資質について、真剣に確認するプロセスがあります。

■自身の強みの発揮が、創造性・生産性を高める

「得意なことだけをやらせるべき」ということでは決してありません。英語力がある、ＩＴの知識がある、といったことは資質というより技能です。技能面では、教育上様々な分野に可能性を広げさせることも必要でしょう。一方、ここで言う資質とは持って生まれた、あるいは成長過程で身につけてきたその人特有の強みです。「人や場を明るくすることが得意」「プレゼンテーションそのものが得意」「複雑な情報を整理して概念化することが得意」など、人それぞれ根っこの資質があるはずです。本人すら気づいていないかもしれないこの資質的な強みを仕事ぶりや会話の中から発見していくこともマネジャーの重要な役割です。なぜなら、根源的な強みを発揮できているときにこそ、人は想定していなかったような成果を上げたり、独創的なアイディアを生んだりするからです。

心理学の研究も進み、仕事において自分の強みを発揮できていると実感する時間が長ければ長いほど、仕事へのやりがいが高まることは周知の事実になっています。つまり、強みの発揮こそが人の持つ能力とパフォーマンスを発揮させ組織の生産性を高める条件になります。人間自身が発揮する生産性向上のインパクトは情報技術がもたらす効率性を遥かにしのぐ可能性があります。読者の皆さん自身が、あるいは部下や同僚の方が、その強みを存分に発揮した結果想定を超えるようなパフォーマンスを発揮した、または目にしたという経験が必ずあるはずです。

「日本の会社では、入社面談では強みや資質が問われる。入社後は弱みをいかに是正するかが問われる」と、ある企業の幹部が皮肉まじりに言ったのを憶えています。残念ながら実情を表しているかもしれません。もちろん、目的を達成する上で致命的になりうる弱みは、マネジャーとメンバーで話し合いながら協力して修正していくことも必要でしょう。例えば、営業職をする上で時間にルーズであることや、広報業務をする上で原稿のダブルチェックを怠りやすい、といった致命的な欠点です。せっかくその人が持っている強みを台無しにしてしまうような弱みは修正すべきです。しかし、弱みを修正しても、その人材からプラスの価値は引き出せません。せいぜいできるのは、マイナスをゼロにすることだけです。これは私がポジティブ心理学のコーチング資格をとった際に専門家である講師から改めて学んだことでもあります。

私がドラッカー・スクールで再三学んだ、ドラッカー教授のマネジメント原則は、

「強みの上に築く（Build on your strength）」

です。知識労働が主流になる時代に、人が発揮しうる無限の可能性に期待するのだという哲学がそこにあります。まずマネジャー自身が自分を活かすセルフマネジメントを徹底することが、結果的にチーム全体の成果、働きがい、生産性につながっていくので

自分自身を活かす「セルフマネジメント」がチームの成果につながるプロセス

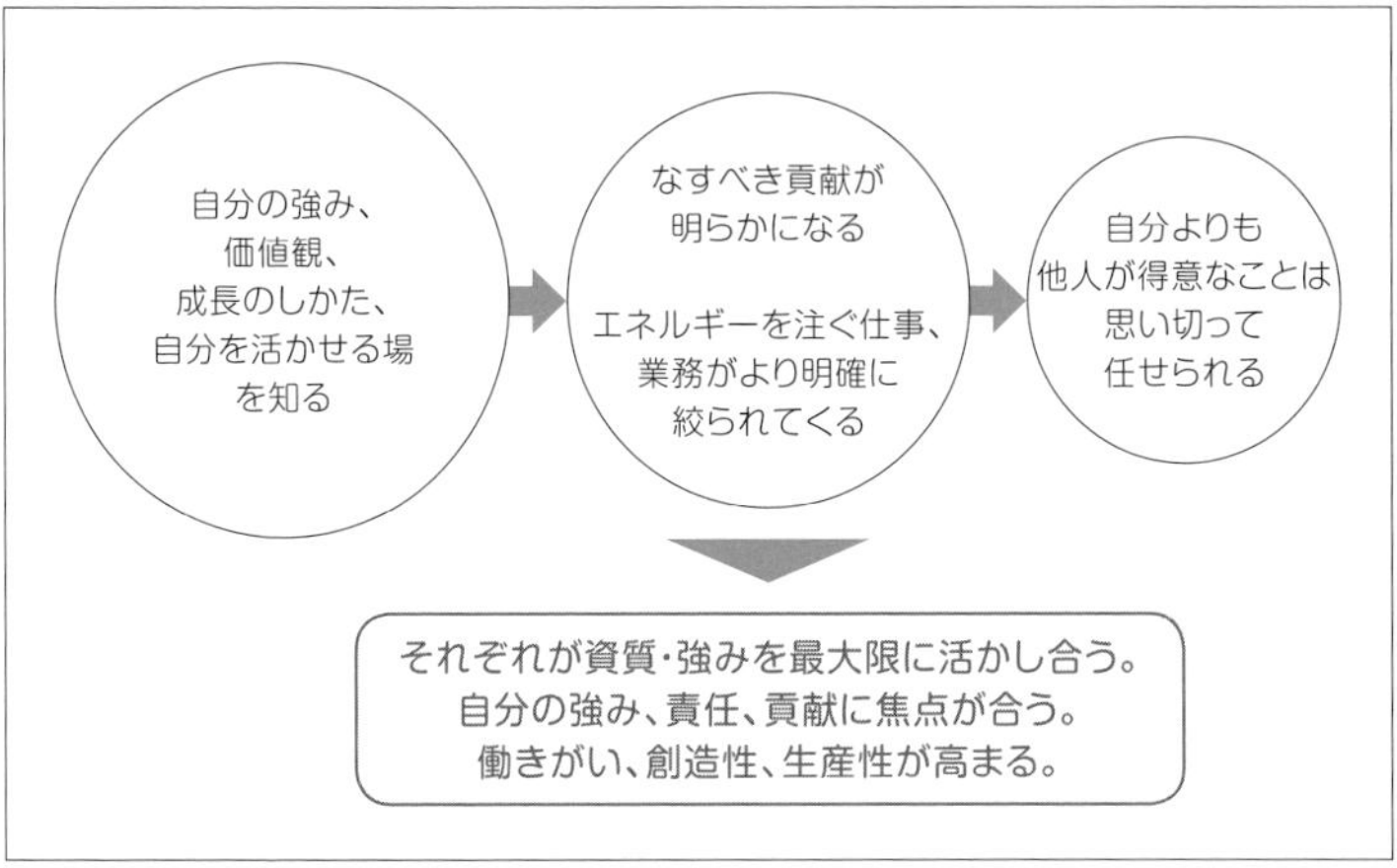
自分の強み、
価値観、
成長のしかた、
自分を活かせる場
を知る
なすべき貢献が
明らかになる
エネルギーを注ぐ仕事、
業務がより明確に
絞られてくる
自分よりも
他人が得意なことは
思い切って
任せられる
それぞれが資質・強みを最大限に活かし合う。
自分の強み、責任、貢献に焦点が合う。
働きがい、創造性、生産性が高まる。

す。

■マネジャー自身の「言葉」は聞こえるか

私がドラッカー・スクールに入学後、初めて受けたドラッカー教授の講義で、最初にこう言われたことを憶えています。

「Remember who you are. Take your responsibility」

（自分とは一体何者か、心に刻み込みなさい。そして、あなたの責任を果たしなさい）

多くの組織で、マネジャー職にある人が「我が社では」「私の部では」といった言い方をされます。しかし、本当に強いマネジメント力を発揮するためには、まず「自分自身が何者で、何を使命としており、何が価値観か」といった自己認識を明確にしなければいけないというメッセージでした。そして、「会社が決めたから」「上長の方針だから」ではなく、「自分は、こう考えるから」という強い軸を持たなければ、部下もついてこずマネジメントとして成果を上げることはできない。そういう自分の軸に対して強い責任を持て、という意味だったと理解しています。

ドラッカー教授は、その講義で次のようにも話していました。

「特に日本からの学生は、自己紹介をしてもらっても会社の名前や部署、肩書きを言うだけの人が多い。しかし、私が知りたいのは、その人自身が何者で、何を大切に考えて生き、働いていて、何が強みなのかということだ」

マネジャーが部下に方針を尋ねられ、

「俺も意図が理解できていないのだけど、上の方針だから仕方ないよ。やるしかない」

と言うのと、

「完全には同意できないところもあるけど、この点は大いにやる意義があると思う。こういう成果に間違いなくつながると俺も思う。一緒にやらないか」

と言うのでは、部下のモチベーションも仕事への取り組み方も全く変わってきます。

前者はマネジャーという「肩書き」で仕事をしている人。後者はマネジャーとしての「責任」で仕事をしている人。そういう違いがあります。

ドラッカー教授は講義において、

「マネジャーは権限や肩書きを得るのではなく、貢献する責任を得る」

と語っていました。責任とはまさに、組織全体の成果に対し自らの意思と創意工夫により貢献する責任です。マネジメントする人材は、肩書き・役職よりも「自分の声」でその使命と目的を語らなければいけません。それは、30人の組織の長であっても、3人のチームやプロジェクトを率いる立場であっても変わらず重要なことです。

ドラッカー教授は、自身が1939年に出版した最初の著作『「経済人」の終わり（原題：The End of Economic Man）』（ダイヤモンド社）の中で「機械論的世界観の限界」について書いています。機械的に人間の労働を管理するのではなく、意思の力、判断力、理性を持った協働力といった、まさに生命体ならではの能力を活かして経営するというドラッカー教授の信念が初めて表現されたものだと私は解釈しています。今から80年以上前、工業社会の真っただ中で、企業・組織を「機械」ではなく「生命」的に捉える必要性を提唱していたのだから驚きです。ドラッカー教授が、まず「自分自身」という人間軸を重視するのは、そういった考えが背景にあるのでしょう。

誰しも自分自身が活かされていると感じなければ、真の挑戦意欲やリーダーシップは生まれません。まず自分自身という資源を活かせていると実感することで、主体的に自分の意思や責任意識を自らの言葉でメンバーに伝える活力が生まれます。そのようなマネジャーからメンバーも触発され、ますます組織が生命的に躍動していくという流れが生まれるのです。

■自分の価値観を知ることで「倫理ジレンマ」を克服する

ドラッカー・スクールの講義の中で私にとってとりわけ思い出に残っているものに「倫理ジレンマ（Ethical Dilemma）」という講義がありました。違法ではないけれど倫理観的には非常に判断が難しい問題についてのケースを多数読み、クラス内で徹底議論をするというものです。クラスメイトは様々な国籍や経験を有するので、当然なかなか明快な結論は出ません。

例えば、ある辣腕プロデューサーが異例ともいえる高視聴率の人気番組を制作し、会社にも自分にも莫大な利益をもたらしている一方で、その番組を観た小中学生に「行動や言葉遣いが乱暴になる」といった好ましくない影響が出ていることが指摘された実話に基づくケースがありました。自身が経営者、あるいはそのプロデューサー自身であれば、どう判断して行動するか。もちろん、子供に悪影響を与えると思われる要素こそ一方で高視聴率の要因でもあり、だからこそ悩みが深いジレンマです。

これを単にきれいごとではなく、自分が会社の収益に責任を持つ経営者である場合、あるいはキャリアのピークにいて、番組のさらなる成功が絶対に必要だと考えているプロデューサー本人である場合にどう考えるか。こういったジレンマのケースには、会社の財務状態がどうであるとか、そのプロデューサー本人のこれまでのキャリアや挫折、ここでのさらなる成功がどれほど本人にとって重要なことか、など様々な前提情報が入っていています。だからこそ、簡単に意思決定がしにくい問題です。従業員、取引先、顧客、延いては自分の家族にも大きな影響があるからです。

その他にも、

「ノルマや決算数字を達成するための、押し込み型の営業に関するジレンマ」

「過大広告か否か、線引きが難しい広告宣伝に関するジレンマ」

「人間性は優れているが業務面では貢献度が低い生え抜き古参マネジャーの処遇に関するジレンマ」

など、誰もが思い当たるようなジレンマのケースが沢山取り上げられる講義でした。日本人だけでも意見がまとまらないテーマばかりなので、当然多国籍混合のクラスでは結論が出ません。金融機関出身の学生は数値分析的な観点で、NGO出身の学生は理想を前面に出して持論を展開します。先進国の学生はその視点で話しますし、途上国の学生の考え方には当然その国の経済・社会状況が反映されます。

ケース以外にも哲学や倫理学、心理学といった文献を山ほど読まされます。そして、教授は議論をファシリテートはしますが結論は言いません。判断は全てこれから経営のリーダーになる私たち学生に任されています。これが、当時の私としては消化不良で、何か明確な答えや指針を得たいとジリジリしていました。

しかしあるとき、セルフマネジメントの考え方とこの「倫理ジレンマ」の講義が融合していることに気づきました。理論や知識は自分の外のものから学ばなければなりません。しかし、最後にどういった価値観・倫理観を優先し、組織をリードしていくか、その答えは「自分」の中にしかないと気づいたのです。少なくとも、違法か合法かの判断だけでは足りません。全てはマネジャー、リーダー自身の価値基準や信念で意思決定をし、その責任を負わなければいけません。そのために自分の中の軸を普段から知っておく必要があります。

もちろん、企業は利益を上げないと生きていけません。しかし、自分自身の中にその利益数値の最大化よりも大切にする「価値判断基準」があるかどうかを問われます。

ドラッカー教授も常に

「あなたは何によって記憶されたいですか？」(What do you want to be remembered for?)

という問いを私たちにぶつけてきましたが、その問いはまさに「価値観」「価値判断基準」を自分自身で認識しなさい、というメッセージでもありました。この授業を受けた頃から、ドラッカー・スクールが「ビジネス・スクールではなく、マネジメント・スクールである」と主張する意味が少し分かり始めた気がしたのを憶えています。

リーダーが、日々発生する様々なジレンマを包含する問題に対して「筋の通った」信念で対処することで、会社や組織の行動規範がしっかりとセットされます。社員が一番見ているのは、身を切られるようなジレンマの中で、リーダーである上長やマネジャーが何をよりどころにどう決断するかです。短期的な損得を超えた勇気ある意思決定をすることで、社員のやりがいや組織への帰属意識という長期的なメリットが生まれます。逆に言えば、短期的な利益を優先するような判断を示してしまえば、信頼関係や仕事に対する誇りといった長期的な価値を失います。

組織運営に様々なジレンマはつきものです。それを乗り越えるには、セルフマネジメントの基本である自分自身の価値観や判断基準を明確に持つことが不可欠です。儒教の教えにも、「修己治人」という言葉があります。まず自分自身が修まっていて初めて民衆を治めることができる、という意です。ドラッカー教授のセルフマネジメントの考え方にもこうした東洋的な思想が影響を与えていると思います。

■ドラッカー・スクールで教える「21世紀のセルフマネジメント」

ドラッカー教授の「セルフマネジメント」の考え方を、より現代的な形で研究対象とし、学生に教えている指導者がドラッカー・スクールにいます。ジェレミー・ハンター准教授です。ハンター准教授は、「フロー理論」を提唱したミハイ・チクセントミハイ教授にシカゴ大学で学び、同教授がクレアモント大学院大学に移籍されたのをきっかけにドラッカー・スクールで「セルフマネジメント」を教え始めました。

ハンター准教授の講義は、私が卒業する前年に本格的にドラッカー・スクールで始まり、話題になりました。現在でこそ「マインドフルネス」は誰もが聞いたことのある言葉として浸透していますが、彼はこの言葉が広く知られる遥か前からクレアモントでマインドフルネスを活用したセルフマネジメントについて調査・研究し、教えていました。

私自身は、履修授業時間の関係で在学当時にその授業を受講することは叶いませんでしたが、卒業後も連絡を取り合い、以後日本で彼の講義を開催したり、プライベートでも一緒に出かけたり食事をしたりしてきました。2018年には、日本のビジネスリーダーにセルフマネジメントの実践方法を伝えたいと考え、同じくドラッカー・スクールの卒業生である稲墻聡一郎氏とハンター准教授と私の3人で、「Transform LLC」という組織を日本で創業しました。以来、彼は営利、非営利問わず日本の数多くのリーダーに向けてもセルフマネジメントプログラムを提供してくれています。

ハンター准教授は、ドラッカー・スクールの学生に「Self Management」「Executive

Mind」といった科目を中心に教えています。内面にある意識、感情、身体感覚など、自分の瞬間の行動と結果を決定づけるものに気づき、それらを統制することで、仕事とプライベート双方で望む結果を得る思考様式（Executive Mind）をどう養うか。これがハンター准教授の専門研究フィールドです。また、それらのセルフマネジメントのスキルを活用して人生のステージごとに変化するアイデンティティや外部要因に向き合い、望む結果につなげるための「Transition」という授業も人気講義の一つです。

マネジメントで成果を上げるためには、自身の考え・感情・行動を統制し、様々な心理的ストレスや困難な問題に対処できることが必要になります。これは、仕事だけでなく、家庭も含め幸せな人生を実現する上で絶対に必要なことです。多くの成功者や「やりがい」にあふれた幸福な人生を生きた人たちが皆実践していることでもあります。

ハンター准教授の授業では以下の「レジリエンス・ゾーン」という考え方が何度も使われます。憂鬱で無気力な低覚醒ゾーン（Hypo Arousal）と、戦闘的で緊張状態にあり、ガス欠になりやすい過覚醒ゾーン（Hyper Arousal）の間にある、自分の内側の状態に気づき効果的に活かせている状態領域をレジリエンス・ゾーンと呼びます。外部の出来事によって常に私たちの心や感情は揺れ、波のようにこれら3つのゾーンを行き来します。この動きを自分でマネジメントできていないと、自分の意図と反する感情的な行動をとっ

自分自身をマネジメントできるレジリエンス・ゾーン

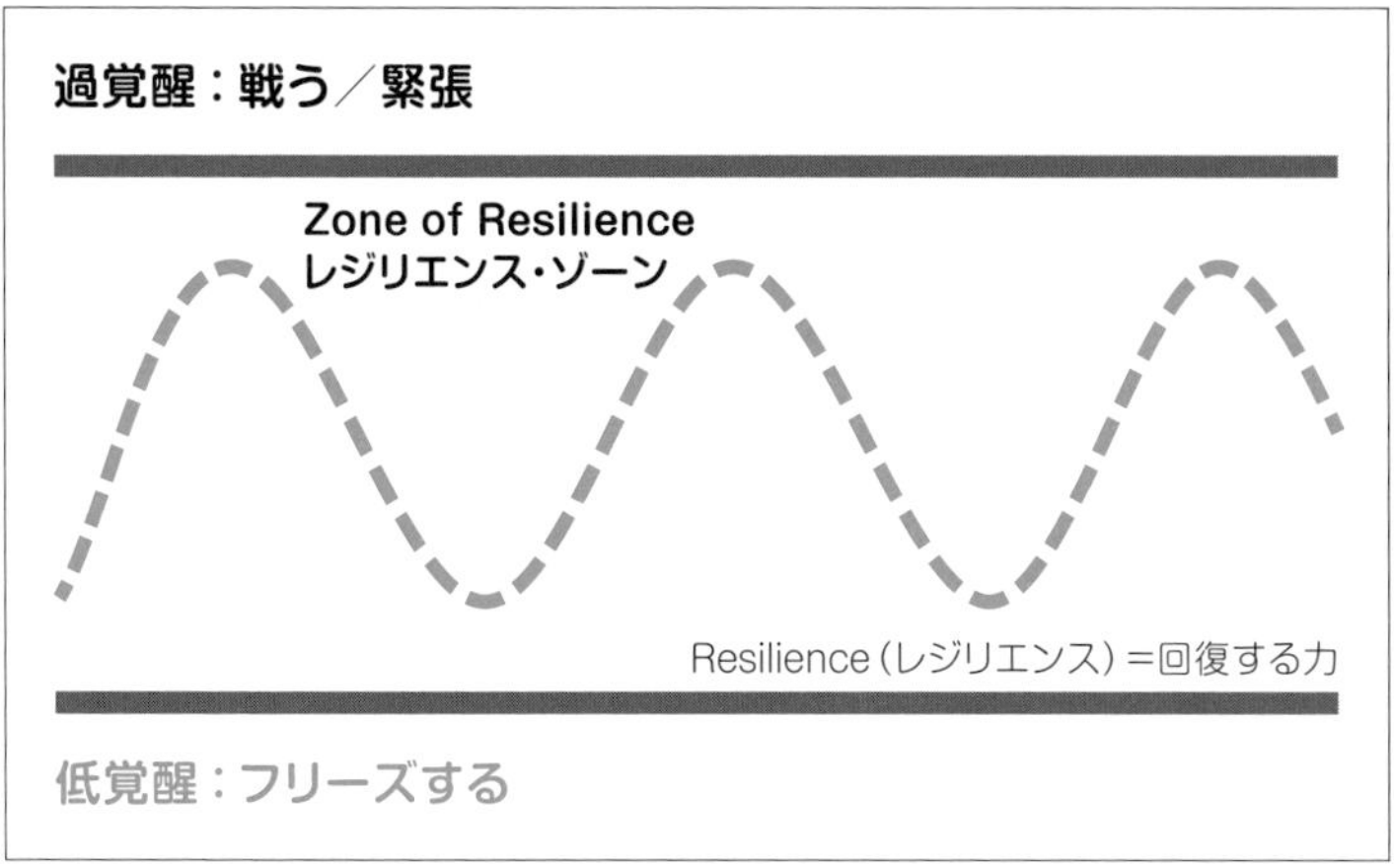

出所：『ドラッカー・スクールのセルフマネジメント教室』より

てしまったり、逆に必要な行動を起こすことができなかったりして、本来欲しかった結果から遠ざかってしまいます。

「レジリエンス・ゾーンにとどまっていられるようになること（その自覚があること）、ゾーンから出てしまっても戻れるようになること、そしてそのゾーンを広げられるようになることが、セルフマネジメントの基本だ」とハンター准教授は言います。

ドラッカー教授が再三提唱したように、現代は知識社会です。有形の資産よりも目に見えない知識資産が企業の成否を分ける時代になりました。知識労働者が自ら考え、有効な目標を定め、人と生産的に協力して強い製品やサービスを創造していく時代です。そういう時代には、ますます、自分の意図や感情を客観的に見つめ、意図する対象に自分の注意を向けることが大切です。ハンター准教授の授業では、この「意図(Intention)」「意識・注意(Attention)」についても詳しく学びます。人間関係においても、ビジネスにおいても、「どこに」注目するかによって、得られる成果が全く違ってくるからです。これは、ドラッカー教授が「知覚」の重要性を強調していることともつながってきます。

ハンター准教授の授業が始まったときは、講義中に「瞑想」の方法を教える変わった先生ということで話題になっていました。彼の理論や考え方は、東洋の思想からも深い影響を受けています。彼自身、日本人の母を持ち、日本の思想の影響を深く受けていることも大きいでしょう。

しかしそれ以上に、彼がこの「セルフマネジメント」や「瞑想」を研究し、教えている理由は、自身が10代の頃から腎臓に病気を抱え、「余命5年」と宣告されていたことと深く関係があります。「余命が短い」という外部から与えられた試練に、自分自身の精神や考え方、感覚をどう整えながら打ち克っていくか。その問いの中から、心理学、精神科学、脳科学を学び、リーダーに向けた「セルフマネジメント」を教えるという過程を経てきたのです。その結果として、彼自身は手術や治療の成功もあり、現在もとても元気に生きています。

授業の一部に瞑想も取り入れながら、自分の内面を見つめ、整えていくというハンター准教授のスタイル。クレアモントで初めて見たときには正直言ってずいぶんと風変わりな講義に感じましたが、現在ではドラッカー・スクールのMBA、Executive MBA双方で学生が選ぶ最優秀教授賞を8回受賞するなど、学生からも絶大な支持を得ています。教授の授業のエッセンスと具体的な実践方法については、2020年に日本で出版された『ドラッカー・スクールのセルフマネジメント教室』(プレジデント社)に詳しく書かれています。この書籍を読んでいただければ、セルフマネジメントやマインドフルネスというテーマが実務者向けのMBAの授業でどのように教えられているか、クリアにご理解いただけると思います。

以上からもお分かりいただけたように、ドラッカー教授、そしてドラッカー・スクールという学校は「セルフマネジメント」の考え方を非常に重視しています。自身の内面にある意図、価値観、強み、思考、感情を知り、まず自分自身という資源を活かすことが、組織と人をマネジメントする上で、幾多の困難や悩みを乗り越えていく上で極めて重要だからです。

この本で、最初の第1章にこの「セルフマネジメント」を持ってきた理由についてもご理解いただけたのではないでしょうか。

第2章

Chapter 2

マネジャーは何を目指すのか

多くの会社で「マネジャー」「管理職」という言葉が役職名として定着しています。営業やマーケティング、あるいは生産・製造などの実務で優秀な実績を上げた方が昇格してマネジャーになるというのが一般的です。年功序列的にある程度の年齢に達したら、ほぼ例外なくマネジャーや管理職に昇進するという会社も少なくないでしょう。

セールスマネジャー、プロダクトマネジャー、ＩＴマネジャーから、事業部長、部長、課長まで、「マネジャー」職は組織内にあふれています。しかし多くの場合、こう問われたら即答することが難しいのではないでしょうか。

「マネジメントは、一体何を目指し、何を行うことなのか？　何で評価されるのか？」

「当然、売上げや利益増に貢献したかどうか、また定量的な業績貢献があったかどうかで評価されるべきだ」と多くの人が答えるでしょう。しかし、高い業績を上げている組織でも、メンバーにやらされ感が蔓延して疲弊感が漂い、新しいアイディアや改善案も出にくい、という状況に陥っていたらどうでしょうか。業績が維持・向上されていたとしても、新事業やサービスの企画まで社員の意識が向かないという組織も多いでしょう。数値的な実績を急ぐあまり、人材の育成やコミュニケーションに時間が割かれていない組織もあるかもしれません。この状態が続くと、中長期的には社会だけではなく、株主にとっての価値も毀損します。マネジメントの失敗は、短期よりも中長期的な結果に反映されます。マネジメントの成否は決して短期的な業績数値だけで測れるものではありません。業績も当然不可欠ですが、その他いくつかの「マネジャーとして決して外してはいけない条件」をカバーして初めて中長期的に組織にポジティブな成果をもたらすことができます。

多くの組織で「マネジャーという仕事が何を、どのような状態を目指すものか」という問いへの答えが共有されていません。その結果、マネジャーに昇進した後も軸が曖昧になってしまっています。結果、数値だけをやみくもに追う行動に出てしまったり、部下に不自然なプレッシャーをかけて追い込んだり、というケースが増えてきます。

多くの会社でマネジャーの仕事は誤って定義されています。本書の冒頭にも書いた通り、業務、情報、数字などを「管理」するだけでは、マネジャーの仕事として全く足りないのです。そのような仕事だけが「管理職」の仕事として認識されているので、

「マネジャーや管理職にはなりたくない」

という若手社員が急増しています。特に昨今は、女性活躍の機会が以前よりも増えて

いるにも拘らず、女性自身がマネジメントという立場に前向きではない場合も多いのです。これまで社内で見てきた管理職の姿に好印象を持てない、自分自身の明るい未来を描けないという人も多いのでしょう。本来、現場の課題を自らの発想と手腕で解決できるマネジャーという仕事に希望が持てないのは由々しき事態です。

断言します。規模の大小を問わず、会社内でマネジャーに求められる役割はかなり誤解されています。誤って捉えられている部分が仕事の大部分になってしまい、結果、「マネジャーの生産性が低い」状態をつくっています。マネジャーの仕事を定義できていないのに、昇進・昇格を機械的に進める会社側にも問題があります。

「マネジャーは一体何を目指すのか？」

このシンプルですが極めて大切な問いについて、この章で皆さんと一緒に探っていきたいと思います。

CASE

エリート人材が、組織運営につまずくのはなぜか

広告代理店に勤める北條大輔さん、32歳。有名私立大学を卒業後、8年間営業部門で経験を積み、2年前から新規事業開発部に所属しています。1年前に同期90人の中で最も早く管理職昇格試験に合格し、名実共に出世街道のトップをひた走る期待の若手社員です。

自らのスキルと知識向上にも余念がありません。週末に国内のビジネス・スクールに通い、昨年MBAを取得しました。MBAで学んだ知識は、新規事業を検討する際の市場分析や、投資判断をするための事業性評価でも大いに役立っています。

営業経験に加え企画的な仕事の知識も身につけたことで、大きな自信を得ました。北條さんの中で、事業の責任者として大きなプロジェクトや組織をマネジメントしたいという思いが日に日に強くなっていました。

そんな折、事業開発部長から呼ばれ、ある新しいWebサービス立ち上げプロジェクトの実行責任者に抜擢されたことを知らされます。大手印刷会社とのジョイントベンチャーとして立ち上げられた事業で、会社にとって目玉のプロジェクトです。全社的にも注目度が高く、プレスリリースもされており、話題を集めています。北條さんも、事業企画段階でこのプロジェクトの計画に携わったことから思い入れがあります。しかし、いきなり実行責任者に抜擢されるとまでは全く予想していませんでした。

北條さんは、これまで感じたことのない興奮と同時に、不安も感じていました。今まで確かに順調に業績を上げてきて、スキルアップにも時間やお金を投資してきました。しかし、いきなり部下を6人も持ち、プロジェクトを任されて大丈夫だろうか。中には、年上の部下もいます。今回のミッションは単なる分析・企画業務ではありません。実際に事業を立ち上げる段階です。事業戦略を立て、組織体制を整え、販路を開拓し、何より結果を出していかなければなりません。Webサービスのインフラ整備や営業・マーケティング用資料の作成、代理店施策の検討等も急務です。役割分担をし、目の前の具体的な課題を解決していかねばなりません。

期待と不安が入り交じる中、プロジェクトはスタートします。これまで、いろいろ提言はしてきましたが、あくまで「メンバーの一人」としての視点でした。しかし今、目の前に自分の部下がいます。彼らの仕事へのモチベーションも生産性も、自分がどういうマネジメントを行うかに全てかかっています。今回の抜擢人事は、社内でも噂になっており、社内トップ昇進組の北條さんがどのようにチームをリードしていくかは注目の的です。プロジェクトのオーナーである、新規事業担当執行役員のスタンスは、「自分で考えて、マネジメントしてみろ」というもの。運営には深く関わらず、基本的には放任のスタイルです。

まず北條さんがメンバーと取り組んだのは、事業計画書のブラッシュアップです。収支予測や、ターゲット市場の分析でまだ曖昧な点があったので、これを丹念に練り込みます。部下にも、作業を的確に指示していくよう心がけました。幸い、数字を扱うことにはずいぶん慣れてきています。プロジェクト立ち上げ後も大きな混乱なくスムーズに仕事が進んでいく気がしていました。

さらに営業担当者には、販路の開拓や代理店施策の計画をより具体化するよう指示を出します。営業担当者は、かつて自分もそうであったように計画資料の作成が得意ではありません。手取り足取り、論理的で見栄えも良い資料づくりの方法を指南します。

部下の作る資料や会議での発言に対しても、考えが浅いと思えば容赦なく指摘をし、厳しく叱ることにしました。部下の立場からすれば初めは厳しく感じる指導も、後々、必ず感謝するようになると経験から確信していたからです。

業務管理ルールや役割分担も事細かに設定していきます。これまでなんだかんだと言いながらも上司に頼っていた管理的な作業を自分でこなしていくことは想像していた以上に手間が多いことに驚かされます。

大変ながらも北條さん自身は充実した毎日を送ることができていました。徐々に営業の引き合いや共催プロモーション企画の申し入れ、またパートナーになりたいという大小様々な企業からの申し込みも増えてきました。6人で回すのは大変です。1人3役、4役でこなし、許されるギリギリの時間まで残業、実質的には退社後も仕事を持ち帰らないと終わらない業務量でした。大変な中でも常時アドレナリンが出ているようです。このプロジェクトを大成功させたいという思いから、北條さんのエネルギーは落ちることなく、ひたすら仕事に邁進していきます。

協業や代理店販売の申し入れについては、特に知名度が高い大企業からのものは積極的に採用していく方針です。そのための打ち合わせも連日びっしり。部下も、そのための資料の作成や議事録、協業計画のフォローなどで相当な業務負荷になってきています。

「ちょっと、これ回りませんよ！」とメンバーからSOSにも近い言葉が発せられることも多くなりました。しかし北條さんはこう答えるのみでした。「1年はかじりついてでもやりきろう。休暇も週末もないと思わないと新事業なんて立ち上げられないよ。事業の成功を、実際に数字で証明していかないと意味ないから」

月に1回、直属の上司である執行役員への報告打ち合わせもあり、そちらの準備にも追われます。新規事業開発部は細かいデータの根拠や資料の見栄えにはやたらとこだわる文化があります。「本当にここまで売上げいくのか？」「この投資、いつまでに回収できる計算？　根拠は？」などなど。会議に向けた準備もメンバーにとっては相当な業務負荷になっています。

そんな中、4ヶ月ほどたったある日、若手社員の佐藤君が体調を崩し、休ませてほしいと言います。最初は「風邪かな？」程度に思っていましたが、3日、1週間たってもなかなか出社してきません。最初の2日は連絡がありましたが、その後は連絡さえしてこない状態です。1人抜けただけで、業務には大変な支障が出てしまう……今が一番大切な時期なのに……。北條さんはいらだちました。

佐藤君に連絡をしてみると、驚くべき言葉を聞かされました。

「もうプロジェクトには戻りたくないです」

確かにメンバーのハードワークとプレッシャーは認識できていました。しかしそれだけではなく、社員同士のコミュニケーションもぎすぎすしてしまっており、新規事業であるにも拘らず、メンバー間の会話はやたらと後ろ向きのものが多いというのです。北條さんがイメージしていた「新しい価値を創っていく」という雰囲気より「こんな資料も作れないのか」「こんな分析もできないのか」といった相手の欠点や弱みについての叱責とけなし合いの方が多いという話も聞かされます。そんな状況なので、確かに引き合いの数は増えてきていますが、佐藤君は全く喜べなかったと言います。次第に情緒不安定になっていく自分に気づき、精神科の医師に相談したところ、少し休養が必要だと言われたとのことでした。

北條さんはショックを受けました。新規事業の立ち上げというエキサイティングな目標に向かって、メンバーがやりがいを持って取り組んでくれているとばかり思っていたからです。確かに、仕事はきつかったかもしれない。しかし、事業を立ち上げるとは、そういうものではないのか？　北條さんの頭の中は混乱します。

いずれにせよ、今の状況で人が1人抜けるだけでも相当な痛手です。業務的に痛いのもさることながら、北條さんは別の心配もしていました。それは、注目されたプロジェクトの立ち上げ数ヶ月で、早くも離脱者が出てしまったことが社内に広まってしまうということです。佐藤君の言葉を信じれば、他のメンバーにもいらだちがたまっているようで、これを機に一気にプロジェクト内で不満が爆発しかねません。

肝いりで始まっているプロジェクト、そして同期トップのスピードで昇進してきた自分の抜擢で注目が集まっている中で……。正直な話、自分のマネジメント能力に早速マイナスイメージがついてしまうことが心配でした。

あれほど懸命にスキルや知識を習得し、人事評価も高かった自分がなぜ今ここでつまずいたのか？　北條さんは思い悩み、尊敬する中小企業の経営者である大野さんのもとへ相談に行くことにしました。大野さんは、北條さんの大学のクラブの先輩で、商社に勤務した後故郷の岐阜県に戻り、１２０年続く家業の建設会社を6代目として経営しています。まだ43歳と若いのですが、地元の取引先や顧客、さらには社員からの人望も厚いリーダーです。

久々に大野さんと食事をし、酒を飲みながら、北條さんは今の悩みを吐き出しました。何が上手くいっていないのかと。

一通り北條さんの話を聞いた後、口数の多い方ではない大野さんが、ぽつりとこう言いました。

「お前は、ビジネススキルを懸命に学んできたし、MBAで知識や手法もみっちり学んできた。その努力は素晴らしいし、ものすごい財産になっていると思う。けど、一つだけ学べていなかったことがある。それは『マネジメントをする』ということだ。人と組織の能力を最大限に引き出すことで成果を上げていく考え方だ。俺も、家業に戻ってきて最初にぶつかった壁がそれだよ」

北條さんには、大野さんの言う意味がよく理解できませんでした。ビジネスで業績を上げ、管理職として必要な知識を身につけて試験に合格し、マネジャーとして重要なプロジェクトを任されるまでに評価されてきた。その自分が「マネジメント」のしかたを知らないと言うのか？

北條さんは、反論したい気持ちが頂点にまで達していましたが、ぐっと飲み込みます。心のどこかに反論しきれないものを抱えている自分に気づいていたからです。

■最大の誤解――「業務スキルの集合体」がマネジメント能力ではない

このケースにあるような状況も、新任のマネジャーがよく陥るものです。いわゆる管理職昇進まで現場で優秀な実績を上げてきた人ほど、いざ部下を持つと組織を活かして成果を上げることができない、というものです。

組織規模が大きくなり、ビジネスの規模も業務量も大きく複雑になればなるほど、いわゆる管理職、部下を持つマネジャーになるためにクリアしなければならない評価基準も増えていきます。結果、事業や組織を推進するマネジメント力よりも、個別のスキルや技能の有無で評価が決まる傾向があります。ここで、現代組織の多くが陥っている誤解が生まれてきます。個々の「業務スキルの集合体」と、マネジメントとして求められる能力とを錯覚してしまうことです。例えば、営業で抜群な成績を上げ評価を受けた人がその営業組織の長に昇進する、生産現場で最も知識がある人がその組織を統括する立場になる、というパターンです。もちろん、個人の業績は重要な判断基準ではあります。しかし、それだけでマネジメントというポジションが言わば安易に決められた結果、思うように組織で成果が上げられない、組織内で絶えず問題が発生してしまう、といったことが起きてしまうのです。

率直に言って、管理職になるまでの個としての評価と実際のマネジメントとしての評価の間には大きな溝が生まれやすいのです。理由は明快です。マネジャーとは、メンバーという「生身の人間」を扱い、彼・彼女らがそのマネジャーのもとでいきいきと成果を上げなければ本当の意味で結果を生むことはできない立場であるからです。

個々のスキルの総合点では極めて高い評価を得ていた人でも、いざ部下を持ちマネジメントを行う立場になると、何をすればよいのか分からなくなり、窮地に陥れば陥るほど、これまで磨いてきた技能や知識をよりどころにし、各論にはまり込んでしまいます。根性論や精神論で大量の業務をこなしていくことや、業績や利益目標を徹底させること以外にチームを引っ張る術がなくなり、メンバーも疲弊し、チーム内の雰囲気もぎすぎすしてきてしまうというパターンが往々にして見られます。

■「マネジャー」と「専門職」の違いを認識する

こうならないためには、まずは実務上の実績だけでマネジメント人材を決定するという発想を会社側が改めることです。マネジャーとして人の力を活かして成果を上げるためには本章でお伝えするようにいくつかの重要な考え方を身につける必要があります。中には根本的な資質として問わなければいけないものもあります。マネジメントとして必要な考え方や能力を磨くことに前向きでないならば、マネジャーではなく専門職として事業に貢献する方が本人にとっても組織にとっても幸福なはずです。海外では、優れたエンジニアが創業した会社をマネジメント（経営）のプロである別の人材が発展させていくことも多いですし、世界に誇る日本の優良企業においても、創業期に専門的な技

マネジャーとしての能力と個人のスキルの関係

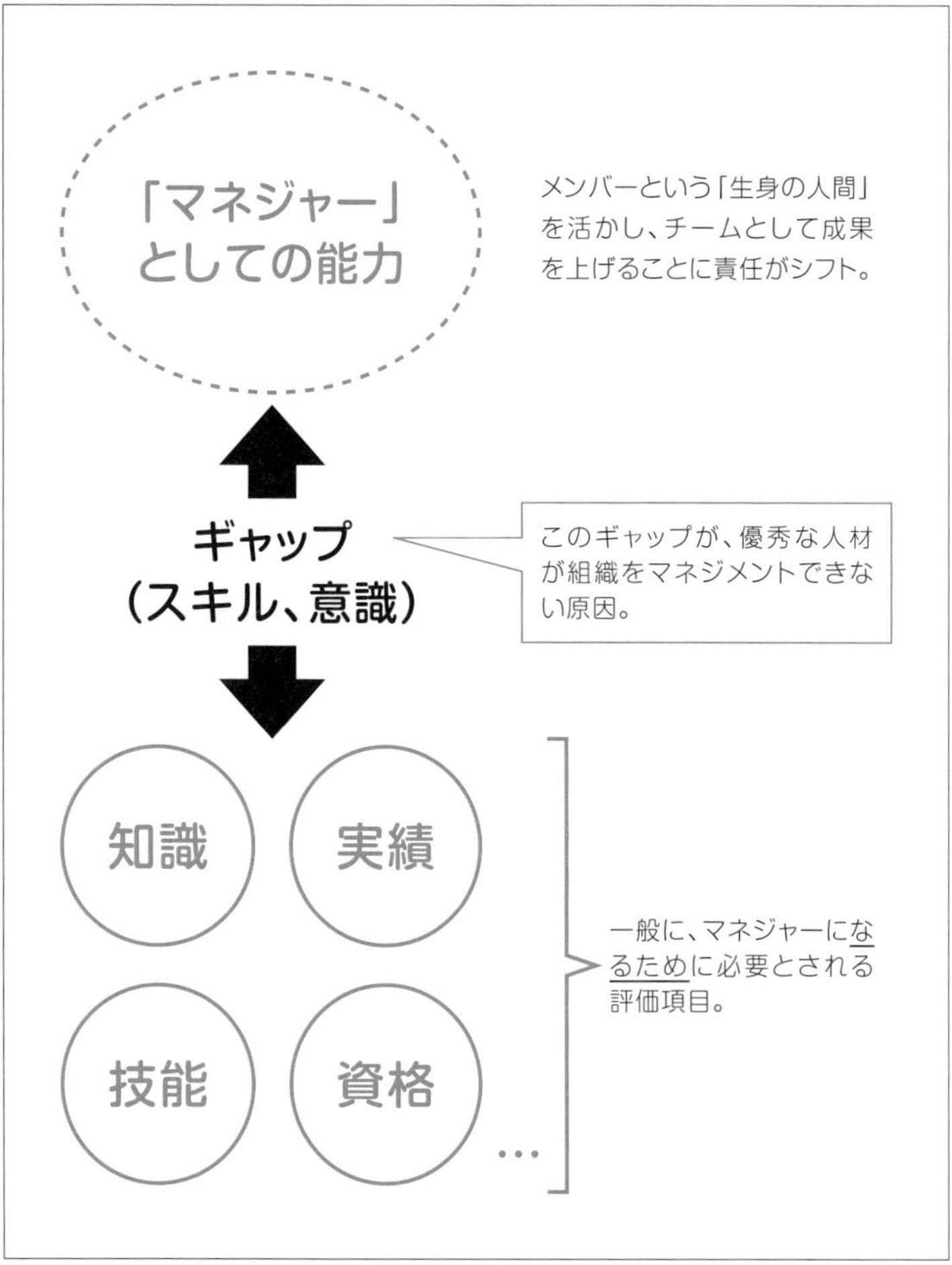

個々の実務的な技能や知識の集合体が「マネジメント」ではない。
個としての技能や知識の延長線上にマネジメント力があるわけではない。

術領域に注力するリーダーと組織のマネジメントや経営を担うリーダーが、それぞれの役割を効果的に担っていた例が少なくありません。

スポーツの世界でもプレイヤーがマネジャーよりも高待遇を得ることがあるように、マネジメントより自分の技能を研ぎ澄まし発展させることが好きで、そちらの方が大きな成果を組織にもたらすことができる人も多いでしょう。もちろん、稀にどちらも両立できる人もいますが、多くの場合はマネジメントをする能力と専門家として優れている能力は別と考えるべきで、どちらかに比重を置く必要があります。マネジメントという仕事は、組織全体の成果に責任を持つポジションです。対象者の希望や適性を熟慮し、意図を持って、また十分な教育プロセスを経て育てていくべきポジションだと言えます。

特に急成長している組織では焦ってマネジメントポジションを増やすケースもあります。これも危険信号です。私が支援したある医療系機器メーカーでは、会社がM&Aなどを経て急成長し、組織やチームの数が急増したために、「とりあえずこの人を」というやや安易な発想でマネジャーに任命していました。他社から転職した営業担当者をいきなりマネジメントポジションにつけることも頻繁にありました。財務面の数字上は「成長」を見せることができるかもしれません。しかし、そのしわ寄せは常に現場に行きます。マネジメントとしての教育も準備もコミュニケーションも不足している状態でマネジャーの数ばかり増やしたため、現場は混乱を極め、離職や社員のモチベーション低下、組織風土の悪化など望まない結果が顕在化していきました。「マネジャーの数が足りないから仕方ない」というのは理由になりません。マネジメントの能力が整うスピードを超えて組織の成長を焦りすぎていたのです。

組織の運営に失敗した人材に「マネジメント能力がない」といった烙印を安易に押すこともやめるべきです。任命した会社や上長の側が前述のようにマネジメントという仕事について十分に定義できていないケースが多いからです。基準が曖昧なものを評価対象にすることは公正ではありません。ましてや、基準が曖昧だから「結果と数字」だけで判断することの危うさも、本章のケースからもお分かりいただけるはずです。

まず、「マネジメントは一体何を目指すのか」という根本的な問いに答えを出し、組織内でしっかり共有しておくことが不可欠です。視線を目の前の「業務」「ノルマ」「業績」から上げて、本当にメンバーがやりがいを感じ、自ら動きたくなるような目的を共有することです。その目的の座標軸の上で、マネジャーが日々の仕事やコミュニケーションを設計していく。この目的を見失い、業績数値や結果ばかりを追ってしまうと、短期的には結果が出たとしても、中長期的に企業が繁栄するための「資産」を逆に食い潰すことになります。企業が長く繁栄するために不可欠な資産とは、使命感とヴィジョンを持って組織の目的を示すリーダーシップや、戦略的思考で組織の進むべき方向を意思決定できる人材の育成、イノベーションが組織内から次々に生まれる組織風土、社員が働きがいと成長を感じる職場環境などです。指示命令や業績数字のみで管理する方法で、これらの企業資産が増大していくことは決してありません。

ちなみに、ノルマや数値管理に依存しすぎたマネジメントが中長期的には逆効果、すなわち組織が求めていなかった結果をもたらすことの背景について拙著『ノルマは逆効果 ～なぜ、あの組織のメンバーは自ら動けるのか～』（太田出版）に詳しく書いていますので、ご興味があればそちらもぜひ併せてお読みください。

■マネジメントの目的　～社会、組織、人はつながっている～

ドラッカー教授は、マネジメントが根本的に目的とするものを明快に表現しています。

①その組織に特有の目的と使命を果たすこと
②仕事を生産的なものにし、働く人たちを活かすこと
③事業を通じて社会の問題解決に貢献すること

マネジメントは、その組織だからこそ果たせる特有の目的と使命を明確に定義して実

行し、その事業を通じて働く人たちをいきいきと活躍させ、社会の問題を解決していく、そういう役割でなければなりません。最初の「特有の目的と使命」は、英語原著『Management』では「Specific purpose and mission」とあります。営利企業であれば当然必要な利益を稼ぎ出すことも含まれますが、それに加え、社員が堂々と「自分たちにしか果たせない使命」「特有の貢献、目的」を語れる事業定義がなければ遅かれ早かれ他社との価格競争に巻き込まれ事業が衰退していきます。さらにそこに、「人間（社員やメンバー個々人）」「社会」という視点が加わることで、企業としてバランスのとれた、高い業績を維持できる組織になります。

ドラッカー教授のマネジメント理論を支える中心は、この「社会、組織、人間の3点をつながったものとして捉える」という考え方にあります。ドラッカー教授の最も近くで一緒に仕事をし、『The Daily Drucker（ドラッカー365の金言）』（ダイヤモンド社）など多数の著書の編著を手がけたドラッカー・スクールのジョゼフ・マチャレロ教授も、「ピーターのマネジメント思想の原点は、社会、組織、そして人間の幸福にある」とたびたび私たち生徒に教えてくれました。

ドラッカー・スクールの講義でもこの3点は議論のテーマとして頻繁に取り上げられました。マネジメントのミッションは利益を上げることだと考えている学生もいれば、逆

マネジメントの3つの役割

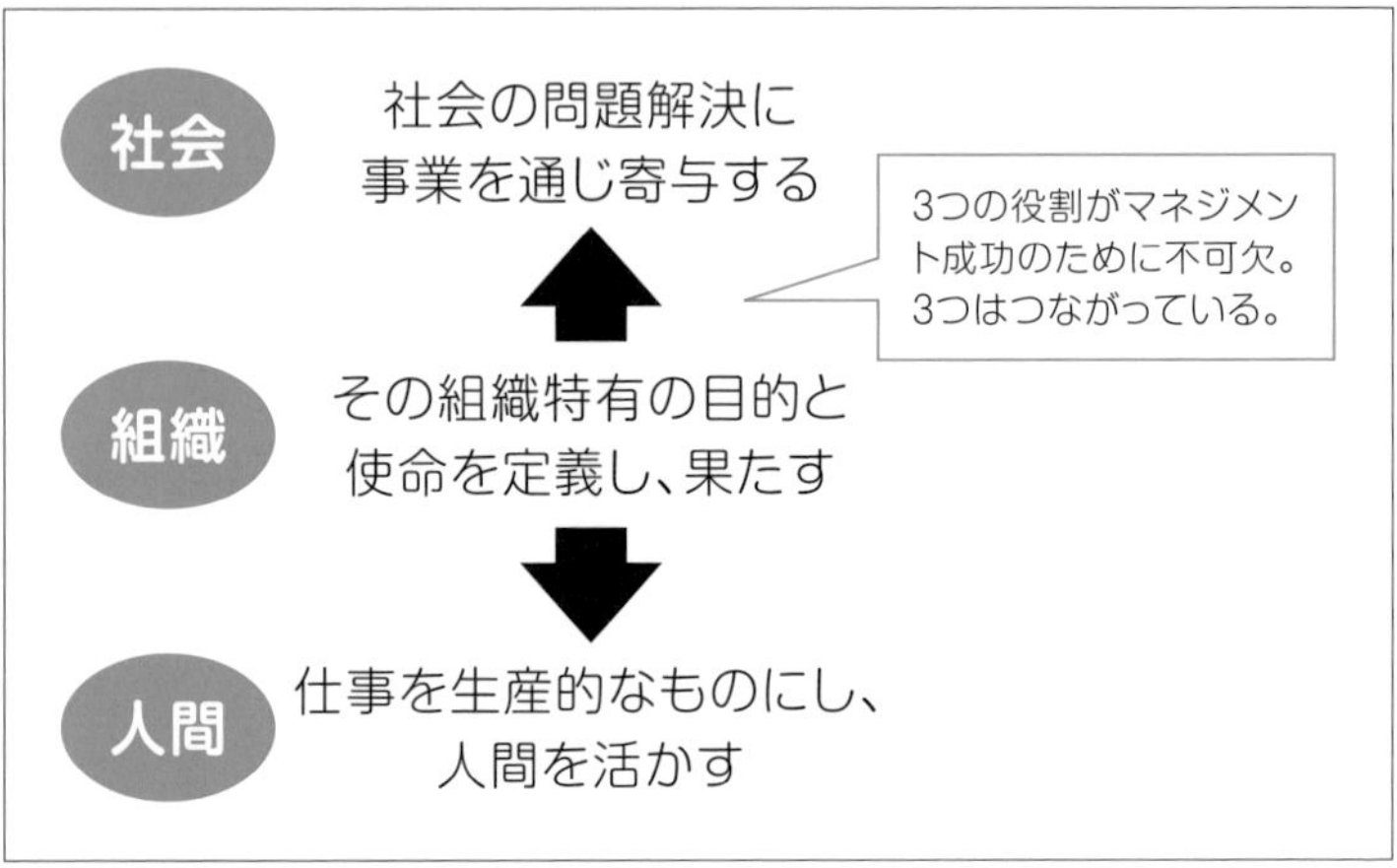
社会
社会の問題解決に
事業を通じ寄与する
3つの役割がマネジメント成功のために不可欠。3つはつながっている。
組織
その組織特有の目的と
使命を定義し、果たす
人間
仕事を生産的なものにし、
人間を活かす

に、社会貢献というポイントにあまりに重点を置きすぎている学生もいます。しかし、ドラッカー・スクールで講義を受け、様々なケースを分析し、ディスカッションする中で、「マネジメントが成功するとはどういうことか」ということについて徐々にイメージが合ってきました。各々割合の差はあったとしても、マネジメントの仕事をする人間は必ずこの3点を頭の中で同居させていなければ、何かしらの壁や問題にぶつかってしまうということに感覚的に気づくようになるのです。

利益が出ていて業績が良くても、一方で社員が機械のように淡々と仕事をし、感情を押し殺し、精神的に病んでしまうような組織もあります。また、業績が抜群に良く、投資対象としては大変魅力的な事業であっても、社会にとって決してプラスになるように思えないビジネスもあります。そういう場合に決まって「買う人がいるし、利益も出ていて雇用も生んでいるのだから、それはそれで良いのではないか」という声も多いですが、それでは経営ヴィジョンとしてあまりに脆弱です。資本主義や営利企業がはらむ短期的な利益を追求しすぎるリスクを避けて長期的視野でマネジメントをすることも、企業の重要な責任です。

人間、組織、社会はつながっています。健全な社会なくして、健全な事業は育ちません。またその逆も真なりです。これが、ドラッカー教授が一生をかけて発し続けた重要なメッセージです。お気づきの人も多いかと思いますが、日本が大切にしてきたいわゆる「三方よし」(商売において売り手、買い手、社会への貢献を重視する姿勢)の考え方にも通じます。日本の事業家やリーダーの多くがドラッカーの経営学を学び実践する理由は、このような根本的な価値観が共通していることにもあるかもしれません。

3つの視点に立ち返ることでチームは生産的に動き出す

また、この3つの視点は、「自分はマネジメントを正しい方向で行えているか?」「何かマネジャーとして欠けている視点はないか?」と自問するときにも有効です。

先ほどのケースでも、社内で出世街道をひた走っていた北條さんが、この3つのマネジメントの目的を明確に理解していれば、メンバーに伝えるメッセージも、マネジメントをする上で重視する優先順位も、違っていたはずです。これまで身につけたスキルの延長線上で引っ張るよりも、まず何より「この新規事業が果たすべき特有の、我々ならではのユニークな使命とは何か」を定義してメンバーの誇りに火をつけ、情熱をかき立てたでしょう。そして、総花的に業務や協業関係を拡大するのではなく、その特有の使命に則り、本当に注力すべき事業領域は何か、組むべきパートナーとは誰かが自ずと明らかになったはずです。そうすることで、メンバーのエネルギーもモチベーションもより「焦点」が定まった方向で発揮されていたのではないでしょうか。

また、北條さんの認識の中で「仕事を通じて働く人を活かす」ことの優先順位がより高ければ、結果は違っていたはずです。弱みを補強し、不足している知識やスキルを教示していくことは間違ってはいません。しかし、前章の「セルフマネジメント」でも述べたように、人が雇われ、メンバーに選ばれるのは弱みによってではなく、強みによってです。まず、個々のメンバーがどういう強みや資質を持っているか、どうすればそれらを最大限に引き出し、必要とされるスキルや仕事と融合させ、成果に結びつけられるか。これを考えることができれば、メンバーはいきいきと貢献し始めたはずです。

個々の強みにフォーカスが当てられたチームは、そうでないチームに比べ、協力関係が強まり、自ら設定する目標水準も高く、質の高い仕事をする傾向が表れます。逆に、弱みや不得手なものに焦点が絞られると、牽制し合って萎縮し、どうしても仕事の水準が低くなるものです。それは、読者の皆さんがこれまで所属した組織を思い起こしても間違いないはずです。職場であれ学生時代のチームであれ「ああ、あの組織は良かった。やりがいがあった」と思える組織では、自身もまわりのメンバーも強みを活かして協力して目的に貢献していたはずです。その結果、成果志向の人間関係が築かれ、生産性も上がったのではないでしょうか。

何より、私の経験からも言えることは、個々の強みを尊重し合うチームは、お互いにリスペクト（尊敬）するようになります。「自分はこれが強いが、それは決して得意ではない。でも、彼・彼女がいてくれるから、それを補ってくれる。自分は得意分野をさらに研ぎ澄ませて優れた仕事を目指すことができる。仲間のおかげだ」と思える状態になると、メンバーがお互いをリスペクトし合い、相乗効果が生まれやすくなります。まさに、ドラッカー教授が著書でたびたび語っている「人間の強みを活かし、弱みを意味のないものにする」という組織の根本目的に合った形に近づきます。

残念ながら、北條さんのマネジメントは逆でした。気づかぬうちに「弱みにフォーカスする」マネジメントになってしまっていたのです。組織にはマネジャーの考え方が色濃く反映されます。マネジャーが意識・無意識的にフォーカスしていることにメンバーも意識を向けるようになるのです。ドラッカー教授は『マネジメント』（ダイヤモンド社）の中でこう述べています。

「強みよりも弱みに目を向ける者をマネジャーに任命してはならない」

とてもシンプルな表現ですが、私は多くの組織やマネジャーを見る中で、この言葉がどれだけ本質的なことを伝えているか、身をもって実感しています。人を見たときに、どこに強く注目するかで、その後の結果の多くが決まってくるのです。組織の一体感とパフォーマンスを高めたければ、無理に人間関係を改善したりすることよりも、個々人の「資質的な強み」に注目し、個々のメンバーがその組織で貢献できる意義を感じ、文字通り自ら主体的にいきいきと動けるようにすることが先決です。

■細分化されたマネジメント理論の功罪

前述の話とも関連しますが、会社内の仕事が細かく細分化されてきたのと同様に、経営学やマネジメント理論も、徹底的に細分化されてきました。「戦略」「マーケティング」「人事労務」「会計学」「情報技術（ＩＴ）」など経営学は様々な項目で構成され、その範囲はますます広がっています。教育する側はその方が断然教えやすいですし、またコンサルティング業界も研修業界も「細分化」することでパッケージ販売がしやすくなり、研修講師やコンサルタントも手早く育てやすくなります。そういった効率性の面でメリットがありました。

しかしその結果、「そもそものマネジメントの目的」「マネジメント全体として目指す姿」という原則論については徐々に意識が向けられなくなりました。企業においても、会計の担当者は数字のことだけ、ＩＴの担当者はシステムのことだけ、人事・労務の担当者は人事的側面だけ……という思考が強くなったことは否めません。

マネジメントの目的そのものを問わなくなってきた結果、「この会社、この事業は何を目指していて、その目的のために各機能・各部署はどう連携し、貢献し合うのか」という中心テーマも見失われてきたように思います。何億円のシステムを入れても、人事制度を刷新しても、会社全体として「良くなっている」という実感を得られないのはそのためでしょう。部分の集合が全体ではないのです。

マネジャー個々人の業務も同様です。「勤怠管理」「予算管理」「労務管理」「コーチング」など、細かいテーマごとには定義されますが、前述の通りそもそもマネジャーとは何を目的に、どういう仕事を行う人のことを言うのか、という根本論は見失われがちで

マネジメントの目的とは何か

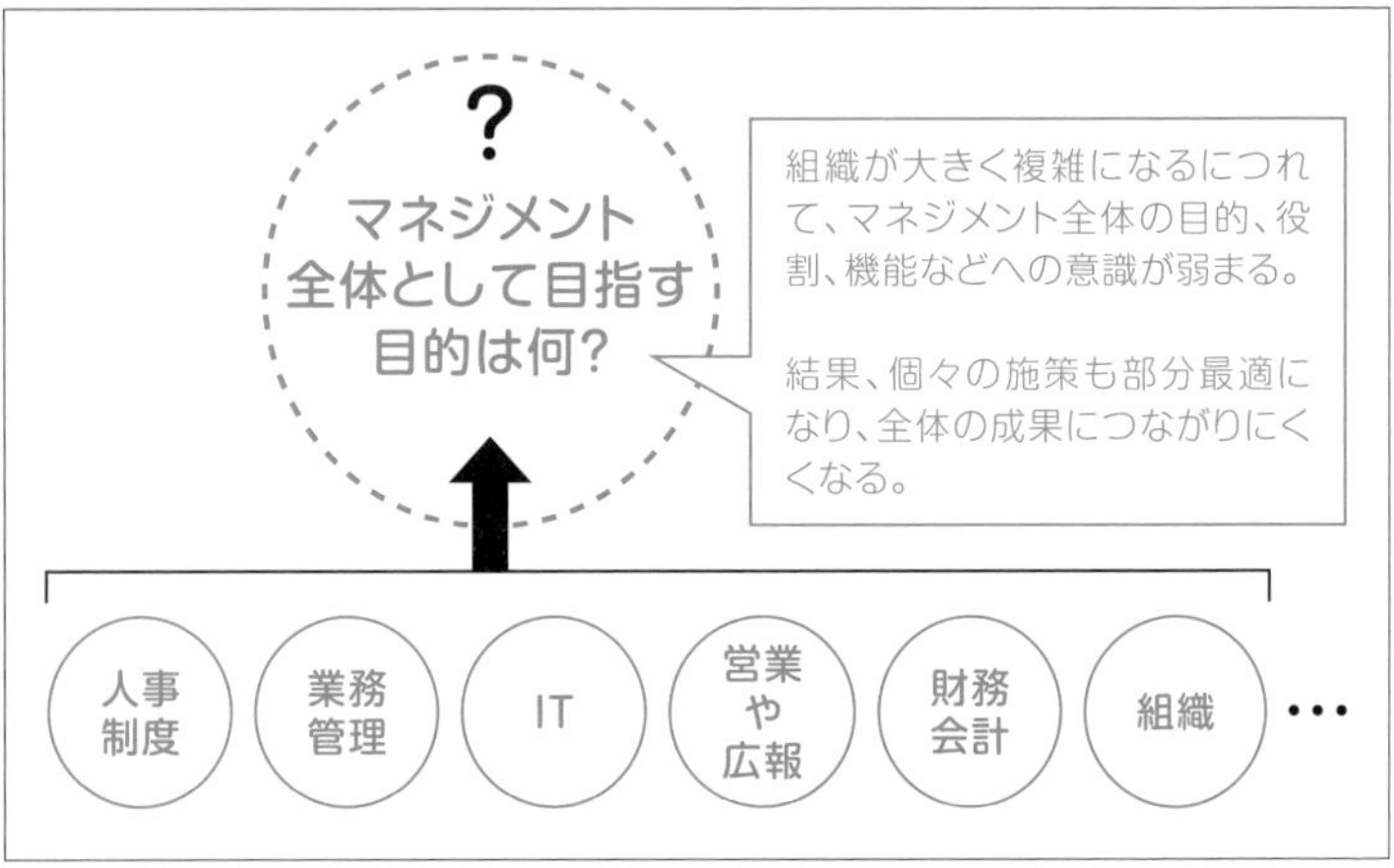
?
マネジメント
全体として目指す
目的は何?
組織が大きく複雑になるにつれて、マネジメント全体の目的、役割、機能などへの意識が弱まる。
結果、個々の施策も部分最適になり、全体の成果につながりにくくなる。
人事制度
業務管理
IT
営業や広報
財務会計
組織
…

細分化された「マネジメント」「経営学」を統合的に再定義する。

す。業務管理をしやすいかという「効率性」(efficiency)以上に、目的が的確であるかどうか、すなわち「効果的」(effective)であるかどうかが大切です。

前にも述べた通り、この「efficiency である以上でなく、effective であれ」という考え方は、ドラッカー・スクールで、そしてドラッカー教授から学んだ極めて大切な教えの一つです。効率性を突き詰めれば効果的かと言えばそうとは限らず、常にその効率的な手段がつながる目的が何かを再確認していかなければなりません。そもそもこの効率性アップは何のために行うのか？　と問い直すことはマネジャーの仕事として極めて重要です。その問いへの答えにより、組織が得られる結果が大きく変わるからです。

■ドラッカー教授が一言で語った経営リーダー育成方法

マネジメントとして目指す目的が何かを様々な側面から気づかせてくれるのが、ドラッカー教授のマネジメント論です。それはコンピューターで言えば「OS」（オペレーティングシステム）のようなもので、そのOSがしっかりしているからこそ、マネジメントの個別の手法（アプリケーション）も円滑に動き、業務の効率性を高めることができます。

少し話がそれますが、私がドラッカー・スクールに入学した当時、ドラッカー教授は93歳。確かに耳は少し遠くなっていましたが、頭と語りは明快。さすがに毎週の講義や授業はもう持っていなかったものの、定期的に学生やクレアモント大学関係者、地域コミュニティの方々向けに2～3時間熱弁をふるい、積極的に質問に答えていました。

入学後、ハードな予習・復習にも慣れてきたある日、講義以外の学生の集まりでドラッカー教授が話してくれる機会がありました。「私は、学校の事務方に呼ばれてもなかなか来ないが、学生に呼ばれたらすぐに来るよ」と笑顔で話していたのを思い出します。

講義用のテーブルの上には、ドラッカー教授の大好物の「クリスピー・クリーム」のドーナツ。「(妻の)ドリスには内緒だ」と言いながら美味しそうにほおばっていました。私は、数十人のクラスメイトたちとともに、教室の正面の席で話を聞いていました。

そこで、ある学生が「ドラッカー・スクールが他の学校と違う最も重要な点は何だと思いますか?」とドラッカー教授に尋ねました。

ドラッカー教授は一言、次のように答えました。

「We work together」

最初、何を言っているか全く理解できませんでした。「教授陣が一緒に働く、って当たり前では?」と。しかし、よくよくその後の話の展開を聞いているうちにドラッカー教授の真意が分かってきました。

すなわち、「教授陣がバラバラに経営学(マネジメント)を教えるのではなく、マネジメントという仕事の根本目的や、育成したいリーダー人材の資質を共有して、各科目を教えるように努めている」ということでした。

多くのビジネス・スクールでは（日本の大学の経営学部も同様だと思いますが）、教授は「リーダー人材の育成」というよりも、各々の研究や論文の作成に主眼が置かれていることが多いです。その結果、どうしても経営学の各科目が「バラ売り」のような形になります。情報技術は情報技術だけ、会計は会計だけ、人事労務論は人事労務論だけ、といった形です。

ドラッカー・スクールの教授陣は、頻繁に教授会を開いていました。その中で、リーダーシップ、ファイナンス、企業倫理、戦略、組織行動論といった各科目の教授が熱心に意見を交換し「このスクールとしてどういう人材を育成したいのか。そのために各分野の講義はどのようにその目的に貢献し連携していくか」という議論がなされていたといいます。

ある著名なファイナンスの教授は、冗談まじりに次のように語っていました。

「当校は非常に面倒だ。以前教えていた大規模スクールでは、最先端のファイナンス理論を教えていればよかった。だがここでは、戦略論の教授や延いては企業倫理の教授からすぐに指摘が入るのだから！」

このエピソードからは、ドラッカー教授がこだわった「ビジネス技法各論だけでなく、マネジメントの『全体』を学ぶスクールである」という強い理想がうかがえます。経営学の各要素は重要な「部分」であっても、それは「全体の目的」の中で初めて意味をなすということをドラッカー教授は伝えたかったのだと思います（各教授が、講義の中でそういった「全体感」をどう伝えようとしていたかについては、後ほど各章で詳しく書きたいと思います）。これは、経営学を学ぶという場面においてだけではなく、企業内で次世代の経営リーダーを育てる場合も全く同じはずです。

ちなみに、このようなドラッカー・スクールの理念は、私が卒業した後も「ドラッカー・ディファレンス」という15週間の連続講義の中で体現されました。これは、会計、戦略、リーダーシップなど異なる専門性を持つ教授が、各専門分野のテーマが、ドラッカー教授が唱えた「マネジメント理論全体」の観点とどうつながっているか、つながるべきか、について講義するというものです。こういった講義はビジネス・スクールにおいては極めて珍しいものだと思います。

私は卒業後、何人か教育機関のリーダーと話をする中で、この「We work together」のエピソードを紹介しています。学校を個々の技能と知識を教える場所ではなく、病院、非営利組織、企業など何らかの「事業」のリーダーを育成する場所と考えている教育者の方ほど、このドラッカー教授の言葉の意味をすぐに理解され、共感されます。

■「プレイング・マネジャー」の限界

「忙しいから、マネジメント本来の仕事ができない」と言う人がいます。それは誤りだと思います。マネジメント本来の仕事をしていないから、忙しいのです。商品、システム、ルール、スキルが経営するのではありません。「人材」が経営するのです。その人材のパフォーマンスを最大限に高め成果を上げるのがマネジメントだとすれば、何よりその「人材を活かして成果を上げる」仕事の時間を優先しなければなりません。その仕事を後回しにするため、自分自身の負荷がいっこうに減らず、組織全体の成果を上げる方向も明確にできぬまま、結果自分がますます忙しくなる悪循環にはまります。

「プレイング・マネジャー」という便利な言葉に甘え、「目的を定義し、メンバーと共有し、その目的に対する効果的な貢献を引き出す」というマネジャーにとって最も重要な仕事を後回しにしてはいけません。もちろん、マネジャーも現場の業務を一部実践者として担うこともあります。しかし、本来目指すべきは「優れたマネジメントを実践できるプロフェッショナルになる」ことです。本書に書かれているような「マネジメント」の仕事を知っていただければ、プレイヤーとしての実務以外にマネジャーがどのようなことに時間を割かなければいけないか、またそれがどれほどの時間とエネルギーを必要とする重要なものか、ご理解いただけるはずです。

■部分の和よりも大きな全体を生み出す
〜創造、創発という使命〜

ドラッカー教授は、『マネジメント』(ダイヤモンド社)の中でこう述べています。

「マネジメントの第一の仕事とは、部分の和よりも大きな全体、すなわち投入した資源の総和よりも大きなものを生み出す生産体を創造することである」

5人のチームであれば6人以上の力を、10人のチームであれば11人以上の力を引き出すことがマネジメントの役割。そのためにも、マネジメントがまずその目的を明確にし、全員の視点をそこに合わせることが必要です。目的が合っていない組織は、相乗効果を生み出すことができず、個人事業者の集まりのような状態になってしまいます。

本書の冒頭にも書いた通り、「マネジメント」が「管理」と訳されてきたことで、その役割や貢献範囲が極端に狭く捉えられてきたことは間違いありません。その証拠に、日本の一般企業の方に「マネジャー」「マネジメント」という言葉のイメージをうかがうと「どこか冷たい感じ」「ルールと権限を使って、管理統制するイメージ」といった返答が返ってきます。

さらに悪いことに、本来は「機能」「貢献」であるはずのマネジメントが、いつしか「役職名」として安易に使われています。「リーダー」という言葉も同様で、本来深く崇高な使命を帯びた言葉であるのに、「○○部△△チーム　リーダー」といった肩書き名になることで、非常に平易で静的なイメージを与えてしまうのです。

私はドラッカー教授、そしてドラッカー・スクールの教授たちから「マネジメントは肩書きではなく、人を活かし、創造的な成果を生み出す責任であり、仕事だ」と教えられました。この考えは、私がドラッカー・スクール留学から帰国した後、ベンチャー企業で役員として新規事業開発を担当したときも、自分に揺るぎない指針を与えてくれました。

既存の商圏や契約の維持・管理、社員の行動管理よりも、不確実な事業環境の中でメンバーが自発的に創造的に考え、解決案を協力して出し合うような組織の土台が必要だと考えられたのも、この考え方に触れていたおかげでした。マネジメントの正しい目的を念頭に置いて組織づくりをする中で、紆余曲折はあれども、自律的で責任感を持った社員が徐々に増え、自ら同僚と話し合って自発的に問題を解決し、アイディアを実行していく姿を多く目にすることができました。

もし自分が「マネジメントとは管理統制である」といった思考に固まっていたらどうなっていたでしょうか。不確実な状況の中で、まず権限のラインを決め、ルールやシステムを導入することに意識が奪われていたはずです。結果ますます社員の創造性や協働を引き出せなくなることに気づかず、さらに強い管理体制を敷いていたでしょう。命令やルールで管理統制したいという誘惑は、実際にマネジャーをしていると間違いなくあります。しかし、特にベンチャー企業や新規事業のプロジェクトでそういう考え方でマネジメントをして成功する例を見たことがありません。

■マネジメントとは、一般教養（リベラルアーツ）である

マネジメントが目指すものはつまるところ、「自由でいきいきと躍動する人と組織を創り、成果につなげること」です。ドラッカー・スクールの理念でもあり、またドラッカー教授自身が頻繁に語る言葉として「Management is a liberal art（マネジメントとはリベラルアーツ、すなわち一般教養である）」があります。ドラッカー教授は著書『The New Realities（邦題：新しい現実）』（ダイヤモンド社）の中でこう書いています。重要な箇所なので英語の原文と一緒に掲載します。

"Management is what tradition used to call a liberal art – "liberal" because it deals with the fundamentals of knowledge, self-knowledge, wisdom, and leadership; "art" because it deals with practice and application. Managers draw upon all of the knowledges and insights of the humanities and social sciences – on psychology and philosophy, on economics and history, on the physical sciences and ethics. But they have to focus this knowledge on effectiveness and results – on healing a sick patient, teaching a student, building a bridge, designing and selling a "user-friendly" software program."

「マネジメントとは、伝統的な意味におけるリベラルアーツ（一般教養）である。知識、自己認識、知恵、リーダーシップという人格にかかわるものであるがゆえにリベラルであり、同時に実践と応用にかかわるものであるがゆえにアートである。したがってマネジメントに携わる者は、心理学と哲学、経済と歴史、物理科学と倫理学など、人文科学と社会科学の広い分野にわたる知識と洞察を身につけなければならない。また一方で、それらの知識によって確かな成果をあげなければならない。病人の治療、学生の教育、橋の建設、ユーザーが使いやすいソフトの設計と販売など、成果をあげることに使わなければならない」

この言葉は、私の「マネジメント」という言葉へのイメージを一変させるほどインパクトのあるものでした。そしてマネジメントが人間と社会に深く関係する重要なテーマであり仕事であると気づけたのも、この言葉を知ったおかげです。ドラッカー・スクールで、「マネジメントとはリベラルアーツ（一般教養）だ」という言葉の意味についてクラスメイトや教授と議論をしたことがあります。その中で見えてきたことが3点あります。まず1つ目は、「マネジメントとは役職や年齢に関係なく、誰でも学び、実践することができる」、つまり一般教養と言えるものであるということ。2つ目は、マネジメントを成功させるには、単にビジネスの知識を身につけるだけでは不十分だということです。マネジメントは人間そのものに関わることであり、技能に関わることでもある。人文科学でもあり、社会科学でもある。したがって、マネジメントをする人は、会計学、人事労務論などに加え、倫理、文化・芸術、社会、心理、経済、歴史、政治など幅広い知見を持つ必要があるということです。

企業は人間社会の中で生かされている存在です。その企業をより良い形に発展させていくためには、人間そのものや社会、またそれらを形成してきた歴史的な知見が役立つことは言うまでもありません。おそらく、読者の皆さんの中にも、なかなか答えが出せなかったビジネス上の課題に、歴史上の人物の決断、文学作品で描写される人間像、倫理を扱う哲学的テーマ、心理学の理論、経済学のアプローチなどからヒントを見出したことがある人は多いのではないでしょうか。

最後の3つ目としては、さらに深い意味があります。マネジメントはかつての「リベラルアーツ」がその役割を果たしたように、まさに人間が「自由」になるための教養であるということです。マネジメントの成功こそが自由で豊かな社会の条件です。社会において、様々なサイズの組織や多様性と個性に富んだ起業家・経営者がいきいきと成果を上げるマネジメントが行われていないと、行き着く先は全体主義という不幸な社会しかないというのがドラッカー教授の考えでした。「全体主義的」とはどういうことでしょうか。国レベルで言えば、独裁者による統治です。これは言うまでもなく、人間の幸福にはほど遠いものです。組織においてはどうでしょう。一部の権力者あるいは権力者グループが全ての意思決定をし、社員や従業員はその考えに従うだけ、という組織です。中間管理職層も上からの指示を下に徹底させるだけ。個々の社員の自発性やアイディアは尊重されない。そんな組織で働く社員は自由を奪われ、間違いなく疲弊するでしょう。昨今ニュースで報道される不祥事を起こした会社、あるいは破綻した会社ではほぼ間違いなくこのようなコメントが聞こえてきます。

「誰もがおかしいと思っていた。しかし、それに声を上げることは許されていなかったし、その勇気もなかった」

まさに全体主義的です。自由や勇気がなかっただけではなく、「おかしな方法に代わる正しい『マネジメント』原則を知らなかった」ということもあるはずです。人が自由でいきいきと笑顔に満ちた生活ができるようになるために、政治の力だけではどうしようもありません。現代の世界で日本をはじめとして、少なくとも豊かと言える最低限の条件を満たしている国を見渡せば、例外なく「優れた企業」「マネジメント」が機能していることに誰もが気づくはずです。

このような理由から、マネジメントとは人間が自由に（リベラルに）生きるための教養であると一方で、成果を上げるための技能（アート）でもあると言えるのです。ドラッカー教授は、マネジャーが身につけた幅広い感性や知見を、商品やソフトウェアの開発、橋や建物の建設といった事業に活用してほしいと願っていました。機械ではなく、生身の人間と向き合うことがマネジメントであることを考えると、当然かもしれません。また、ドラッカー・スクールでの履修科目が心理学や倫理学なども含め広く設定されていたことも、それが理由です。

■「働き方」が変わってもマネジメントの目的は不変

情報技術の発達で、世界中の誰とでも瞬時につながり、協働できる時代になりました。オフィスや会議室に集まらなくても、家からでも、近所のカフェからでも、リゾート地からでも仕事ができる時代です。特に、2020年のコロナウイルスの拡大でリモートワークの流れは加速しています。

確かに、働き方は今後ますます多様化するでしょう。それに応じていわゆる「管理職」の仕事は激減するはずです。しかし、この章でお伝えしたような本質的な意味での「マネジメント」が不要になることは決してありません。むしろ、その必要性はますます高まると私は考えています。物理的に一緒にいなくても、遠隔地からのコミュニケーションでも、いや、だからこそ、共通の目的を設定し、関わる人の能力を引き出して成果を上げるマネジメントがますます求められます。

事実、リモートの会議で効率が良くなる半面、チームとしての一体感を感じにくくなったという声も多く聞かれます。また、旧来型の管理に慣れた「管理職」社員がリモートワーク中の部下が画面の前に何時間滞在しているかといった細かい点を管理しようとしているという笑えない冗談のような話もあります。

マネジメントの目的と、人と組織を通じて成果を出すという原則を理解しないままに働き方だけを変えても、組織の分断とサイロ化を生み出すだけです。本当のマネジメントを学ぶことで初めて、新しい方法とツールが生きてくるのではないでしょうか。

「マネジメント」を学び、自由で主体的な働き方を手に入れる

ドラッカー・スクールでマネジメント理論を学んで本当に良かったと思う理由は、どの組織と関わっても、その中で主体的にマネジメントを実践する自信がついたことです。人と人が集まって何かをしようとするときに、そこには必ずマネジメント（人を管理するという意味ではなく、人を活かして創造・創発を促すという本来の意味でのマネジメント）が必要になります。マネジメントを学ぶことで、望みさえすれば受け身ではなく主体的に、自由に組織と人に関わっていくことができるようになります。仮にマネジメント力が低い上司のもとで働くことがあっても、その人のやり方の何が良くないのかが把握できるので、過度なストレスがたまりません。いやなら私がリードします、という一声をいつでも上げることができるからです。

企業の社員として働いていても、ご自身で会社を経営されていても、また独立して個人事業主として仕事をしていても、人は他者と関わり、チームやプロジェクトをマネジメントして良い結果に貢献することで高い報酬を得られるという点では一致しています。特に最近は若手社員でも能力と意欲さえあれば社外の関係者を束ねるマネジメント的な

実務を担うことも少なくありません。マネジメントの原則を学べば、役職や年齢に拘らず、プロジェクトの中で「物事を動かす」側に回ることができるはずです。

マネジメントとは、人と組織を活かして社会的な成果を上げる、そして結果として多くの人の人生をより良くすることができる仕事です。このマネジメントの本当の目的を知ることで、事務作業が多く負荷の高い「管理」としてではなく、やりがいのとても大きな使命としての「マネジメント」へと多くの人の意識が変化していきます。

社会や会社を良くするために、国やトップの行動を期待していても時間を浪費するばかりです。マネジャー一人ひとりの目的意識と行動にこそ、全体を良くする成功の鍵が眠っている、そのような鍵を既に私たちは手にしている、ということをドラッカー教授は伝えたがっていました。

たとえ小さなチームであっても、卓越した成果を上げるチームには全社の注目が集まることもあります。最初は小さい単位で始まった成功が、より大きな層へと好影響を与えていきます。本質的で地に足の着いた成功は、上からではなく、下から固まっていくものです。そして、その成否を決めるのがまさに「マネジャーが何を目指しているのか」というヴィジョンです。

マネジメントの手段の前になぜ目的を考えることが重要なのか、ご理解いただけたかと思います。

第3章

Chapter 3

マーケティングの本質
～顧客創造的な会社とは～

「マーケティング」という言葉は経営学に関心のある皆さんにとっては馴染みの深い言葉のはずです。MBAで学ぶマーケティングと言えば、いわゆる「SWOT（強み、弱み、機会、脅威）分析」「3C（顧客、競合、自社）分析」「STP（セグメンテーション、ターゲティング、ポジショニング）分析」「4P（製品・流通・価格・広報）」といったフレームワークを思い浮かべる方も多いでしょう。それら基本的なフレームワークは、多くのビジネス書で詳しく解説されています。実際、仕事で「マーケティング」についての話が出ると、まずこういったフレームワークを使った分析が期待されていることに気づきます。

ドラッカー教授は、学生たちに「分析に頼りすぎるな」と警告していました。自ら外に出て、顧客の声を聞き、本当のところ顧客が何を購入しようとしているのか、その本質をつかむ努力を惜しんではいけない、と伝えようとしていました。データや分析に頼りすぎず、事業家・商売人として古くから求められてきた姿勢、すなわち顧客にとっての価値を徹底的に深く考えて提案していく姿勢を軽視してはいけないということです。それは、企業規模が大きくなっても、どんなに業務が複雑化しても、組織で仕事をする上で誰もが持ち続けなくてはいけない考え方です。その点を軽視する組織や、議論の焦点がそこから外れてしまっている組織は、遅かれ早かれ必ず壁にぶつかります。

膨大なマーケティング分析資料が社内にあふれているのに、なかなか顧客満足が高まっている実感を持てない企業も多いでしょう。データに過度に頼る前に、仕事の原点に立ち返り、「顧客は我が社から一体何を購入するのか（購入したいのか）」という本質に立ち返ることこそが本当の「マーケティング」です。分析や戦略立案フレームワークはそれを補足する手法に過ぎません。

また、マーケティングという仕事と組織のマネジメントを切り離して考える人もいます。「マーケティングは専門家の、マネジメントは管理職の仕事だ」と。しかしドラッカー教授は、「顧客を創造することがマネジメントの最大の目的である」と言います。すなわち、マーケティングを一部の専門部署が行う仕事ではなく、「マネジメントの中心的な仕事」と考えていました。経理部や企画部といったいわゆる「スタッフ部門」であっても同様です。その部門には、当然その仕事の価値を購入する（欲している）他者、他部署が存在しているはずで、スタッフ部門でも常にマーケティング的な発想を持つ必要があるからです。しかし、議論の焦点がその「顧客」視点からズレてしまっている組織が非常に多いのが実情です。

繰り返しますが、いかなる組織にも「顧客」が存在します。というより、存在しなければいけません。社外の顧客だけでなく、社内にも顧客は存在します。自分たちの仕事の成果を必要とし、価値を感じ、買ってくれる人たちという存在です。顧客を創造していない組織は遅かれ早かれ必ず行き詰まります。顧客からの支持だけがその組織に存在意義を与えてくれるからです。また、その顧客をいかに創造するかというマーケティングの議論を通じて、組織内の問題も健全に解決されます。組織の個々の問題を逐一解決しようとするよりも、マーケティング、顧客の創造という共通目標について話し合うことで徐々に組織のベクトルを合わせていく方が遥かに建設的です。

本章では、現代企業で当たり前に行われている「マーケティング」がなぜ成果につながりにくいのか、どのような考え方・見方をすればもっと成果につながっていくのか、読者の皆さんと一緒に考えていきます。

CASE

分析から導き出されたマーケティング戦略の落とし穴

某アミューズメント企業A社は首都圏を中心に、カラオケ、ボウリング、ゲームセンター等複合アミューズメント施設を出店しています。1990年代に急成長し、一気に拡大したものの、2000年前後のインターネット、さらに2004年以降のソーシャルネットワーキング系サービス、2010年以降の携帯ゲーム、スマホゲーム産業の急発展により、徐々に来場者数が減少していました。もはや、アミューズメント産業は飽和産業です。1980年代、若者やサラリーマンの娯楽としてゲームセンターやボウリングが主役だった時代は遠い昔。消費者の娯楽に使われる時間は、様々な代替サービスと比較され、選ばれることだけでも難しい状況です。まさに、限られたターゲット顧客層の限られた市場の取り合いが激化しています。

A社の経営企画部に所属する佐竹一郎さんは41歳で、入社以来17年、現場一筋です。「施設をいかに良くするか」「いかに売上げを伸ばすか」にかけてきた、たたき上げ人材です。店舗配属からキャリアをスタートし、店長、エリアマネジャーまで上り詰め、その実績を買われて前年から経営企画部所属となり、中期計画の策定やマーケティング戦略・新サービス戦略の策定に従事しています。慣れない仕事に苦労は多いですが、頭脳派が揃う部内で、誰より「お客様に100円硬貨を、1000円札を一枚でも多く使っていただくため」に知恵を絞り、汗を流してきた自負があります。

異動後約6ヶ月たったある日、佐竹さんは執行役員の立石さんに呼ばれ、「新サービス戦略立案」チームの責任者として仕事をすることを命じられます。社長直轄のプロジェクトであり、直属上司の立石さんにレポートすることになります。スタッフは、30歳の男性社員と28歳の女性社員のみで、少数精鋭チームです。

このプロジェクトには、著名外資系コンサルティング会社が支援に入っています。A社の新サービス立案に向けての市場分析や顧客分析、ヒアリング調査等を行い、最終的に経営者向けのレポートを作成するというミッションを負ったコンサルタントチームは、常駐のマネジャーが1人、コンサルタント職が1人、アナリスト・スタッフ職が3人の計5人体制です。報告会前後にはパートナーも足を運ぶといいます。ディスカウントを入れても1ヶ月で約1500万円のフィーは、計2ヶ月半のプロジェクトで総額4000万円に上ります。

これまでA社がこのような外部コンサルティング会社に本格的に依頼する例は殆どありませんでした。危機感の背景には、前述のようなすさまじい技術・市場の変化、競合サービスとの激しい競争があります。

「社内の人間だけの発想ではもはや限界だ。外部の知恵を積極的に活かすように」

社長からはことあるごとにこのメッセージが発せられてきました。執行役員の立石さんは、外資系金融機関からの転職組です。国内の大学院で経営学修士号も取得しており、数値管理や戦略理論にめっぽう強い人で、外資系コンサルティング会社の支援を強く希望しました。やはり、昨今の急激な売上げの低下や利益率の落ち込みに誰よりも危機感を募らせていたためです。

プロジェクトが開始され、A社メンバー側の佐竹さんたちのチームは、次々に求められる社内データ、財務諸表などをテキパキとコンサルタントチームに提供していきます。データにしにくい情報は口頭で詳しく説明しました。早朝から深夜まで、プロジェクトルームに缶詰になる日々が約1ヶ月半続きました。

役員への中間報告を行う日が近づいてきました。コンサルタントチームは綿密に分析資料をまとめていました。そこには、的確に課題が分類され、課題の相関、課題が発生している背景等が、きれいなパワーポイント資料で見事に整理されており、施策案も優先順位の高いものから列挙されています。ソーシャルゲーム産業とのコラボレーションや、他業種の有名企業とのアライアンス、海外で流行しているエンターテイメント要素を取り入れた新しいアトラクションなども提案されていました。それぞれに、投資対効果シミュレーションが描かれています。そして、巻末には、同社の豊富なコンサルティング実績と成功事例が掲載されていました。

佐竹さんは、これまでに経験したことのない、論理的で分析的な仕事の流れにすっかり魅せられていました。また、時折昼食や酒席を共にするコンサルタントたちの事業再生や経営課題解決にかける思いの強さにも好感を抱きました。本や雑誌でしか読んだことのない再生案件の裏側などを、これもやや聞き慣れない経営学用語で熱く語られる中で、これまでとは違う観点で事業や会社のことを考えられるようになりました。しかも、コンサルタントたちは、自分よりも5～10歳も年下のメンバーが殆どです。大いに刺激を感じるとともに、「このプロジェクトを成功させ、自分も成長しなければ」という思いを日々募らせていきました。

中間報告では、コンサルタントチームだけでなく、佐竹さんら社員メンバーにも重要な提言パートが任されていました。今後同社が目指すべき新サービスや新型のアトラクションに関する戦略提言です。コンサルタントチームから学んだ課題整理のフレームワークを使い、分析結果と洞察を資料に書き込んでいきます。部下2人も今やすっかり分析や論理的な思考に自信を持ち始め、テキパキと報告資料を作成していきます。なるべく具体的なプランにまで落とし込みたいと、Ｗｅｂや新しいメディア媒体を活用したプロモーション戦略、クーポンやポイントと連動した集客施策など細部までマーケティングと販促施策を詰めていきます。実行に際しての社内調整面での課題、人材の配置案なども綿密に整理し、徹夜に近い作業が続きました。参考データも合わせると、プロジェクトの中間報告資料は約１００ページ近くに及びそうです。

中間報告を1週間後に控えた週末、佐竹さんは自宅でプレゼンテーションの練習をしていました。最近帰りが遅く、しかも週末にまで資料と格闘する夫を気遣い、妻が声をかけてきました。佐竹さんは、今取り組んでいること、会社に何を提案しようと考えているか、その概要を妻に話して意見を求めました。6歳年下の妻とは職場結婚です。2年前の次女の出産を機に、長期の育児休暇期間中である彼女は佐竹さんが店舗で朝から晩まで接客やスタッフの育成に汗を流していた時代を誰よりもよく知っています。そんな妻からの意見は、きっと的確なはずだと考えました。

いつになく流暢でキレのある説明をする佐竹さんに、妻は感心した様子で話しました。

「すごいね。難しい言葉は私には理解できないけど、すごい内容なのは分かる。これまでのA社にはなかったすごく論理的な分析だし、『今後の施策案』に出ている事例もすごくスケールが大きい感じがする。けどなんか……」

妻は言葉を濁しました。佐竹さんは気になって、促します。

「なんか、なんだ？」

「なんか……これって本当に、うちの会社でしかできないことなのかなって。本当にうちのお客さんが望んでいることなのかな。うちのお客さんたちがこれまで店に足を運んでくれていたのって何でなんだろう？　確かに全体の数は減っているとは言っても、これまでも、これからもお客さんがうちみたいな会社のサービスに大切なお金と時間を使ってくれるのって、どんな満足や価値を感じたいからなのかな？　なんか、そんなことをふと考えちゃって」

正直、佐竹さんが考えてもいなかったコメントでした。「お客さんが何を買っているか？今後何を買いにお店に足を運んでくれるか？」、そんな単純な問いかけ合いをやっている暇はありませんでしたし、そんなことは当然、自分たちは理解しているつもりだったのです。

しかし、妻の問いかけに明快な答えを返せない自分がいました。確かに、綿密かつ膨大なプレゼン資料の中に自分自身も「何かが欠けている」と感じていたことは事実です。これまで自分が店舗でお客さんと交流し、スタッフと語り、悩み、考え、ひたすら目指してきたもの。それこそが妻の言うお客さんが「この店に行きたい！」と感じてくれるような価値や満足だったのではないでしょうか。

佐竹さんは、一気に全てのピースが埋まっていくような気がしました。そしてそれは、コンサルタントチームではなく、誰より自分自身が誇りと情熱を持って答えなければいけない問いだったのです。

■顧客を創造する ～目の前の大切な人を「ファン」にできるか～

このケースで描かれた光景も、会社においては頻繁に目にするものです。精巧な分析や華美なプレゼン資料の中で、事業の「本質」が見えなくなってしまうということです。私自身、MBA課程での専攻は経営戦略理論とリーダーシップ論でした。一般的な戦略フレームワークの有効性も扱い方も理解しているつもりです。しかし、何と言っても事業は「顧客に喜ばれる価値を届けたいという想い」「抑えられない情熱やわくわく感」から始まるもので、それがあって初めてフレームワーク的な整理や分析が生きてくるのではないでしょうか。逆の流れは、あり得ません。

「企業の目的は、顧客の創造である。したがって、企業は2つの、そして2つだけの基本的な機能を持つ。それがマーケティングとイノベーションである」

ドラッカー教授が述べた企業の目的と2つの機能

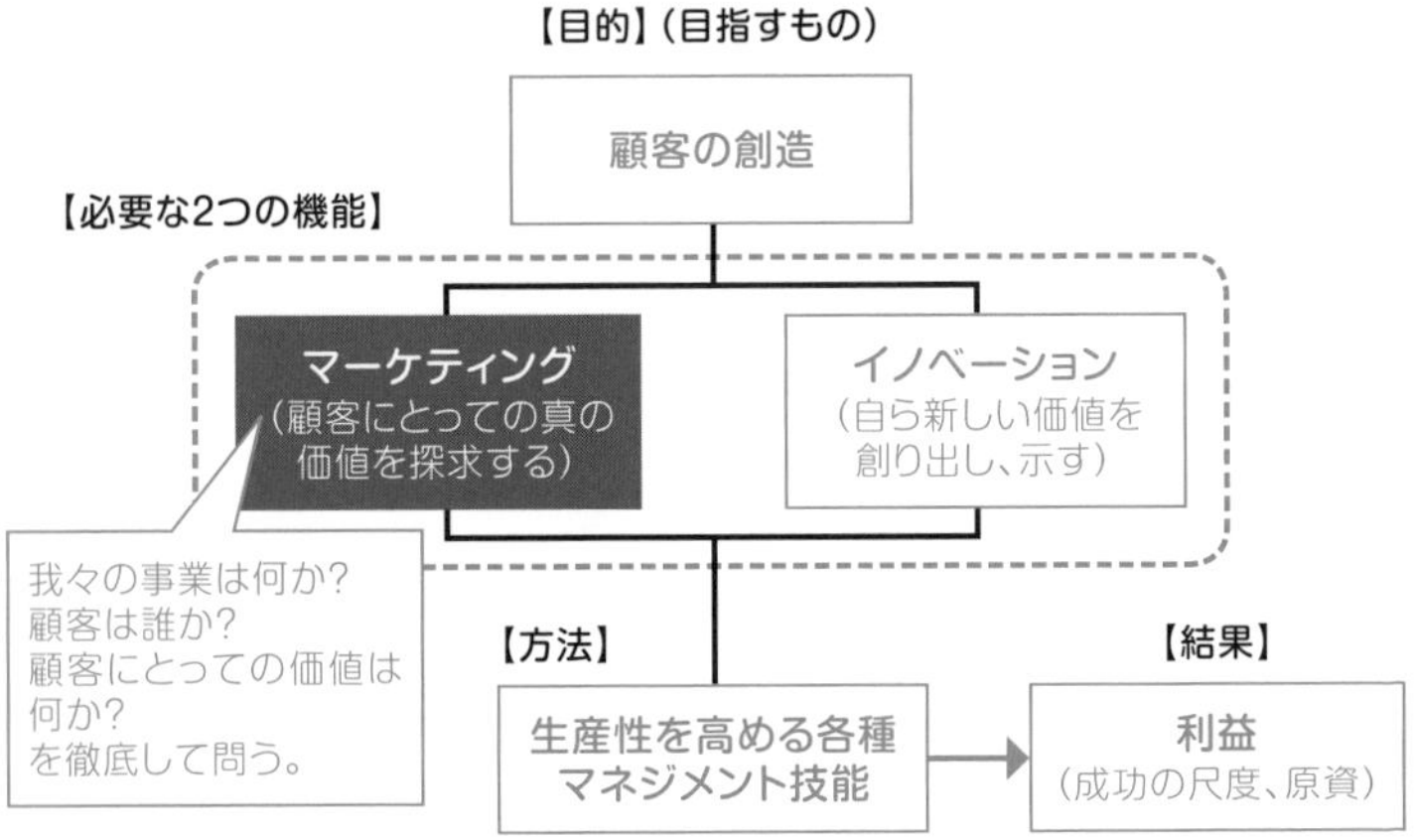
【目的】（目指すもの）
顧客の創造
【必要な2つの機能】
マーケティング
（顧客にとっての真の価値を探求する）
イノベーション
（自ら新しい価値を創り出し、示す）
我々の事業は何か？
顧客は誰か？
顧客にとっての価値は何か？
を徹底して問う。
【方法】
生産性を高める各種マネジメント技能
【結果】
利益
（成功の尺度、原資）

『マネジメント』（ダイヤモンド社）にある有名なドラッカー教授の言葉です。冒頭部分の原文の英語には「There is only one valid definition of business purpose: to create a customer（企業の目的として有効な定義は1つしかない。顧客の創造である）」とあります。「create a customer」とあえて「a」という単数形が使われている点が興味深いです。目の前の、最も価値を届けたい人を「顧客」「ファン」にすることができるか。それくらい強い想いが製品やサービスに込められていないと、大勢の人をコアな顧客にすることはできないというメッセージだと言われます。

本章のケースも、他のケース同様実話に基づいています。大きな市場を攻略することを目的に作成された緻密で論理的なマーケティング戦略が、結局自分の奥さんに対しては全く響いていないことに愕然とするというものですが、まさに「create a customer」の難しさを象徴しているような内容です。

自動車にせよ、バイクにせよ、音楽機器にせよ、これまで大ヒットにつながった製品は、「この人にあっと驚く製品を見せたい」「これを創ったら、あの人は絶対に買いたい！と言うはずだ」という発想から始まっていることが多いのです。企画者自身が「スーパーユーザー」として、「間違いなく自分だったらこれを持ち歩いて友人にも自慢したくなるはずだ」という強い想いを製品に反映した例も多々あります。企業が大規模化する中で、複雑な分析が求められるようになっていますが、事業の本質とはそういったシンプルなところにあるのだと思います。そして、そのシンプルな思考や発想は、人間自身にしかできない仕事です。

ちなみに、ドラッカー教授が使っている「Customer」という言葉の訳語は「顧客」です。この顧客という言葉を辞書で調べてみると、「得意客」「贔屓にしてくれるお客」という意味が紹介されています。これはまさに、ドラッカー教授が「Customer」という言葉に込めた意図と一致します。単に自分たちの製品を購入してくれるだけでなく、「あなたた

常に思考の中心に置きたい「問い」

ピーター・ドラッカー教授の「5つの質問」
1. 私たちの事業は何か？(What is our business?)
2. 顧客は誰か？(Who is our customer?)
3. 顧客が価値と感じるものは何か？(What does the customer value?)
4. 何を成果とするか？(What are our results?)
5. どう計画するか？(What is our plan?)

ちの会社の製品、サービスでないとだめだ」と言ってもらえるような、強い信頼関係で結ばれるファンを創造することが「create a customer」に込められているのです。

「自分たちの事業は何か？」から問い直す

ドラッカー教授が講義においても、また実際のコンサルティング実務においても「What is your business?（あなたたちの事業は何か？）」という問いをはじめ、5つの質問にこだわっていたことは有名です。小規模な商店の店主から、General Electric社元CEOのジャック・ウェルチのような著名経営者まで、どのリーダーと話す際にも共通してその5つの中の最初の質問「What is your business?」からスタートしました。その問いは、「あなた自身の事業は何ですか？」という問いでもあります。このドラッカー教授の問いの本質は「何を使命にその仕事をしているか？」ということにあります。これを提供する、あれを行う、という提供側の論理ではなく、社会や顧客に対してどのような価値を提供し、どのような貢献をする事業なのかという、本質的な事業の定義が問われているのです。

ドラッカー教授は、学生たちに「自分たちは一体何者か、何を使命としてその仕事を行っていくのか」ということを徹底して問い続けるスタンスを晩年まで変えていませんでした。既に説明した通り、私自身がドラッカー・スクールで受講したドラッカー教授の最初の講義での第一声も「常に自分は何者かを問い、自分でその答えに責任を持ちなさい」というものでした。だからこそ、私の中にもこの問いが強く残っています。この「自らの事業は何か？」という問いは、営利企業、非営利組織、また学校や病院、自治体などにおいても共通して重要な問いです。この軸となる問いに答えられる自分がいて初めて、分析やフレームワークといった方法論が活かせるのです。

一方でドラッカー教授は、「事業は何か？」との問いは多くの人が思っているほど単純に答えられるものではないと言います。自動車メーカーに勤務する人は「車を売っている」と、銀行員は「お金を貸す」と、飲食店を経営する人は「食べ物・飲み物を提供する」

といったことを答えるでしょう。しかし、こういった表現は事業の本質を表してはいません。あくまで簡便化した表現に過ぎません。

マネジメントの根本目的の第一は、第2章でも述べた通り、「自らの組織に特有の使命を果たす」ことです。事業の定義は、この「特有の使命」を表現するものでなくてはいけません。「安くて美味しいものを提供する会社」が他にも多数存在する今日、その組織特有の使命や価値は何になるのか？　その根っこを考えることが、事業戦略にもつながっていくはずです。また、特有の使命をともに考えることで、社員のモチベーションや誇りも向上していきます。実際「他社も同じものを出しているから」というモヤモヤ感は、士気を著しく下げ、社員を創造性から遠ざけます。結果、不毛な価格競争に疲弊してしまうことは時間の問題です。

ケースに出てくるA社も、大々的にプロジェクトを立ち上げる前に、「我々の事業は何だろうか？　今後事業はどうあるべきだろうか？」という根本的な問いを社内の志あるメンバーでしっかり詰めることが大事であったと思います。いきなり細部の分析に入ってしまうことは大きなリスクを伴うのです。

「それを知りたいから、調査するのだ」と言う人もいるでしょう。単純に答えられる問いではないからしっかりと分析をする、という意見も分かります。しかし、この「事業は何か？」という問いに答えるのに必要なのは、詳細なデータを使った分析ではなく、「深い内省」や「対話」です。まずは今自分たちが持っている情報や経験、心にしまいこんでいる本音、貢献願望といった内なる声に耳を傾け、深い対話と話し合いをすることではないでしょうか。単純に答えられない問いだからこそ、じっくりと話し合い考えることが重要ではないでしょうか。そうしなければ、データや分析結果が一人歩きし、「きれいな資料は作られているが、何か自分たちの心にしみ込んでこない」という、よくある説明資料で終わってしまいます。

外部の戦略コンサルタントにはお金を払うだけの価値がない、ということでは全くありません。私の前職の先輩も含め、世の中には本当に優秀な戦略コンサルタントが沢山います。前述のケースで言えば、社内の知恵だけでは足りないところを外部の優秀な人材の知見や経験を活用するという経営判断は正しいと思います。ただ、それは「活用・利用する」ものであってそれに依存するべきものではないのです。事業の根幹は何か、という本質的な「幹」となる議論は、その事業を担ってきた事業の当事者たちがまずは精一杯考えぬくことです。それが「重要な仮説」となり、その後の詳細な分析や課題整理の作業がますます活きてきます。

■「顧客は誰か、顧客は何を買うか」を常に思考の中心に置く

「事業は何か」という問いを突き詰め、自分たちの事業の使命、どの分野で勝負したいのかがある程度明確になったら次の問いに進みます。自分たちの事業における「顧客」は誰で、「顧客は一体何を買うのか」という問いです。

事業のミッションはどうすれば達成されるのか？　それは、言うまでもなく「顧客」がいて「購入したいと感じてくれる価値」があることが絶対条件です。そうでなければ、どんなに高邁な使命、ミッションステートメントを掲げていても、具体的に「誰が、どのような価値を感じてこの製品、サービスを購入してくれるか」という点にフォーカスが当たっていない事業になりかねません。

ところが多くの組織で、このケースにあるように、肝心の「顧客が誰で、何を価値として購入してくれるのか」という点の議論がおざなりになっています。Ｗｅｂを使った詳細なマーケティング施策や、その他多様なメディアと連携した販売促進に関するアイディアなどの手段が先行して話し合われると、根本となる問いに立ち返ることができなくなります。

一流企業のトップ営業パーソンに聞いても、「顧客にとっての価値は何か」という問いを考えたことは殆どないという答えが返ってきます。経済や市場が順調に成長している時代はそれでも結果が出たかもしれません。しかし、トップ営業パーソンといえども、昨今はモノを売りにくい時代です。今こそ「顧客にとっての価値は何か」という問いを立てなければ、かつてのような売上げを維持し、さらに成長していくことは難しいはずです。

徹底して顧客やユーザーの目線に立てば、その製品やサービスを購入してくれる、その対価に見合う「価値」が必ずあることに気づきます。しかし多くの場合、企業側はその顧客にとっての価値を見失ってしまっていたり、勘違いしてしまったりしています。環境に合わせて顧客が価値と感じることも移り変わる中で、その変化についていけていないことも増えています。

ドラッカー教授は、こう言います。

「企業側が売っていると思うものを顧客が買っていることは稀である」

これは痛切な皮肉のようでもありますが、真理でもあります。情報システム開発会社はシステムを構築し、納品することで対価を受け取っていると思いがちですが、顧客側は機能要件の前に、業務の流れについて率直なアドバイスを受けられると期待していることもあります。また、最先端の技術やアプリケーションを活用した提案よりも、何より社員が使いやすい、使ってくれるシステムの提案を求められているかもしれません。しかし現実は、顧客にとっての価値についての根本的な問いかけをしないまま、「商品開発会議」「営業会議」で半ば機械的に売るための議論を繰り返している会社が少なくありません。

「会社が売っているものを、顧客が買っていない」というケースは、悪い方にズレてしまっている場合はもとより、結果オーライでモノが売れている場合（顧客が価値と感じているものに企業が気づかずに売っている場合）も、遅かれ早かれ間違った経営判断につながります。飲食店などでも、「え、この店の雰囲気が好きだったから通っていたのに、改装されてこんなになっちゃったの？」「え、このメニューなくなっちゃったの？」ということがあります。こういったズレで顧客を失ってしまうことは頻繁に起こるのです。

ドラッカー教授の経営理論の根幹は、「人間主体」です。すなわち、マネジャーや現場で懸命に仕事をする人たちの「考える力」「発想する力」を軽視せず、そういった人間の力を土台にしようということです。ツールや方法論にいきなり入るべきではないというメッセージでもあります。非常に地味なことのように聞こえますが、多くの顧客に愛さ

マーケティングとは「顧客にとっての価値」と「自社の提供する価値」を合わせていく作業

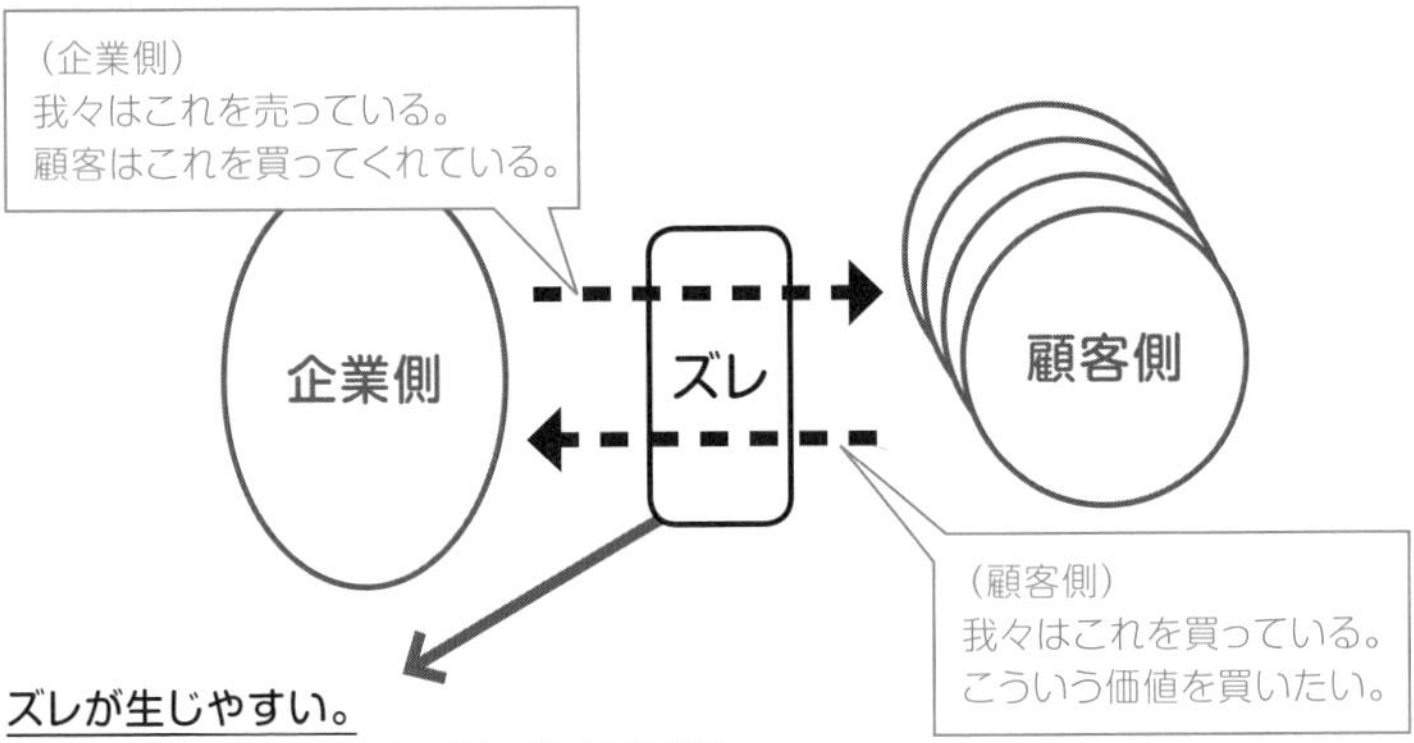
（企業側）
我々はこれを売っている。
顧客はこれを買ってくれている。
企業側
ズレ
顧客側
（顧客側）
我々はこれを買っている。
こういう価値を買いたい。

ズレが生じやすい。
ズレを長期間放置するとさらにズレは広がる。
このズレが、様々な経営上の意思決定の誤りにつながる。
（投資、組織体制、営業、広告・PR、リストラ対象の決定‥など）

れる事業を創造した起業家も、発端は「こういう使命で、こういう顧客を、このように喜ばせたい！」という想いからスタートしているはずです。いきなり分析をしたり、ツールに依存したりするようなところから生まれたビジネスアイディアはないはずです。

マネジメントをする人には、各論に陥りがちな議論を「顧客は誰か？何を購入するのか？」という本筋の議論に引き戻す、焦点を向け直すという意識が不可欠です。前述のケースでは、佐竹さんの奥さんが、冷静に客観的な視点から議論の焦点を引き戻すことに貢献して、マネジャーである佐竹さんが意識転換するきっかけになりました。本来は、プロジェクトメンバー同士で、このような率直な問いかけが安心感を持って行われる環境でなければいけないはずです。

■働く人のモチベーションにもつながる「顧客の創造」

「部下のモチベーションを高める最良の方法は、仕事の生産性を高めてあげることだ」

ドラッカー教授はよくこのように話していました。この「仕事の生産性を高める」というのは、単に投入するリソースを減らして得られるリターンを増やすという意味ではありません。本当の意味での「生産性」とは何かを考える必要があります。私は、本来の生産性向上とは「顧客にとっての価値」を生産する仕事の量を限りなく増やし、そうでない仕事を廃棄していくことだと解釈しています。そして、これは働く人のモチベーションに密接につながっていきます。

誰が喜んでいるかよく分からない業務をやらされるほど社員のモチベーションが低下することはありません。前述のドラッカー教授の言葉は、部下のモチベーションを高めたければ、難しいモチベーション理論に入り込む前に、顧客の喜びや価値につながる仕事を増やすことがまず先決だと伝えていると思います。組織内の仕事は気づかぬうちに本来の目的から外れがちです。マネジャーが、自分たちの事業は何か？　顧客は誰か？

顧客は何を価値として購入するか？ という問いに常に向き合うことで、部下の仕事の方向づけを支援することが働きがいを高めるために最も有効ではないでしょうか。営業やマーケティング担当者だけでなく、製造やカスタマーサービス、または法務や総務の担当者であっても、会社で働く人であれば誰であれ、自分の仕事を通じて顧客が喜ぶ顔を見て嬉しくない人などいないのですから。

■顧客と対話する ～アナログ的且つ本質的なマーケティング～

ドラッカー教授は、情報技術の発展に大いに期待していました。私がドラッカー・スクールに留学していた２００２～２００４年は、インターネットやＩＴの技術革新が目覚ましく、教授自身もその有効性や展望について講義で頻繁に語っていました。それでも、教授の課題認識は、「企業にある情報の多くが、企業内部のものだ。顧客が求めるものが何か、という最も重要な情報はまだまだ蓄積されていない」という点にありました。

最近では、ＳＮＳのコメントを通じて商品に対して消費者が何を求めているかのヒントを得やすくなっています。しかし、「つぶやき」レベルのコメントをいくら集計しても、根っこから顧客が求めている価値を理解することはできないはずです。例えば、学校の経営スタッフが、いくら掲示板に書き込まれた父兄や受験生のコメントを集計しても、現在表面化している問題の解消や表面的なニーズの収集には役立つかもしれませんが、今後の中長期的な経営戦略に役立つような情報は出てこないと思います。

ドラッカー教授は究極のマーケティングとして、「顧客の所に出かけ、顧客と対話せよ」とよく言っていました。かつての起業家が労を惜しまずにやっていたように、顧客と対話し、顧客が本質的に何を求めているかを探り、その求めに答えられる提案を、自信を持ってすべきだということだと私は解釈しています。当然、全ての顧客と話をすることは不可能です。しかし、10人でも、20人でもコアとなる顧客とじっくり対話をすると、本当に求められていることが何なのか、よく見えるようになります。そのニーズは、対話をするまでは実は顧客自身も気づいていないことかもしれません。

「顧客にアンケートをとってもありきたりの答えしかもらえない」と言う人がいます。役員や経営幹部でも、この手の話を堂々とされる人がいるのは残念です。「答えてもらえない」ではなく「聞き出せていない」「見つけ出せていない」と言うのが正しいのではないでしょうか。業務遂行型・管理型マネジメントに慣れすぎてしまい、顧客の要求を聞き出し、顧客の本当に求めていることを(顧客自身が気づいていないことも含め)、整理して言語化し、形にすることをしなくなっているマネジャーが増えている気がします。

本来、事業を立ち上げた人たちは、「顧客のニーズがつかめない、聞き出せない」などと言うことはありませんでした。顧客にとっての価値を貪欲に追求してそれを有効需要に変えて収益を得ることが事業の本質だからです。私自身、法人向けに提案をする事業のマネジメントをしていた時代、提案書・企画書の内容に悩むと迷わず顧客の所に出かけ「何が、どのような価値が最も欲しいのですか？」と聞くようにしていました。冗談のような話ですが、提案を受けるお客様の側もそういった本質をじっくり考えていなかったところ、唐突な質問で思考が整理される、ということもありました。逆に「そんなことを聞いてこないでください」と言う方がいるとしたら、その担当者の方は組織の成果を最優先に考えているとは言えず、「手続き論に縛られて」いるかもしれません。そのような場合は、いずれにせよ良い提案・企画を共に創り上げるのは難しいはずです。

ドラッカー教授は、シンプルに本質を突くことで多くの起業家、経営者から絶大な支持を得てきました。私なりにそのメッセージを解釈すると、「事業家よ、マネジャーよ、その本質に戻れ」ということだと思います。その本質とは、徹底的に顧客と対話し、そのニーズを汲み取る、ということです。全員と話すことは無理でも、一定人数の顧客とじっくり対話をして引き出すことは不可能ではありません。1万件の「顔の見えない」データよりも、数十件の深い対話から導き出されたニーズの方が、意味があるでしょう。

ドラッカー・スクールで私が学んだ原点。それは、どんなに精巧に作られたツールやフレームワークであっても、それらが商売をするわけではなく、あくまで生身の人間が商売をし、マネジメントするのだということです。この原点に返ることが、現代の企業組織を再び活性化するための重要な条件だと思います。

■「成果」と「貢献」に組織の焦点を合わせる

本章の冒頭でも触れましたが、「マーケティングと組織のマネジメントは別だ」という考え方は、あまりに現実からかけ離れています。組織とは常に顧客の創造を追求する存在であることを考えると両者は不可分な関係です。顧客を創造するマーケティングを実践し具体的な成果を創出するためには、組織のマネジメントとマーケティングの思考を一体化させていかなければなりません。管理に集中し、顧客創造の責任を主体的に負わない人は、マネジャーとは言えません。

最も大切なのが、社員・メンバーの意識を目先の業務から上げ、「成果」と「貢献」の方に向けさせることです。当然、この「成果」「貢献」は「顧客の創造」につながるものである必要があります。前述のドラッカー教授の「5つの質問」でも、顧客にとっての価値を問う質問の4番目に「成果」に関する質問がきます。

成果をどう定義するかは極めて大切です。「このプロジェクトで成果を上げよう」「成果を出さなくては」といった議論がよくありますが、「成果とはそもそも何か」が定義されていないことがよくあります。成果を目指そうと言っているのに、成果が何かが曖昧なまま仕事やプロジェクトが進んでいる。冗談のようですが、多くの現場で起きていることです。目指すべき成果は何か、その成果が顧客を創造していくことにどうつながるか。これらが見えていないと当然組織はその成果に向かわず、個々人が好き勝手な基準で行動し始めます。本来目指していないはずのことで必要以上に時間を使ったり、無駄な会議やルールを増やしたりする、といったケースです。

業績数値だけが成果ではありません。企業や組織においては、経済的な成果だけを指標にしてマネジメントをするとおかしなことになります。数値管理の行きすぎによって人間本来の創造性が全く活かされていなかったり、数字を上げるためであれば手段は選ばないといった傾向が出始めたり、最悪の場合は顧客のことを犠牲にしてでも目先の数字を上げていくという意識さえ生まれます。結果、数字は上がったけれども顧客の創造に全くつながっていないというケースも多いです。これは成果ではありません。

販売促進のイベントにおいても、組織の改編においても、人材育成研修においても、企業のあらゆる活動において「これを行うことで得たい成果は何か、その成果が顧客の創造とどうつながるか」ということを深く話し合い、イメージを合わせていくことが「顧客創造的な組織」を創る鍵です。「業務の遂行」「些末な問題」に向きがちなメンバーの視点を成果と貢献に向けさせることは、マネジメントの重要な仕事なのです。

■「顧客創造的な」組織を目指す

ここまで述べてきた通り、良い会社とは一言で言えば、それはやはり「顧客創造的な」会社ではないでしょうか。

顧客、つまりその組織や企業の提供するサービスや製品の価値を認め、それに対して喜んで対価を支払ってくれる人たちを1人でも多く創るために、多くの人が協力し、強みを発揮し、弱みを補い、コミュニケーションしていく。些末な問題よりも、顧客の創造という大きなテーマに全社員の目が向き、いろいろな能力を持った人たちが協力し合っている。そのような組織になれば、業績は向上し、雇用も維持され、新しい事業も健全に成長していくはずです。その結果、経済的にも精神的にもその組織に関わる人はますます豊かになり、結果としてその家族も幸せになります。

社員を大切にするためにも、顧客、すなわちファンの創造に徹底してこだわる企業を目指していくことが必要です。社員を大切にすれば顧客も大切にする組織が生まれる、という言い方もあります。どちらの解釈でも結構です。いずれにせよ、組織運営と顧客創造のマーケティングは密接につながっているということが理解されれば大差はないはずです。

ドラッカー教授が「顧客と顧客価値」に軸足を置いたマネジメント理論を展開しているのも、それが人と社会を幸福にするための土台となるからです。会社で働く人間全員が、些末なことではなく顧客への価値を創造していくことに全力を傾け、協力し合えば、社員の創造性が活かされ、働きがいが高まるはずです。また社会とその会社自体の経済的なメリットも大きくなります。

「我々の事業とは一体何だろう」
「顧客はどのような人で、何を価値と感じるのだろう」

この問いに全員が真摯に向き合い、全ての仕事とこの問いが連動している組織こそが、本当にマーケティングを実践している組織、すなわち「顧客創造的な」組織と言えるのではないでしょうか。マーケティング成功の鍵は、全社員の意識・考え方・行動のしかたにこそある。マネジャーはそのことを忘れずに、メンバーの考え方の焦点を正しい方向に向け、導いていかなければいけない。これが、ドラッカー教授が本当に伝えたかったことです。

第4章
Chapter 4

イノベーションという最強の戦略

ドラッカー教授の経営論というと、人と組織のマネジメントがテーマの中心だと考える方が多いようです。しかし、特に重視されているのは実は「イノベーション」です。ドラッカー教授は、組織はイノベーションなくして生き残れない、そして組織がイノベーションできないと組織の集合体である社会も成り立たなくなるという認識に立っていました。だからこそ、「イノベーション」をマネジャーに対して強く期待していたのです。

人間は、生まれながらにして創造的な存在です。どんなに小さな発見にも感動し、アイディアを見いだして創造性を発揮することができます。ドラッカー教授は、この「創造性」という人間の持つ無限の可能性を組織のマネジメントや経営に活かすことで、人間本来の強みが発揮され、高業績を生み出す組織が創られると考えていました。

私がドラッカー・スクールに出願した際に目にした学校理念にも、「Reflecting the Drucker philosophy of management–We believe that management is very much human enterprise」（「ドラッカーのマネジメント哲学にならい、マネジメントとはまさに人間的な営みであると我々は信じている」）という言葉がありました。利益を最大化するためにビジネスや業務のツールとしてマネジメントを学ぶのではなく、「人間」の側面からマネジメントを学ぶのだという強い信念が込められています。

マネジメントを人間の視点から捉え直したときに、「創造」「イノベーション」が不可欠なテーマであることは明らかです。しかし、その人間が集まる会社や組織において、このイノベーションが過度に技術的な話題として扱われたり、多額の投資が条件と捉えられたり、または逆に業務上の優先順位が下がったりしていることが心配です。

「企業の目的は、顧客の創造である。したがって、企業は二つの、そして二つだけの基本的な機能を持つ。それがマーケティングとイノベーションである」

このドラッカー教授の言葉を前章でも紹介しました。顧客の本当の満足要因や、価値と感じていることを捉え、それを提供する「マーケティング」。そして、顧客にとっての新たな満足や価値を自ら生み出す「イノベーション」。いずれも顧客を創造する重要な仕事ですが、そのアプローチは異なります。

両者の違いについては後ほど詳しく書きますが、いずれにせよこれら基本機能について徹底的に話し合い、見直すことが企業にとって生命線です。当たり前のことのようですが、このマーケティングとイノベーションが機能していないと、他の仕事や業務が効率的に行われていたとしても、行き詰まります。顧客にとっての価値という本質を見失い、迷走することになります。

企業にとっての2つの目的と機能。イノベーションとは

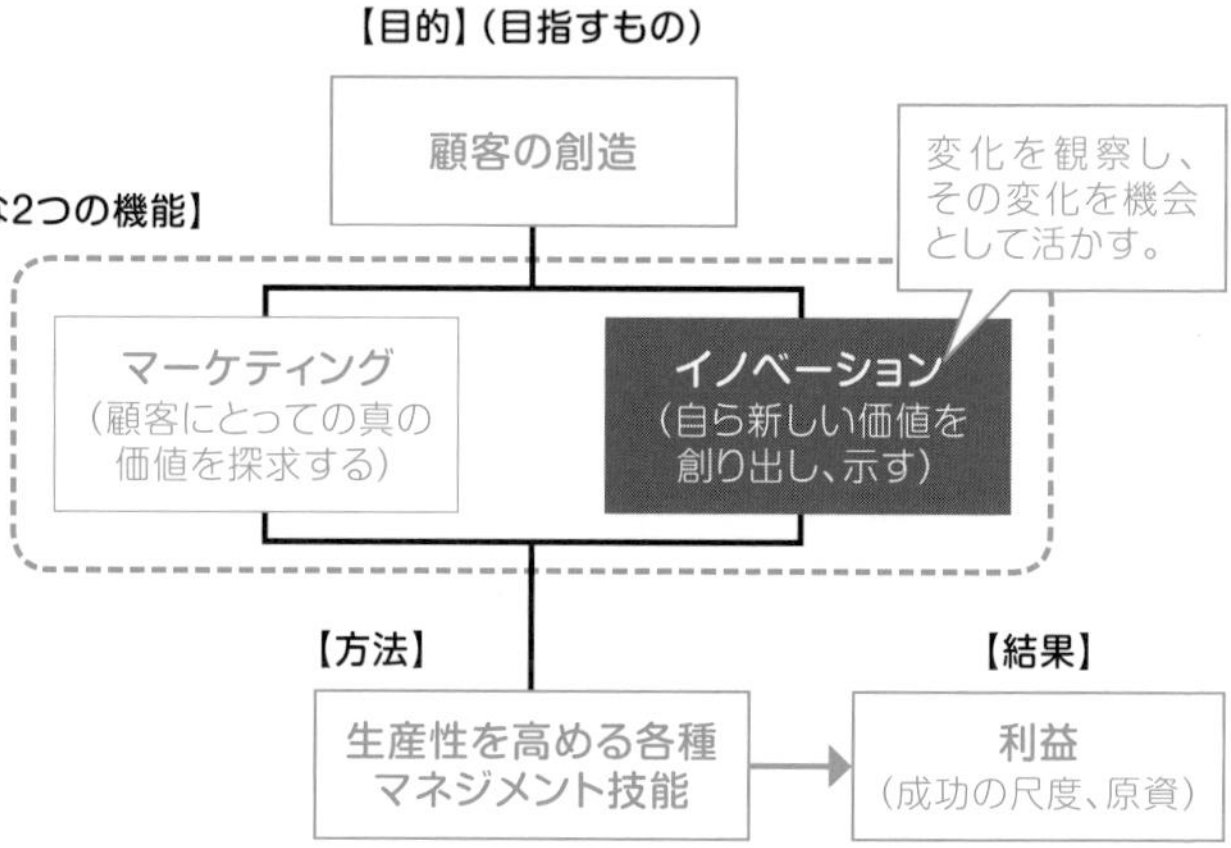
【目的】（目指すもの）
顧客の創造
変化を観察し、その変化を機会として活かす。
【必要な2つの機能】
マーケティング（顧客にとっての真の価値を探求する）
イノベーション（自ら新しい価値を創り出し、示す）
【方法】
生産性を高める各種マネジメント技能
【結果】
利益（成功の尺度、原資）

「それは分かっている」と言われる経営者の方、マネジャーの方も多いかもしれません。しかし、会議や役員会でこの「マーケティング」「イノベーション」についてじっくりと時間をとって本質的な議論をしている企業がどれだけあるでしょうか。目先の売上げ数字、投資、組織改編、人事制度のことに頭がいっぱいになってしまっているのが現実だと思います。もちろん、直近の数字や課題解決は重要です。しかし喫緊の課題に意識を奪われすぎて「マーケティングとイノベーションが会社にとって何より大切な機能だ」という意識がうすれてしまうと危険です。その結果、会社が利益を上げるための本質的な力、富の増殖機能が徐々に低下してしまうからです。

これまでの章でも、私がドラッカー・スクールで学んできたマネジメントの根本は「管理統制」よりもむしろ「創造・創発」であったと書いてきました。あらゆる事業と組織体がイノベーションしないと存続できないからです。イノベーションにより、資源、特に人材という資源が再び生産的になる機会が与えられ、雇用も利益もそこから創出されます。逆に、イノベーションできない組織は、資源を活かせず、働けども、働けども得られる利益は下がっていきます。

さて、マネジメントにとってこれほど重要な「イノベーション」について、考え方や方法論はどこまで共有されているでしょうか。殆どの会社が、どこかギャンブル的、精神論的にこの「イノベーション」を捉えており、定義も曖昧なまま様々な施策が推し進められているのではないでしょうか。ドラッカー教授の問題意識はそこにありました。そこで、『イノベーションと企業家精神（Innovation and Entrepreneurship）』（ダイヤモンド社）という著書でイノベーションの原則や体系を示しました（注：ダイヤモンド社の書名は「企業家」ですが、原文本来の意味は「起業家」に近いとの判断から、本書では、このダイヤモンド社の書名以外の記述は「イノベーションと起業家精神」としています）。

ドラッカー教授が同書で伝えている大切なメッセージを私が一つだけ伝えるとすれば、以下の通りです。

「イノベーションとは、霊的なものでも、ひらめきやギャンブルに頼るものでもない。ハイテクに限ったものでもない。それは体系的に取り組むべき仕事である」

本章では、私がドラッカー・スクールで学んだイノベーションの考え方、方法論などについて説明します。イノベーションにはもちろん、直感やインスピレーションも大切です。しかし、一部の人間のひらめきだけに依存することは、マネジメントとしてあまりに無責任です。組織や人の命運が左右される意思決定には、ひらめきだけではなく原理や体系も必要です。そして、れっきとした「仕事」として組織の中で確立されていかなければなりません。営業や経理の業務を行っているのと同じように、「今日はイノベーションの業務に携わった」と明確に言えるべきものです。イノベーションについて考え方や方法論が共有されることで、「再現性」が高まります。イノベーションを誰もが再び意図的に起こすことができるようになるのです。

それでは、「イノベーション」の本質について、一緒に考えていきましょう。

CASE

多額の投資をしてイノベーションに失敗する会社、コストをかけずにイノベーションに成功する会社

東証一部上場、大手住宅機器メーカーM社に勤務する佐々木伸三さんは45歳。営業本部において、関東圏内を統括する事業部の事業部長を務めています。社内でも一、二を争う出世スピードです。関連子会社の取締役にも名を連ねており、忙しい日々を送っています。

M社では、昨年来徹底して「イノベーション」の重要性が叫ばれています。画期的な製品、画期的な技術を世に出すことをミッションとしている同社では、日々そのための企画・検討に追われているのです。

佐々木さんも、経営企画部との会議に頻繁に出席しています。技術力のある中小企業の買収、新素材メーカーとのアライアンス、外資系企業とのジョイントベンチャー、来期の研究開発投資のあり方……など会議やプレゼンテーションが続きます。営業本部の

事業責任者の観点から、佐々木さんにも見解や意見が求められますが、実は理解できない用語も多く、なかなか的確な回答ができていません。

大学教授やコンサルタントの講演も社内で頻繁に開催され、新しい技術やビジネスモデルの導入について日々議論されています。そんな中、現場の営業部員たちにも、「何か新しい売り物、売り方を見つけていかないと評価されない」という危機感が強まっていました。

しかしそれは一方で、「イノベーション」への過度な期待につながっているようにも見えます。どこか、魔法・マジックに期待したり、他社の新たな取り組みや成功事例を意識しすぎたりして、現状を過度に悲観視しているようにも見えるのです。「今のうちの商品群では、到底勝てないよね」という台詞が営業本部の中に蔓延し始めていることに佐々木さんは違和感を感じています。

「営業本部もイノベーションの種を見つけるために、もっと開発部署に足を運び、話し合え！」という社長の号令のもと、営業部員と開発部員の話し合いの場も多く持たれています。しかし、開発部のメンバーからは嘲笑まじりに、「営業さんに『何か売れそうな技術や商売のネタ、ないですかね？』などと一方的に聞かれて、それ以上議論が発展していません。このミーティングに意味はありますか？」といった声が多く聞こえてきます。

最近では他メーカーの商材を代理販売することも増えており、取引先の商材の「イノベーション」に過度に依存している風潮もあります。取引先メーカーの担当者からも、このような声が寄せられました。

「M社の営業さんは、本当に頻繁に足を運んでこられますね。まあ、熱心というか。『新しくて面白い製品があれば、我々の方で売りますので！』って。頼もしいのはいいのですが、僕らの前にもっと市場の声を聞いてくれた方が有り難いのですけどね（苦笑）」

佐々木さんは悩んでいました。月末の経営会議で、「イノベーションを促進するための今後の事業方針と各施策案の費用対効果」について営業部門の観点からプレゼンテーションしなければなりません。何かインパクトのある提言をしなくては……。昨今、M社では、コンサルティング会社の指導もあり、緻密な分析、論理的思考がスキル要件として重視されている風潮があります。営業としてのスキルを認められてここまできましたが、なんとか今回のプレゼンテーションで分析力や企画力についてもアピールしたいところです。

しかし、佐々木さんとしては社内での議論がしっくりきていません。イノベーションの本質とは何だろうか？　最新の技術革新や、先進企業の事例研究が本当に我が社にとってのイノベーションにつながるのだろうか？　イノベーションと、いわゆる戦略やマーケティングとの違いとは何だろうか？　と、考えれば考えるほど悩みは深まります。しかしこのような「そもそも」論を社内で蒸し返す勇気は到底ありませんでした。

そんなある日、何気なく購入した経済誌で特集されていた、ある地方中小企業（名証二部上場）社長の記事が目に留まりました。同社は、競合も多い電子機器部品業界で特許出願数ナンバーワン、しかも抜群の収益性です。とはいえ、目立った新製品や派手な取り組みをしているわけでもなさそうです。経営者も、社屋のイメージもどちらかというと地味です。

しかしその社長の言葉は、佐々木さんにとって深く印象に残るものでした。社長はこのように語っていました。

「よく誤解されているけど、イノベーションって大発明ではないですよ。コストをかけた分だけ効果が大きくなるわけでも決してない。大切なのは、営業、開発、工場、事務職員まで社員全員が考え続けること。
『お客さんの要求に関連する、小さいけど重要な変化とは何なのか？』
『その変化に対し、自分たちの会社は何を提供していけるだろう？』
そういうシンプルだけど大切なことを全員が考える組織を創ることです」

「会社が投下したお金がイノベーションや新事業を生むわけじゃない。あくまで主役は社員という人間であり、彼らが話し、観て、感じて、考えることで、初めて他社が真似できない新しい商品やサービスにつながります。そういった意識を会社全体で継続して持つことで長期的な利益も増えていくのです」

佐々木さんはこの会社のことが気になり、ネットで業績や評判などを調べてみました。同業他社に比べ圧倒的に収益性が高いにも拘らず、社員の残業時間も少なく、また休暇取得数も抜群に多いという記事が見つかりました。地方中小企業で、どちらかと言えば飽和産業……一見、忙しくて仕方なく、儲かりにくい企業の条件にあてはまっているように見えるのですが、意外でした。

佐々木さんは、自分が大学生の頃に亡くなった大好きな祖父が話してくれたことを思い出しました。祖父は事業を営む経営者でした。

「いいか伸三、商売はね、世の中で変化しているところに目をつけてこそ、一番の価値があるし、利益の源泉もそこにあるのだよ。でも最近はどの会社も、安定していて一見市場が広がっているところにばかり投資したがる。その繰り返しじゃ、いくら頑張っても強い立ち位置は築けないし、社員も疲れてしまう。商売の楽しさ、事業の楽しさを社員が知ることができなくなってしまう。誰もが同じような商売をする中で競争することほどしんどいものはないからね。変化しているところ、これから新しい可能性のあるところに社員が一致団結して果敢に挑戦することが、本来の事業ってもんだよ」

祖父はこうも言っていました。

「社員はもっと自信を持つべきだ。変化を一番間近で感じ、観察しているのは社員、特に営業担当の社員だ。彼らさえ本気になれば、『今起こっている変化は何だろう？』『お客さんの要求はどう変化しているだろう？』と考えることができる。新しい機会は、意外なほど身近なところに転がっているものだ」

これまで祖父の言葉を真剣に思い返したことはありませんでした。しかし今、自分自身が事業課題に直面し、真剣に考える中で、中小企業の社長と祖父の言葉がつながり、自社が文字通り生まれ変わるようなイノベーションを起こすために何をすべきか、その核心が見えてくる気がしました。

佐々木さんは、迫っている経営会議向けに、新規事業の提案書の1行目を書き始めます。そこには、このような文言が打ち込まれていました。

「イノベーションについての我が社の考え方を今すぐ根本から変えなければなりません」

昨日まで自分が考えていた内容とは全く違います。しかし、言葉やメッセージがあふれ出てくる、そのような感覚に佐々木さんは自分でも驚いていました。

■企業の「イノベーション」は本来の目的を見失っている

このケースの前半にあるような状況も、多かれ少なかれ皆さんが経験されていることではないでしょうか。社内では技術用語やファイナンス用語が飛びかい、新規事業の責任者・担当者も個別のテーマに振り回され、「そもそもイノベーションとは一体何か」「どう考えれば的確にイノベーションを起こすことができるか」という議論が抜け落ちてしまっています。

実際私も、新規事業関連のプロジェクトに加わると、「M&A」「ジョイントベンチャー」「アライアンス」「海外で開発された新技術の導入」「AI」「デジタルトランスフォーメーション」といった一見、重要そうなテーマが先に走っているケースが殆どです。根本からイノベーション施策を考えるために開かれた会議でも、どこかそれらのテーマが既定路線であるという錯覚を社員が持っていて予定調和的にその結論に持っていこうとする風潮もあります。社員はそれらのテーマについて膨大な資料やレポートを作成し、それらの「作業」を仕上げることに満足してしまう傾向があるのです。

また、プレゼンテーションを評価する側である上位職層、経営層の方にも「斬新で驚かされるような提言を期待している」といった言動が目立ちます。役員自らが「規模が大きく世の中にインパクトがあるようなイノベーション案」を社員に求めるので、ますます本質からズレてしまいます。社員は、その期待に応えようと、さらに現実性の乏しい派手なプランを描こうとする。しかし、本質的な考え方に則っていないのでなかなか案は実現されません。結果、これまで以上に社内からは「一発逆転の大きなプラン」を期待する風潮が強まるという悪循環にはまります。

反対に「イノベーション」「新事業立ち上げ」というテーマが矮小化されすぎて、単なるWebサービスやSNSを活用しての販売促進アイディア出しになってしまうこともよくあります。制約をもうけずに製品やサービスのあり方を革新していこうという意図で始まったはずのプロジェクトが、気づけば「どういった販促手法を使うか、いつどのような販促物を投入するか」といったテーマに置き換わり、「そもそも何を目指して始めたプロジェクトか」が見えなくなるというものです。これらは、「イノベーション」についての根本的な目的や原則が共有されていないために「施策」に安易に飛びついてしまい、なかなか実にならないパターンです。

また、ケースにもあるように過度にイノベーションに期待しすぎる風潮にも注意が必要です。

「他社が絶対に真似ができないような、新製品を開発しないとまず無理」
「そろそろうちの会社も一発当てないとまずい」

といった「ホームラン待望」論が組織内で蔓延してきたら危険信号です。イノベーションや新規事業の創造というテーマは、現場の実務からかけ離れた一攫千金の取り組みのように捉えられがちですが、そうではありません。ケースに描かれている中小企業の経営者や主人公の祖父が話すように、目の前で起きている事象から「考える」「感じる」という社員の、人間の本来備えている力が不可欠なのです。社員が自ら考えることをやめ、他人、他部署、他社に依存し、他の技術や商材頼りになってしまっている組織からは、どれだけコストをかけても決してイノベーションは生まれません。

■「イノベーション」とは何か？ ～ドラッカー・スクールで学んだ定義～

マネジャーが投げかけるべき問いは、「どうすればこのM&Aを成功させられるか」「どうすればこのWebサービスのプロジェクトを成功させられるか」の前に、「そもそもイノベーションとは何か」「どうすれば効果の上がるイノベーションを実現できるのか？」であるべきです。

イノベーションの施策を探る前に、まずはイノベーションとは何かを問うことが大切です。ドラッカー教授は常に「当たり前に使われている言葉を疑い、その本質を問い直す」という姿勢を貫いていました。言葉はある意味記号のようなものです。「マネジメント」にしろ「リーダーシップ」にしろ「イノベーション」にしろ、頻繁に使われている言葉でも使い手が同じイメージや意味で使っていることは稀です。同じ言葉を異なる意味で使うと、目的や手にしたい成果のイメージが組織内でズレてしまいます。

ドラッカー・スクールでは、どの講義でも「そもそも〇〇とは何か?」といったシンプルな問いかけが教授から多く発せられました。いわば哲学的なスタイルとも言えますが、私自身の中で「根本を掘り下げ、本質を問う」という姿勢が強くなったのも、そのおかげかもしれません。

では、イノベーションとは一体何でしょうか。一般には、経済学的にも言われるように、「生産性の低い領域から、生産性の高い領域へ資源をシフトさせていくこと」が基本的な定義だと思います。まず、これをしっかり共有したいところです。

生産性の低い業務から高い業務へ、生産性の低い事業領域から高い事業領域へ、人間、資金、時間といった資源をシフトさせることがイノベーションの経済的な定義です。ドラッカー教授自身も、この経済学的な考え方を否定しているわけではありませんが、さらに一歩進めます。「この定義だけでは、イノベーションを起こす人の思考方法や起業家精神と呼ばれるものが一体どういうものか、説明できない」という認識を持っていたのです。そこで、ドラッカー教授は以下の定義を提唱しました。

「イノベーションとは、変化を機会として利用するための手段である」(『イノベーショ

ンと企業家精神』ダイヤモンド社）

正直、留学当時には、これは私にとってあまり腹落ちする定義ではありませんでした。しかし、卒業後に新規事業開発の仕事をする中で、悩み、考え、答えを探していたときに再びこの言葉と向き合い、目の前がぱっと開けたような感覚を持ちました。イノベーションや新規事業の機会を探すには、「世の中で変化していること」、まずその一点に視点を定めることが大事だということに気づいたからです。「そうか、変化をビジネスの機会として活用するということか！」と感動するほど納得したのをよく憶えています。

■変化に注目することで、実現性の高いイノベーション案が生まれる

前述のように、私たちはとかく施策面にばかり注目しがちですが、まずは「変化」していることに懸命に視線を向けてみましょう。社会の「変化」に自社のリソースを適合させることで、「先行者利益」の源泉が生まれます。まだ競争が少ない領域で優位なポジションを確立することができるのです。飽和した市場で、競合企業と不毛な価格競争を続けることも、過剰な労働時間を強いられる割には利益が上がらないという事態も避けることができます。

反対に、いかにお金をかけて華々しい施策を実行しても、それが「変化を機会として

利用する」という原則に従っていなければ、また社員の意識がそうなっていなければコストと時間をいくらかけても結果は出ません。

M社のケースで主人公の佐々木さんの祖父が語った商売の原則論も、このことを言い当てています。古くから日本の偉大な事業家たちはイノベーションの原則を実践していました。消費者の困りごとやニーズの変化を敏感に探り、常にそこから新しい機会を貪欲に見つけ出すという姿勢です。

実際私自身も、この定義を理解したときから、自分の中で「問い」が変わりました。「どんな新しい事業をするか」「何がやりたいのか」といったことよりも、

「社会で起きている重要な変化は何だろうか？」
「その変化は自社のビジネス、事業にどう影響するだろうか？」
「変化に対して自社の資源（リソース）をどう活かすと最も効果的だろう？」

といったことを考えるようになりました。そして、部下や仲間と一緒にそのテーマを考えるようにしました。そうすると、

「実はお客さんからこういうことを先日言われて……」
「最近のお客さんの要求に少し変化があって……」
「別業界ですが、最近こういう傾向があると聞いたのですが……」

といった情報が行き交い始めます。会議で時間が足りないときは、一緒に飲み食いしながらさらに突っ込んで議論をすることも効果的でした。顧客からのクレームやお客様との仕事以外の雑談から出てきた話題を含むため、営業担当者が「日報」に書くような内容とは全く違ったものになります。

そういった「変化」にフォーカスした話し合いから、

「それは、何か大きな変化を部分的に映している現象かもしれないな」
「我々のいる業界でも、その傾向はすぐに出てくるかもしれないな」

といった議論に発展し、

「では、次の提案ではそのことに触れてみようよ」
「次の顧客向けセミナーはそのテーマでやってみて、お客様の反応を見よう」

といった具体的な施策につながります。「イノベーション」「新規事業」といったテーマでは議論が拡散しますが、「変化を機会として活用する」という軸を共有することで、イノベーションに向けてメンバーの視点が揃い、行動を起こすことができるようになり、成果が出やすくなります。また、シンプルな目的を共有することで、士気も高まります。

■リスクのある意思決定にこそ、体系的な見方・考え方が不可欠

新規事業やイノベーションには、当然リスクを伴います。しかし、ドラッカー教授は「そのリスクを最小にするために、原理と体系をつかむことだ」と再三語っていました。

著書『イノベーションと企業家精神』（ダイヤモンド社）にはこう書かれています。

「企業家精神にリスクが伴うのは、一般に企業家とされている人たちの多くが自分のしていることを理解していないからだ。つまり方法論を持たないからだ。初歩的な原理を守らないからだ」

やや断定的で不快な思いをする方もいるかもしれません。しかし、その言葉の根底には、「マネジャーは、組織と社会と人を幸福にするために常にイノベーションを起こして

いく役割を担っている。だからこそ、しっかりと原則や体系を捉え、リスクを最小にする根拠と自信を持って意思決定してほしい」という願いが込められています。

企業において事業が停滞することの根底には投資意思決定に何らかの失敗があります。前述のようなイノベーションの基本原則を深く考えることなく「M&A」「新技術への投資」といったテーマに社員が突き進んでしまうと、失敗するリスクが高まります。意思決定をする際に、イノベーションや事業創造についての原理原則に従って、「どのような変化が我が社にとってチャンスか、どう活かすか」についてじっくり考え組織のベクトルを正しく合わせることが重要です。そうしていれば、プロジェクトの失敗を確実に減らすことができます。私自身はそのようなもったいない事業投資失敗のケースを多く見てきました。

古今東西、会社、公的機関、軍隊といった形態を問わず、組織が原則を確認することなく雰囲気や感情で突き進んでしまった場合は失敗の危険性が高まります。社会、組織、人の幸福を強く願っていたドラッカー教授は、この「イノベーション」に関わる意思決定を特に重視し、それが「ギャンブル」的な発想により暴走・迷走することがないよう、様々な視点から助言をしてきたのです。

■イノベーションの機会を「意図的に」発見する

この「イノベーション」というテーマについては、ドラッカー教授の最も近い同僚であった前述のジョゼフ・マチャレロ教授が教えていた「Drucker on Management」という講義でも再三取り上げられました。マチャレロ教授は、ドラッカー教授の理論やコンセプトを独自の分かりやすい教材で学生に教える一方で、管理会計の教授らしく実務での活用をとりわけ重視していました。マチャレロ教授がこのイノベーションというテーマを重視したのも、イノベーションこそが実務に密接に関わるテーマだと考えてのことだと思います。そして、ドラッカー・スクールの教授たちの願いの根底にあったのは、「イノベーションを意図的に起こしていくマインドと考え方を身につけてもらいたい」ということだと思います。それがマネジャーにとって最も重要な役割であり、責任であるからです。

ドラッカー教授は、『イノベーションと起業家精神』の中でイノベーションの機会を体系的に見つけるために、重要な変化の種を発見する7つの視点を提唱しています。それを、ドラッカー・スクールでマチャレロ教授の講義を受けながら私がイメージしてノートに書いていたものが、次ページの図です。企業でイノベーションの策を考案する際にも、私はいつもこの図を参考にアイディアを出し合うようにしています。

イノベーションの機会につながる7つの変化の種

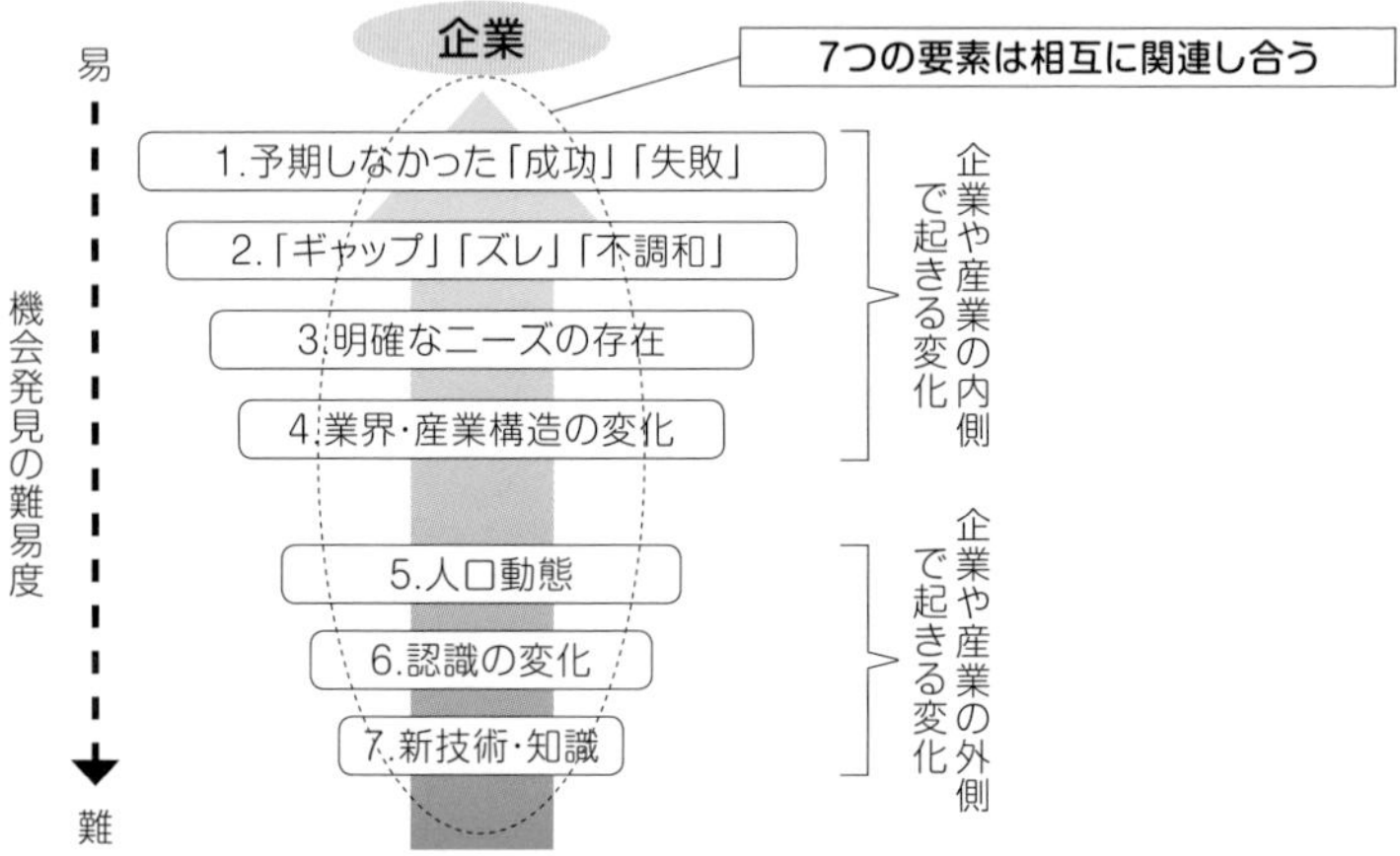

ここで言う、イノベーションの機会につながる7つの変化の種とは以下です。

1. 予期しなかった成功と失敗
2. 「ギャップ」「ズレ」「不調和」
3. 明確なニーズの存在
4. 業界・産業構造の変化
5. 人口動態
6. 認識の変化
7. 新技術・知識

この「イノベーションの機会につながる7つの変化の種」について私がマチャレロ教授の講義を聞く中で気づいたのは、「目の前で起きているシンプルな事象にも（だからこそ）大きなイノベーションにつながるヒントがある」ということでした。

7つは上部の1番目から下の7番目まで「発見することが容易な順」に並んでいます。新技術や新しい知識の発見によるイノベーションも、もちろん可能性はありますが、それにはやはり多くの時間、投資が必要となり、チャンス（機会）は小さくなります。一方で「予期せぬ成功と失敗」というのは、意識さえすれば誰でも発見できる、企業にとって最も身近にあるチャンス（機会）であるから1番目に来ています。

この「予期せぬ成功と失敗」とは、企業に所属する社員にとって「想定外」「意外」であったことに目を向けて、そこに変化の種を見いだすことを意味しています。ポイントは、「予期しなかった」ことです。予期していたことは、変化やイノベーションの種とは考えにくい。むしろ、会社側の論理では認識できていなかったことが「予期しなかったクレーム」「意外なお客様からのお褒めの言葉」「予期していなかった他社サービスのヒット」といった現象で現れているはずなので、そこから「変化の種、自社の事業への新たな影響、その変化を事業機会として捉える方法」を探っていこうという考え方です。

イノベーションにつながるヒントは、実は目の前にある

「予期せぬ反応は、腹が立つものだ。だから、多くの企業がその種から目を背け、社内

で共有しようともしない。大きな機会損失だ」

ドラッカー教授はこう言います。誰しも、自分の意図と違う反応があると戸惑ったり、気分を害したりします。だから、多くの人がその変化から目を背け、社内で共有しようともしません。それは大きな機会損失だとドラッカー教授は警鐘を鳴らします。確かに、営業パーソンは自社製品を提案しに行ったのに、違うものが欲しいと言われたら無視したいと考えるでしょう。予期しないところから生じたクレームであればなおさらです。予期しなかった、意外な理由で褒められたことさえも、あまり嬉しいと感じずに社内で共有しないかもしれません。しかし、これらのことこそ「イノベーションにつながる変化の種かもしれない」と考え、会社としてチームとしてそれらを共有して、「その背景に我々が気づいていない何か大きな変化があるのではないか？」と問いかけ合うことが、新しいサービスや製品企画や販売方法のイノベーションにつながるのです。

全くコストのかからない、こういった「チャンス（機会）」を企業の多くが見逃してしまっていることは非常にもったいないことです。ここに意識を向けずして、いくら営業パーソンの行動管理をしても、斬新なイノベーションのアイディアは生まれません。さらに悪いことには、顧客の不満や不安の種を社内で共有できずに、長期利益を毀損することにもなります。

2番目の「ギャップ」「ズレ」「不調和」もとても役立つイノベーションのヒントです。3番目の「ニーズ」は、世の中でピンポイントに求められている労働力や知識・情報といった明確なニーズを探るという考え方ですが、その前に、「この部分がサービスとしてカバーされていれば便利なのに」と思われている「ギャップ」を探してみることからイノベーションにつながる変化を発見できることがよくあります。顧客と自社、顧客と業界の考え方の間にある「ズレ」「不調和」も同様に重要なヒントになります。業界全体が低調なのに、一方で非常に業績を上げている会社や領域に気づくことも、このギャップの発見です。ギャップを注視すれば重要なイノベーションにつながる変化を発見できる可能性が高まります。これも、投資や知識はほぼ必要なく、どの会社でも意識すればすぐに始められます。経験の浅い営業パーソンにいきなり「ニーズを探せ」と言っても難度が高いですが、「何か、ギャップやズレが起きていると感じたことを話してみて」と問えば、重要な変化の種が見えてくるかもしれません。

私自身、IT系ベンチャー企業で新規事業開発を担当していた際に、他のどのようなテクニックよりもこの「予期せぬ成功と失敗」「ギャップ」から「ニーズ」を探るという考え方をヒントにすることで、成果を上げることができました。資金や人材が限られているベンチャー企業では投資意思決定の誤りは致命的です。無駄なコストをかけずに、思考や着眼点を明確にすることでイノベーションにつながる重要な変化の種を見つけるドラッカー教授の考え方の実効性に気づいたのはこのときでした。

私は、営業担当者に同行したり、他部署を含め様々なメンバーとじっくり話したりすることで、「予期していなかったお客様の要望、クレーム、期待、褒め言葉」「今、提供できていないが強く求められている機能（ギャップ）」といった重要な情報を発見するように努めました。そして、その背景で起きている顧客のニーズの変化や隠れたニーズを読み取り、新製品やサービスの企画に反映していったのです。

「今、市場ではこのような変化が起きているのではないか。その根拠は……」
「結果として、このようなニーズが生まれつつある。その根拠は……」
「自社の製品・技術上のこういった強みを活かせば、その変化をチャンス（機会）として活かせる」
「具体的には、こういう有望な事業をこのようなビジネスモデルで展開しよう」

といった具合です。とにかく身近で起きている変化に素直に目を向け、イノベーションのための重要な機会を探り出していくことに専念しました。有望な機会が見えてくれば、戦略を構築することはさほど難しいことではありません。何より重要なのは、体系的な見方から有望な機会を見つけ出すことです。ドラッカー教授の考えに触れていたおかげで、私の中ではイノベーションに関するぶれない指針を持つことができました。

■原則を「道具」として使い、仕事に活かす

4番目以降にある、「業界・産業構造の変化」「人口動態」「認識の変化」「新技術・知識」といった視点も、少しずつ分析の難度は上がるものの、イノベーションに関連する重要な変化・機会の情報を与えてくれます。これら「7つの機会」は、一つだけではなく複数の視点を融合させて発想することで、より的確に変化や機会を整理することができるようになっています。

大切なのは、こういった体系や原則を道具として使い、社員が自ら頭を使って考え、観察し、話し合うことです。本章で紹介したケースにあるように、既に社内で走っている案件や施策に何となく従っていくことも、一発逆転のアイディアや商材を待望することも、イノベーションとは言えません。「イノベーションとは何か、どうすることか」という根本を理解することなく、上から下りてきたテーマを「業務」としてこなしていても、本当に強力なイノベーションは生まれないのです。

「この7つ以外にも別の視点があるはずだ」という意見もあるかもしれません。そうい

った思考の発展はとても重要です。リーダー個々人が独自の体系を編み出していくことも良いでしょう。大切なことは、曖昧に捉えられがちな「イノベーション」に何らかの体系や原則を見いだし、意思決定リスクを下げ、成功確率を上げることで事業を発展させていくことです。これは一部の上位職者や経営層だけの仕事ではなく、現場で活躍するマネジャー自身の大切な役目です。

ドラッカー教授が伝えたかったことの本質はそこにあります。マネジャーが自ら正しいイノベーション行動を実践することで、重要な人的資源を、より生産性の高い領域に割り当て、輝かせることができるからです。

ここまで述べてきた通り、前述の『イノベーションと起業家精神』の内容は本当に実践的且つ本質的で、そこには新規事業にすぐに活用できる考え方が沢山示されています。現代のビジネス環境でもそのまま活用できることばかりです。しかし残念ながら、この『イノベーションと起業家精神』という本は知名度の割にはその内容があまり正確に理解されていません。私はこの本の内容をもっと広く経営者や新規事業立ち上げを担う人に知ってもらう必要があると考え、2016年に『英語で読み解く　ドラッカー『イノベーションと起業家精神』』(The Japan Times)を出版しました。そちらで原著の英文の意味を読み解きながらイノベーションの全体像を詳しく解説していますので、ご関心のある方はぜひ本章の内容と合わせてお読みください。

■変化が常態の時代は、「イノベーション」と「戦略」はほぼ同義

私のドラッカー・スクールでの専攻は「リーダーシップ論」と「経営戦略論」です。日本人で唯一の教授であった山脇秀樹教授から、「Strategy」を学び、企業にとって戦略がいかに重要か、そしてそのフレームワークにはどのようなものがあり、どのように活用することが有効かを学びました。

戦略論といえば、競争戦略理論を考案したハーバード大学ビジネス・スクールのマイケル・ポーター教授の理論は非常に整理されていて、多くの企業経営者、戦略立案者に強力な思考ツールを与えてきました。通常のMBA同様、私も、ドラッカー・スクールではそれらの基本的なセオリーを徹底的に学びました。

中でも、以下のような戦略理論のベースとなる考え方は、卒業後のビジネス経験においても大変役立っています。

①業界全体の持つ収益性を「顧客」「供給業者」「新規参入者」「代替品」「業界内の競争度」という5つの視点で分析する「ファイブ・フォーシズ(5つの力)分析」

②業界内部の競争環境を分析するための「セグメント分析」
③各セグメント内での各社のポジションと、自社がそのポジションでの優位性を守る、あるいは他の魅力的な市場に挑戦し得る条件を分析する「Barrier to Entry/ Mobility」の考え方
④自社の価値・強みの源泉を分析するための「価値連鎖（バリューチェーン）分析」
⑤「差別化」「コストリーダーシップ」「ニッチ戦略」といった基本戦略の考え方
⑥自社の製品やサービスの現在の状態を俯瞰的に分析する「プロダクト・ポートフォリオ・マネジメント（ＰＰＭ）」の考え方　他

新規事業を志すビジネスパーソンは、まずこの戦略理論の基礎を学ぶべきだと思います。ドラッカー教授自身、それまで軍事用語でしかなかった「戦略」という言葉を経営に活かす必要性を唱え、「経営戦略」という言葉を最初に提唱しました。その後のポーター教授らによる理論発展のベースを築いたことからも、戦略の重要性を十分に認識していたことが分かります。

しかし、変化の激しい時代に、競争戦略の理論だけでは十分ではなくなってきました。市場の成長が中長期的に見込まれている状況であれば、いかに競合と差別化し、優位なポジションを築くかが第一義になります。しかし現在は「グローバル化」「情報化」によ

る非常に変化の激しい、不安定な事業環境です。このような中では、変化の種を見つけ、そこに自ら事業機会を見いだし、他社に先駆けて事業モデルを築くことがより重要になります。安定した市場環境で他社と差別化をするよりも、自らイノベーションを起こし、新たな事業領域を創造することが企業には求められます。したがって、ますます「イノベーション」の思考が重要になり、それは「戦略」とほぼ同義と言えるほど、企業が継続的な利益を得るために不可欠な能力であり原則的な考え方になっていきます。

ドラッカー・スクールにおいては、このように「戦略」の範囲を広く扱っていました。競争戦略からイノベーション、戦略を組織へ落とし込むリーダーシップや組織デザインまで含め、「経営戦略（Management Strategy）」として全体カリキュラムが構成されていました。これは、一つ一つの要素をバラバラではなく統合的に「マネジメント」の視座で考えるドラッカー教授の考え方が強く反映されたものだと思います。

■「リベラルアーツ」から戦略が生まれるか

前述の山脇教授は、ハーバード大学で経済学の博士号を取得し、ドラッカー・スクール着任前には欧米の大学で長く教鞭をとってこられた、グローバルエコノミクス（国際経済）のスペシャリストでした。中でも国際貿易・国際企業戦略・産業組織論が専門で、エコノミクスの観点から企業戦略を分析・考案する講義は人気を博していました。

15年以上前、私がドラッカー・スクール在学中に山脇教授とキャンパスで話をしていた際に、教授がふと次のように言われたのをよく憶えています。

「これからは、アートや哲学といったリベラルアーツ分野の重要性がますます見直されてくると思う」

正直、経済と戦略理論が専門の教授の発言としては意外に感じたのを憶えています。変化がますます激しくなる時代には、ビジネスや経営学の枠を飛び越えて、様々な分野の知見を統合し、「今起こっていることの本質は何か」「原則とは何か」ということを深く考え、問い、自らデザインするような考え方が不可欠になると教授は言いたかったのだと思います。

その山脇教授が頻繁に引用されるドラッカー教授の言葉は、こちらです。

「経営管理者にとって最重要の仕事とは、すでに起こった未来を見極めることである。社会、経済、政治のいずれの世界においても、変化を利用し、機会として生かす事が重要になる」

「すでに起こった未来」とは、身近な事例から発見できる、未来の変化を示唆している現象や情報をさします。決してひらめきやギャンブル的な思考ではなく、「観察」することでそれらの兆候は発見できるのだとドラッカー教授は強調します。これらの兆候を発見し、起こる変化を利用し、事業の機会として活かすことがこれからの事業経営には不可欠です。「すでに起こった未来」は経営学、経済学といった学問の枠にとらわれていてはなかなか発見できません。まさにリベラルアーツ的に、文化、歴史、経済、社会、心理、政治といった幅広い視点で変化を探していくことがこれから活躍するマネジャーに強く求められるのです。

ドラッカー教授はこうも言います。

「イノベーションとは論理的な分析であるとともに、知覚的な認識である。イノベーションを行うにあたっては、外に出、見、問い、聞かなければならない」（『イノベーションと企業家精神』ダイヤモンド社）

イノベーションには、いわゆる「左脳」を使う論理的な分析だけでなく、「右脳」を最大限活用した知覚的な認識も不可欠です。そのために、マネジャーは会社の外に出て、人

イノベーション　＋　戦略　＝　最強の事業戦略

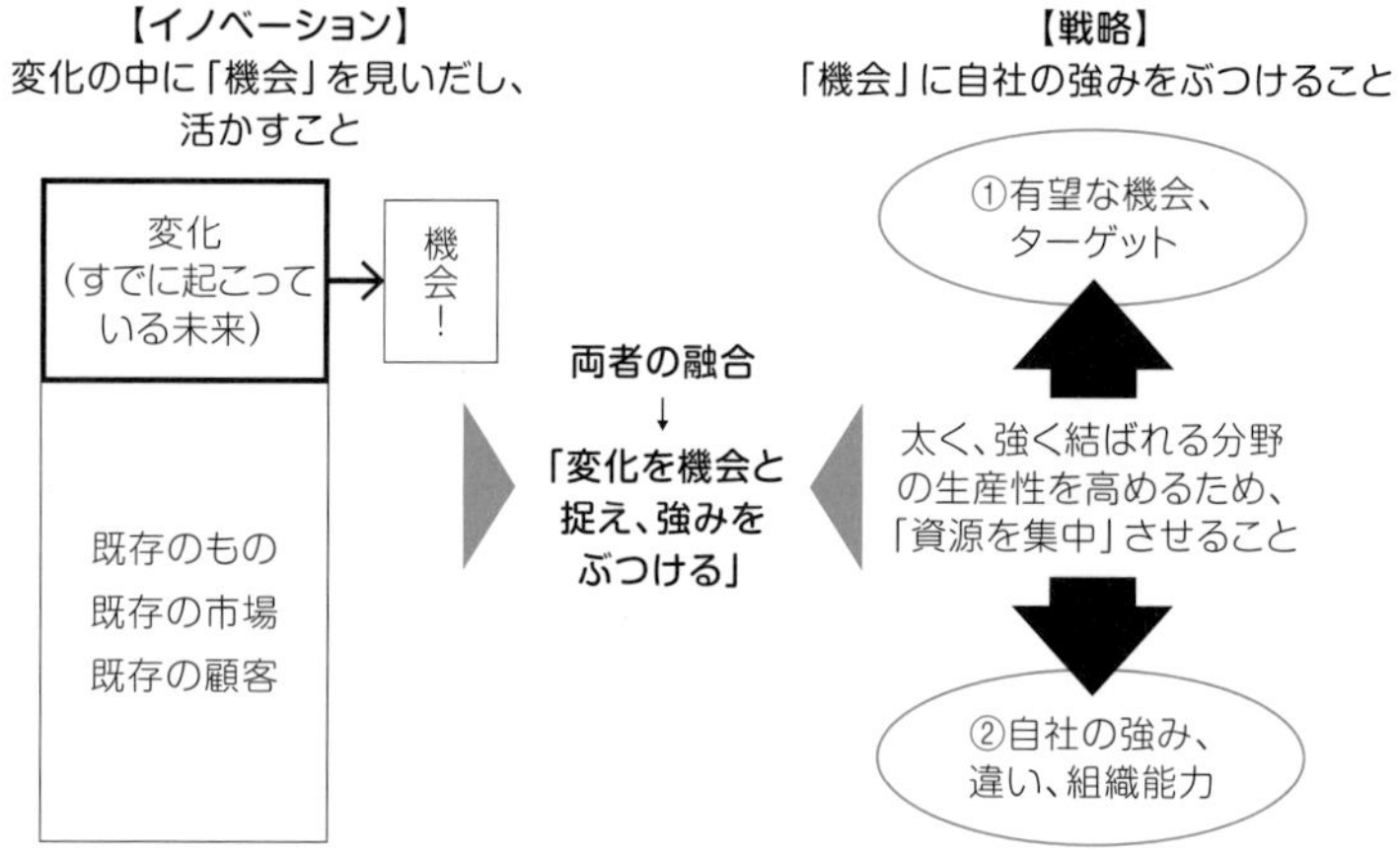
【イノベーション】
変化の中に「機会」を見いだし、活かすこと
【戦略】
「機会」に自社の強みをぶつけること
変化（すでに起こっている未来）
機会！
既存のもの
既存の市場
既存の顧客
両者の融合
「変化を機会と捉え、強みをぶつける」
①有望な機会、ターゲット
太く、強く結ばれる分野の生産性を高めるため、「資源を集中」させること
②自社の強み、違い、組織能力

間にしかできない観察、質問、対話を心がけなければいけない、ということです。

■「イノベーション」と「戦略」の理論を融合する

繰り返しになりますが、変化の時代には、イノベーションと戦略は強い補完関係にあり、ほぼ同義と言っても過言ではありません。そもそも戦略とは、市場における機会（他社が入り込んでいない、事業成功の可能性が高い領域）に自社の強みをぶつける考え方です。イノベーションの考え方は、その「機会」とは「変化」している領域をさすのだと、さらに絞り込みます。このように、変化を機会と捉えるイノベーション思考と、その機会を自社の強みによって活かす戦略思考は、前ページの図にあるように両者が補完し合うものです。

ドラッカー・スクールで統合的にマネジメントを考えることで、それまで個別に向き合っていた「イノベーション」「戦略立案」というテーマが1つの連続したプロセスとして腹落ちした気がしました。イノベーションなき戦略も持続的な成功は見込めず、また戦略なきイノベーションも事業としての実現性に欠けます。この2つの理論が融合して初めて大きな事業の成果が生み出されます。

2003年頃から前述の山脇教授は、自動車・工業デザインの分野で著名な、クレアモントに近いパサディナ市にあるアートセンター・カレッジ・オブ・デザインとの共同プログラムを進めてきました。デザインスクールで学ぶ学生の観点、視点、感性と、戦略や分析的な思考に長けたMBAの学生の視点とを融合して真に創造的な事業戦略や商品企画につなげるという趣旨です。

デザインを学ぶ学生は時代の変化に敏感で、且つ着眼点が多様で柔軟です。一方、戦略的なものの見方や事業計画の作り方には長けていない人も多いようです。一般に逆の性質を有するMBAの学生とのコラボレーションは、双方にとって大きなメリットがあります。専門分野の枠にとらわれない教授の取り組みは他大学に先駆けて実施されたものであり、それ自体がＭＢＡ科目としては「イノベーション」でした。この斬新な取り組みは、今はアートセンターとドラッカー・スクールの正式な共同修士プログラムに発展していて、この講義から様々な商品・事業アイディアが生まれています。私も２０１７年にこの授業を見学しましたが、デザインを専攻する学生とＭＢＡの学生が織りなすハーモニーが絶妙で、両者の強みから互いが学び合い、新しいアイディアが次々に生み出される様子にとても驚かされました。

山脇教授は、私が留学時代から一貫してぶれることなく独自の研究・教育活動を続けられ、前述のようなユニークなプログラムを開発されてきました。そして２０２０年に『戦略の創造学―ドラッカーで気づきデザイン思考で創造しポーターで戦略を実行する』（東洋経済新報社）を上梓し、「ドラッカーのマネジメント論」「デザイン思考」「競争戦略理論」の３つが融合された実践的な方法論として日本でも広く知られるようになりました。実績に甘んじることなく、ご自身が常にイノベーションを続けている山脇教授自身がまさにそのセオリーを実践しています。早くも次の著書の準備が進んでいるようで、これからますます楽しみです。

■イノベーションとは、まず「棄てる」ことから

実は、イノベーションを考えていく上で、まず行わないといけないことは「廃棄する（棄てる）」ことです。こう聞くと、意外に思われる方も多いかもしれません。冒頭のケースにあるように、どの会社でもむしろ、

「新しいことにどんどん挑戦していかないといけない」

という考え方が強いからです。

経営会議でも毎年「本年度の新しい取り組み」といったテーマが語られ、それについての綿密な資料も作成されています。しかし、多くの会社で新たな事業が思うように実行できず、翌年の同じ場で「なぜ上手くいかなかったか」といった報告がなされることも多いのではないでしょうか。あるいは、前年の取り組みテーマの成果についての検証が曖昧なまま、また「新しいテーマ」が議論されていることも多いかもしれません。

ドラッカー教授は、『マネジメント』（ダイヤモンド社）に、こう書いています。

「イノベーションの戦略の一歩は、古いもの、死につつあるもの、陳腐化したものを計画的かつ体系的に捨てることである。イノベーションを行う組織は、昨日を守るため

に時間と資源を使わない。昨日を捨ててこそ、資源、特に人材という貴重な資源を新しいものに開放できる」

体系的な廃棄とは、英語で言うと「Organized Abandonment」です。やみくもに棄てるのではなく、それこそ意図を持って、古く機能しなくなったものを棄てていくことこそがマネジャーの重要な仕事です。ドラッカー・スクールのマチャレロ教授の講義でも、この「体系的な廃棄」について具体的な事例や方策が議論されました。組織は、棄てるよりも増やすことが得意です。そのため、「To Do」リストと同様に「To Stop」リストを活用する、といった考え方も話し合いました。

私自身、ドラッカー・スクール卒業後、事業の現場で新規事業に取り組んだときにも、この「まず、棄てる」という教えにずいぶん助けられました。業務用ソフトウェアの開発・販売を手がける事業でしたが、このビジネスは恐ろしく変化が速い。投資をして開発・製造した製品が、わずか1年後には半分のコストで他社から提供されるようになったり、海外の人件費が安く、優秀なシステムエンジニアの台頭で、価格競争がますます激しくなったりします。私は、ドラッカー教授の言葉を思い出し、「古いもので効果があまり出ないものを思い切って棄て、新しいことに自分と社員の時間を使わなければいけない」と感じていました。そして社長とも相談の上、それまで自分が統括していたマーケティング関連業務から離れ、1、2名の少数で新規事業開発の仕事に取り組みました。何かを棄て、集中しなければ新しいことは成功しないのだと実感したのがこのときでした。

■棄てることができる人こそ、真のリーダー

「棄てて、新しいことに集中する」ためには、

①ミッション／仕事

②使う時間

の双方で「絞り」をきかせなければいけません。

現代組織の多く、そして現代の企業人の多くが、「何かやり足りない」「もっとやらなくては」と考えていますが、実際は「多くのことをやりすぎ」です。古くて、もはや以前ほど価値を生まないものを棄てきれずに、やり続けているのです。なので、新しい思考やアイディアが生まれる余地がなくなっているのが実情です。

「こういう新しいことをしよう」という話が出て、表面的には「頑張ります」と言ったとしても、旧来の業務やその他の事務作業が減っていない状況では、労働時間が増えるだけで、集中できません。結果、成果も上げにくいはずです。「やってはいる」けれど、自分のエネルギーも、メンバーのエネルギーも新しいものの方に向かっていきません。競

争の激しい時代、相当にエネルギーと思いが詰まった製品やサービスでないと、決して顧客に選ばれないはずです。棄てることなくして、イノベーションは成果を生まないのです。

アップルの創業者であるスティーブ・ジョブズは1990年代後半に社長に復帰した際のアップルに愕然としたと言います。本来アップルが販売しなくてもよい商品が山のように製造され、価格競争に巻き込まれ、在庫の山も積み上がり、キャッシュフローに深刻な影響を与えていたからです。ジョブズが、「我々が必要とするのはこ・れ・だ・け・だ！」と言ってシンプルな4象限の図に1テーマずつ書き込んだというのは有名な話です。その数少ない事業テーマの一つが、Mac PCであり、iPhoneであり、iPodやiPadです。やや極端な例ですが、絞り込まれた事業ヴィジョンに向け、社員のエネルギーや創造性が一気に開放された結果が大ヒットにつながったと言えるのではないでしょうか。

イノベーションも、リーダーシップも、「新しいことをする」人が偉いように思われがちですが、それは違います。まず「棄てる、やめることを決められる」人が真に創造性あるリーダーです。皆さんのまわりでも、本当に部下から頼られているリーダーというのは、勇気を持って「これをするのはやめて、こちらに集中しよう」と言える人ではないでしょうか。

個々の人間においても、何か新しいことを始めるには「一定の空白スペース」が必要だと言われます。ＴｏＤｏリストやスケジュールがびっしりと埋まっている状態では、クリエイティブな発想も、そのための意欲も出てきません。ある程度の「遊び」と「余裕」の中から、世の中の変化を感じ取ったり、これまでつながっていなかった異質なものを組み合わせて「あ、これ面白そう」という新しい発想が生まれたりするものです。それは組織でも同じなのです。削ぎ落とすことで、本当に大事なものを際立たせることができる。これは日本人が古くから大切にしてきた考え方とも一致します。ドラッカー教授も、ジョブズも、禅や仏教など日本・東洋の思想に強い関心を示していましたが、それは偶然ではないはずです。

この考え方は、前述のジェレミー・ハンター准教授が教える「セルフマネジメント」の考え方とも通じます。自分の外で起きている様々なことに意識を奪われすぎている状態から、マインドフルネスの方法論を活用し、無駄な感情や思考を削ぎ落とし、本来自分が目指しているものに気づき直すのがセルフマネジメントだとすれば、組織が廃棄を通じてイノベーションするプロセスも、自分自身が内側の無駄なものを排除してイノベーションするプロセスも共通していると言えるでしょう。

無論、慣れ親しんだものを廃棄し、本当に大切なことに集中するのは、勇気と決断が必要です。ドラッカー教授の著書『プロフェッショナルの条件』（ダイヤモンド社）にはこう書かれています。

「集中とは何か？　それは真に意味あることとは何か、もっとも重要なことは何か、という観点から、時間と仕事について自ら意思決定する勇気のことである」

廃棄と集中には勇気が必要です。だからこそ、真のリーダーシップが問われるのです。

■「多くの普通の社員」の思考変化こそが、本当のイノベーション

難解に捉えられがちな「イノベーション」について、具体的な実践イメージを持っていただけたでしょうか。この章で再三触れてきた通り、現在の変化の激しい事業環境においては、企業は絶えずイノベーションしていくことが不可欠です。本章の冒頭で述べたようにマーケティングとイノベーションという2つの機能のうち、顧客にとっての本当の価値を探るマーケティングは当然既存の事業を支える中核的な活動です。多くの時間を割くべきでしょう。しかし、マーケティングだけを熱心にしていたら、その前提にあ

る業界そのものがなくなってしまう、ということが起こり得ます。フィルムメーカーとデジタルカメラのビジネスで起きたように、マーケティングだけをどれだけ懸命にやっても、世の中の変化を巧みに活用したイノベーションを誰かが仕掛けたら、業界そのものが消えてしまうのです。だからこそ、我々はイノベーションをいつでも誰でも実践できるようにしておく必要があります。

そのイノベーションは、一発逆転を狙った大規模な投資や商材でなくてもよいのです。一部の人間のひらめきに依存するものでもありません。むしろ懸命に現場で顧客や製品と向き合っている「多くの普通の社員」の意識や見方が少しずつ変わることこそが条件になります。社員が、お客様の、取引先の、市場の小さな変化を発見し、その変化を事業に有効に活かすことで、昨日よりも明日の生産性が高まります。地味であっても理にかなったイノベーションの連続が、組織の、事業の明日を創っていきます。

ドラッカー教授は生前最後の著書『ネクスト・ソサエティ』（ダイヤモンド社）で次のように語っています。

「組織みずからが、全体としてチェンジ・エージェントへと変身しなければならない。チェンジ・エージェントたるための要点は、組織全体の思考態度を変えることである。

全員が、変化を脅威ではなくチャンスとして捉えるようになることである」

本来、事業家とは変化を捉え、それを利用して事業を創造する存在です。しかし、企業が大きくなり安定してくると、どうしても変化を避けたり、外で起きている変化を否定したり無視したりする傾向が強まります。1人でも多くの社員が変化に自ら向き合い、変化を脅威ではなく機会と捉え、そこからイノベーションの機会を発見し、小さくても理にかなった革新を続けることで、間違いなく会社は再び強くなっていきます。社員一人ひとりがもう一度健全な起業家精神を取り戻して会社をイノベート（革新）していくことが大切なのです。

第5章

Chapter 5

会計とマネジメント

～知識資本時代の利益～

ＭＢＡと言えば真っ先に「会計（Accounting）」「財務（Finance）」を中心とした数値管理系の科目を思い浮かべる人が多いかもしれません。企業の究極の目的は利潤と株主価値を最大化することだと考える人もいるでしょう。当然ドラッカー・スクールにおいても、これらの科目は重視されました。しかし、私がドラッカー・スクールで学んだ会計学は、一般に持たれている会計に関するイメージや固定観念とは全く異なるものでした。

一言で言えば、ドラッカー・スクールで学んだ会計学は「血の通った」ものでした。会計の数字と、事業を率いるリーダーの意図、そこで働く人たちの考え方や感情といったものを全てつなげて考えようとするのがドラッカー・スクールで学んだ会計学でした。ドラッカー教授自身、会計学や統計学を教えていた経験もあります。「人間中心の経営学」がドラッカー教授の経営学の根幹ではありますが、いや、だからこそ、それを実現するために数字と人間の営む事業をつなげて考えることの必要性を強調していたように思います。

組織がそのミッションに向かい、社会や人の生活をより良いものにしていくためには利益が不可欠です。ドラッカー教授もよく言っていたことですが、利益を出せない事業は、社会から借り受けた貴重な資本を活かして還元できていないということであり、存在意義を見いだせません。利益額や利益率は、その事業の成功を測るバロメーターです。

しかし難しいのは、成功の尺度であるはずの利益が目的と化してしまうとき、本来目指していた組織とは全く違うものが生まれてしまうということです。マネジメントを担う人材は、利益自体が目的化してしまっていないか、その利益が本来の事業目的と合致した形で生み出されているか、常に注視していく必要があります。

会計数字の見方に、マネジメントの哲学を融合したものがドラッカー・スクールで学んだ会計学の本質でした。詳しくは後述しますが、会計学の授業で数字だけの視点で発言したり回答したりしても、決して良い評価（成績）はもらえませんでした。その数字の背景にある事業目的、経営陣の考え方、戦略の方向性、人材に対する考え方などマネジメントの本質部分を捉え、会計数字を使って解明することが求められました。何せ会計の授業なのに、決算数字からその企業の「倫理性」まで評価するよう求められたりするので大変でした。

「数値偏重」の管理体制になると、組織の強さは損なわれていきます。企業だけではなく、学校であれ、病院であれ、自治体であれ同様です。単年度にどれだけ優れた業績を上げても、それが継続的に成果を生み出せるマネジメント力を表しているとは限りません。会社案内の「企業理念」では高尚な使命を掲げていても、中期計画や年度計画の殆どが数字で表現されていて、社員の評価尺度も数値や利益率だけ、あるいはそれが大部分になってしまっている会社は要注意です。経営者も社員も気づかないうちに手段が目的化し、事業の本来の目的、すなわち独自の魅力や価値を高め、関わる人材の能力を最大限に活かし、顧客を創造し続けることで社会に貢献するという目的が見失われていると言えるからです。

「そうは言っても、まずは生産性を上げて利益を出さないと会社として存続できないだろう」という意見も理解できます。もちろんその通りです。組織には数値として明確に評価できる「結果」が必要です。それなくしては存続も前進もありませんし、働く人にとっての励みもなくなってしまいます。しかし多くの場合、その事業や組織が存続した先にどのような姿を目指すのかが十分に話し合われていませんし、定義されていません。こういった定義づけこそが本来のマネジメントの役割です。「とりあえず今期、来期を乗り切ろう」ではなく、本書でもここまで書いてきたようなマネジメントの目的が不可欠です。会計はその定義の中で手段として活用するべきものです。

ドラッカー教授は著書『ポスト資本主義社会』（ダイヤモンド社）で、次のように語り、短期的に利益ばかり追いがちな現代組織に警鐘を鳴らしています。

「利益の最大化のみを目的化する企業は、短期的視点からのみマネジメントされるようになる。その結果、企業がもつ富の増殖機能は破壊されないまでも、大きく傷つく。結局は業績が悪化していく。しかもかなり速く悪化していく」

私はよく企業のリーダーとこの「富の増殖機能」とは何かについて意見交換します。単に利益を増やす機能という意味ではありません。顧客や人材、延いては社会全体から支持される、その企業が持つ特有の魅力を意味しています。

魅力がある会社には、事業機会、顧客、優れた人材、優れた技術など、まさに「富」が吸い寄せられ、増殖していきます。業績が良いだけではなく、感動を与えるような心が込められた製品やサービス、組織としての使命感や倫理観、優れた人材育成の考え方といった魅力があれば、社会の「富」はその会社に向かっていくものだからです。そのような企業は自ずと商いの取引量が増え、顧客が顧客を紹介したり、また社員が優秀な友人や仲間に入社を薦めたりしてくれるはずです。

逆に、利益ばかりを過度に追い求める企業は、社員と顧客の関係も希薄になり、いつしか「数字」をつくるための道具のように顧客との関係を考えるようにさえなります。そうなれば顧客や取引先や社員にとっての魅力は薄れ、会社に入ってくる「富」の源泉が失われていきます。結果、皮肉にも、目指していた「業績」自体が悪化し始めます。一旦そのような短期視点でのマネジメントサイクルに入ると、転落するスピードは急です。これはおそらく読者の皆さんの多くが実感していることかもしれません。

本章では私がドラッカー・スクールで受講した忘れられない会計学の講義内容を切り出しながら、一般的にあまり知られていないドラッカー教授の会計についての原則論も併せてご紹介します。おそらく、多くの皆さんにとって会計のイメージが変わると思いますし、私がそうだったように、これまで以上に会計というテーマを好きになってくれるはずです。

事業本来の目的を実現するために、会計やそれにまつわるマネジメントの意思決定において、どのようなことに注意・留意すべきなのでしょうか。まずは今回も、実際のケースを使って皆さんと考えていきたいと思います。

CASE

起死回生の「リストラ」策は事業を強くしたのか？

人材サービス会社Z社の取締役を務める五味雅勝さん、39歳。最初に勤めたコンサルティング会社の先輩ら4人と一緒に、2006年に研修ビジネスの会社を立ち上げました。大手企業を中心に着実に顧客の信頼を得て、スキル研修やマナー研修など幅広く研修領域をカバーし、業績を上げています。研修から派生し、教材販売、人事・マーケティング関連のコンサルティング、広報・PR用のホームページデザイン、人事系システムの開発なども手がけるようになり、現在は、東京と大阪と福岡にオフィスを持ち、社員も130人を超え、契約スタッフも合わせると200人を超える規模の事業に成長しています。

社長の近藤さんは前職の先輩で、現在43歳です。創業以来10年以上、着実に会社を成長させてきた経営手腕を持つ近藤さんを五味さんは心から尊敬しています。コンサルティング業界で鍛えた論理的な思考を持ちながらも、部下との対話も重視するバランスのとれた経営者です。そんな近藤社長は、2016年の末頃から株式上場を念頭に入れて準備を進めてきました。創業以来、毎年増収増益を続けており、2016年度は営業利益率も15%に達していました。「そろそろ上場に挑戦しても良いタイミングだ」と、近藤社長は自信を深めていました。

2016年末に、証券会社の担当者から、上場について説明と助言がありました。

「２０１７年度を（上場）直前々期、２０１８年度を直前期として業績を見て、２０１９年に上場申請という流れになりますね。２０１７年度は、売上げ増加は当然として、営業利益率も20％は目指したいです。それから、当然ですが経営管理部門の体制強化はぜひともお願いします」

２０１７年度開始（２０１７年4月）から、それまでは基本的に現場のマネジメント層に任されていた業績目標管理も、全社的な営業ノルマ制の徹底や成果主義という形で統一的なルールが採用されました。さらに、積極的な人員採用を行い、営業と管理部門を中心に合計16人（中途9人、新卒7人）が新たに加わることになりました。思いきった人員増強ではあったものの、近藤社長は未来に向けた重要な投資だと考えて決断しました。

＊　＊　＊

しかし、２０１７年度に入ってから、業績が思うように伸びません。２００８年の米国大手金融機関の破綻に端を発した世界的不況を乗り越えた後、確実に回復していた景気の波が２０１６年に入って弱まり、その影響が教育・研修・人事関連分野にも遅れてやって来ると言われていたものの、ここまで大きな受注ペースの鈍化は予想外でした。さらに、積極的な営業人員増員を進めたために、人件費増加が重くのしかかります。前職で圧倒的な営業実績を上げたと鳴り物入りで入社した営業担当者たちも、一向に数字が上がってきません。中途入社後、即「マネジャー」としてマネジメント実務を担うことになった者もいますが、メンバーとの間でコミュニケーションが上手くとれていないようです。

「何としてでも前年比売上げ増は死守しよう！」

経営層からの喝の甲斐もあってか、2017年度末に向けての猛烈な営業ラストスパートがかかり、売上げは何とか前年を上回りそうです。しかし、期末の無理な駆け込み受注であるため人員のアサインメント（配置）が全く追いつきません。やむをえず外注を増やした仕事も多く、原価率が上昇し、粗利率は2016年度比で低下してしまいました。さらに、営業担当社員と管理部門を中心に人員を増やしたことと、オフィススペースを増床したことで販管費が押し上げられました。結果として、2017年度は、前期から一転、創業以来初の営業損失、最終損失を出すに至ってしまったのです。

近藤社長はこの結果に打ちひしがれ、期末の役員会で、全役員に語りかけました。

「正直言って、今期の業績は本当に残念だ。2016年度まで増収増益で来た会社が、上

Z社業績（年度別）

単位：万円

	2016年度	（売上高比率）	2017年度	（売上高比率）
売上高	210,100	100.00%	224,500	100.00%
売上原価	94,545	45.00%	114,495	51.00%
売上総利益	115,555	55.00%	110,005	49.00%
販売費及び一般管理費	84,040	40.00%	113,400	50.51%
営業利益	31,515	15.00%	-3,395	-1.51%
経常利益	25,212	12.00%	-1,175	-0.52%
税引前当期純利益	23,111	11.00%	-1,165	-0.52%

場準備に入った途端に創業以来初の赤字を出すなんて。上場に向けて、もう一度仕切り直さないといけない。外部からプロを招こうと思う。経営管理体制を一層強化しないと、我々の事業ステージを次の段階に上げることはできないということだ」

そして、近藤社長は大手金融機関出身の新しいCFO、藤代氏（58歳）を採用しました。財務管理、上場準備のプロとして証券会社からのお墨付きで紹介された人物です。都銀、証券会社を渡り歩き、事業再生案件や、2002年前後のITブーム時にはベンチャー企業の上場に携わった経験も豊富にあるといいます。

2017年度末時点　事業セグメント別粗利

単位:万円

事業	売上げ	(構成比)	粗利	(構成比)	粗利率
①研修事業	68,500	30.51%	31,510	28.64%	46.00%
②教材販売事業	30,100	13.41%	11,739	10.67%	39.00%
③コンサルティング事業	52,000	23.16%	33,800	30.73%	65.00%
④Webサイトデザイン事業	21,000	9.35%	10,920	9.93%	52.00%
⑤システム開発事業	30,020	13.37%	14,410	13.10%	48.00%
⑥イベント企画・運営事業	22,880	10.19%	7,626	6.93%	33.33%
計	224,500	100.00%	110,005	100.00%	49.00%

藤代氏は、2018年度期初の4月から着任した早々、経営会議で語りました。

「優れたものを持っているベンチャー企業だと思いますが、当社は財務基盤がまだまだ弱いですね。特に全社的なコスト意識の甘さを是正していかないと、これ以上の発展は望めません。まず大前提として全事業部に対して、一律15%の固定費カットをお願いします。もちろん、全社共通費も私の方で責任を持って削減するようにします。それから、上場を目指す上では何といっても事業セグメント別の原価管理と粗利確保が重要になります。各事業責任者の方にお願いしたいのは、原価の低減。受注案件ごとに外注費や直接経費を徹底して『見える化』して管理し、できる限り切り詰めてください」

藤代氏は、そう言って、まとめたばかりの事業セグメント別の業績表を配布しました。五味さんが統括する研修事業は、創業以来の事業で社内の稼ぎ頭です。しかし、固定費削減の方針の中で、32人のうち4人の社員にどうしてもやめてもらわなくてはなりません。Z社のような人材サービス業では、事業部の人件費は固定費でもありながら、製造原価でもあります。固定費と原価の両方を削減するという目標のためには、どうしても人員削減が最初の策として選択されやすくなります。リストラの対象となる社員には、創業以来ずっと事業発展に貢献してくれていた社員も含まれます。五味さんは心が痛みました。

主力6事業のうち、今回のリストラ対象から唯一除外された事業部があります。コンサルティング事業部です。全社が不調の中、粗利率65％という高い収益率を維持したことがCFOの藤代氏からも評価されました。各部が人員削減を迫られる中、コンサルティング事業部は唯一来期の増員まで許されたのです。

「コンサルティングのような高付加価値サービスを伸ばしていかないと、これからの時代は生き残れないですからね」と言う藤代氏に、近藤社長も異論はないと承諾しました。

五味さんは、研修事業の責任者として、もちろん2017年度の業績低迷の責任を感じていました。しかし、ほぼ全社一律でコスト削減をするという杓子定規な方法には違和感を感じていました。上手く説明はできませんが、各々の事業ごとにビジネスが全く違います。それぞれの市場環境や、事業方針に合ったコスト施策や売上げ増加施策がなくてはいけないのではないか？ その疑問は、1年前に、上場を目指して全社の管理強化が始まった頃から感じていました。

また、粗利率が高いコンサルティング事業部の生産性が果たして本当に高いのかについても釈然としないものを感じていました。コンサルティングといっても、社内の別部署から人員を集めて、主に大手企業の採用コンサルティングという名目で採用実務を代行しているような仕事が多いと聞きます。特に高度な専門知識や技能を持った人材が多いわけでもありません。また、業務時間後に何気なくコンサルティング事業部の社員と会話する限りでは、深夜残業や休日出勤に追われている割には、なかなかコンサルティングの新規案件をとることができていないとこぼしていたのも思い出します。65％という高い粗利率の背景には、一体どういう実情があるのでしょうか。

Z社業績(年度別)

単位:万円

	2016年度	(売上高比率)	2017年度	(売上高比率)	2018年度	(売上高比率)
売上高	210,100	100.00%	224,500	100.00%	225,500	100.00%
売上原価	94,545	45.00%	114,495	51.00%	108,240	48.00%
売上総利益	115,555	55.00%	110,005	49.00%	117,260	52.00%
販売費及び一般管理費	84,040	40.00%	113,400	50.51%	98,200	43.55%
営業利益	31,515	15.00%	-3,395	-1.51%	19,060	8.45%
経常利益	25,212	12.00%	-1,175	-0.52%	15,785	7.00%
税引前当期純利益	23,111	11.00%	-1,165	-0.52%	2,255	1.00%

とはいえ、社内の雰囲気は、もはや他部署のことをどうこう物申せるものではなく、五味さんもリストラ策に粛々と従う他はありませんでした。

＊　＊　＊

1年後、2018年度の業績が確定しました。

結果としては、リストラ施策の甲斐があってか、業績は回復しました。各事業部の人件費を中心とした固定費の削減努力により、事業部別の粗利率も若干の回復を見せ、全社の営業利益、最終利益もともに黒字を確保することができました。唯一リストラ対象外になっていたコンサルティング事業部も、微増ではあるものの売上げ・粗利とも増加したようです。

近藤社長は、2018年度末の全社会議で、声高らかにメッセージを発しました。

「社員の皆さんの努力、事業責任者の皆さんの努力、そし今期から参画してくれた新CFOの藤代さんを中心とした管理部門の皆さんの努力により、厳しい時代に利益率を回復することができた。ここからまた、気持ちを引き締め直して上場に向けて頑張っていこう。我々の事業体質は確実に強くなっている。自信を持って進んでいこう！」

五味さんは、依然として釈然としない思いを抱えていました。確かに、2018年度は2017年度に比べ会計数字的には回復をしています。それは評価すべきです。しかし、社長の言うように、本当にこの会社の「事業」は強くなったのだろうか？　五味さんは、期末を無事乗り越えた安堵が広がる中、社内に以前のような活気や勢いがなくなっていることが気がかりでした。

＊　＊　＊

約半年がたちました。五味さんの漠然とした不安は、2019年度の前期末を迎える時点で現実のものとなりました。成長分野として位置づけられ積極的な投資対象となっていたコンサルティング事業の売上げ、利益とも対予算比で大幅未達となったのです。

実際、2017～2018年度のコンサルティング事業の中身を分析してみると、全くコンサルティングビジネスでは儲かっていなかったことが明らかになりました。たまたま2年続いた、大手企業から請負った採用支援業務の売上げと利益が高く出ていたのに過ぎなかったのです。取締役同士の人間関係により高額で受注し、さらに他部署からの横展開受注ができたため大きな売上げを計上していましたが、その殆どを外注事業者に「丸投げ」していたので、採用したコンサルタントたちの、顧客に請求できる稼働時間率は低いままでした。

提案書の作成や少額で請負ったリサーチ関連業務などで徹夜の連続ということもあり、非常に忙しいように見えていましたが、実際に稼ぐべき利益はコンサルティング業務からは全く稼げていなかったことになります。売上げに大きく貢献していたこの採用支援業務も、2018年度以降大幅に減少してきています。増員したコンサルタントの人件費は重くのしかかり、2019年度の利益率は間違いなく低下するでしょう。一気に赤字事業に転落することもありえます。

一方、景気の回復ともあいまって、中核事業である研修事業の需要は再び高まってきており、責任者の五味さんは手応えを感じています。しかし、1年前の人員整理で事業を支えていた人材が去り、体制が大きく変更されたことから、新しい人材の育成や事業部内の業務オペレーションフロー整備に遅れが出ています。結果として、せっかく受注をしても、顧客からクレームが出される確率が以前より上がってしまっています。顧客満足度の指標を見る限り、満足度もかつてほど高くはありません。リストラ前よりもさらに強い研修事業部へと急ぎ生まれ変わらせることが、五味さんの喫緊の重要な課題です。

上場に向けて業績のV字回復を見込んでいた矢先の、頼みのコンサルティング事業の減速に、近藤社長もさすがに落胆の色を隠せません。しかし、前期末の役員会では、ふっきれたようにメンバーたちに語りかけました。

「表層的な数字やイメージに惑わされた自分の責任だ。いま一度、自分たちの事業が一体何で、どのような価値を顧客に提供することで利益を生み出していくのか、見つめ直そうと思う。上がってくる会計情報と、我々経営陣が目指す事業の姿、マネジメントの価値観が本当に一致しているか、話し合っていこうと思う。上場を目指す前に、本当に強くて社員がやりがいを感じられる会社の土台を築くことが先決だ」

五味さんは、近藤社長の言葉と表情に、創業当時の正しいことを追求しようとするリーダーの頼もしい姿を思い出していました。

■数字に惑わされ「事業の本質」を見逃していないか？

事業の継続、撤退、投資、採用など経営に関する重要判断が全て「数字」を根拠に決められていく。Ｚ社のような状況は頻繁に起こることです。私自身も経験がありますが、株式公開（ＩＰＯ）準備や事業再生案件などでは特に数値偏重の傾向が強まりますし、それ以外のときでも「数字をつくる」といった言葉が職場で当たり前に使われ始めると要注意です。

そもそも「数字をつくる」などという言葉は、マネジメントの本当の目的に照らすと全く道理に合わないだけでなく、ぞっとするほど警戒が必要な考え方です。私たちの記憶に新しいものも含め、一流大企業の粉飾決算や、急成長ＩＴ系サービス企業が利用者を欺いた情報を出してアクセス数を増やすといった不祥事の背景には、ほぼ例外なくこの「数字をつくる」という考えがあります。悲しいかな、「数字自体をつくること」が目的化してしまうと、人は事業の使命や理想を忘れ、倫理観や冷静な判断力、本来のリーダーシップまでも手放して数字づくりに猛進してしまう脆さがあります。これは、ドラッカー教授が再三警鐘を鳴らしていたことでもあります。

「リストラ」「コスト削減」という事業の根幹に関わる意思決定についても、本ケースにあるような状態が多くの企業で見られます。業績が下がれば全社一律にコスト削減目標を立てて、現場はその意図や戦略を十分に理解できないまま従わざるを得ないというパターンです。経営陣が数字は見ていても、各々の事業の価値や成長性といった側面に目を向けない場合によく起こります。

ドラッカー教授は、この「一律のコストカット」に強い懸念を示していました。『創造する経営者』（ダイヤモンド社）にドラッカー教授の管理会計的な原則論が詳しく書かれていますが、会社には様々な特性を持った事業が複数存在しているということが、その大前提にあります。市場でのポジションも、成長性（事業のライフサイクルにおける立ち位置）も、顧客からの要求も、必要な人員数も人材像も、競争優位の源泉も事業ごとに異なります。例えば、情報システムの受託開発、パッケージシステムの導入、保守・運用、業務コンサルティング、Ｗｅｂデザインなどは、一見類似した事業に見えますが、その収益構造も、顧客価値の源泉も全く違うものです。企業として共通の使命を共有しながらも、新陳代謝を繰り返しながら複数の事業が躍動しているからこそ、市場の急激な環境変化に会社として対応できます。

Z社のように、「人材サービス」と一言で言っても、その中に6つもの事業を持っているということはよくあります。このような会社では、一律に大規模なコストカットを断行してしまうと、本来優位性があり、さらなる投資が必要とされるような事業についてもコストが削減され、これから価値が生まれようとしていた事業の勢いも削いでしまう場合があります。どうしても人員数を削減しなければいけない場合は、全社一律に減らすというよりも、事業の特性や環境を熟考し、人員が余剰となっている部署から、今後人材をさらに必要とする別部署へと異動させ、新しい仕事で人材を活かすという発想が最初にあってほしいものです。そのためには、「会社」の前に個々の「事業」を見つめることが不可欠です。ドラッカー教授がまず「事業」の視点を求めたのはそのためです。事業を発展させなければ、会社組織の繁栄もないからです。

■「削るべきでない価値」を見極めることがリストラの大原則

もう一点、重要なことがあります。ドラッカー教授がこれも再三提唱していた通り、現代が「知識社会」であるという事実です。知識社会とは何でしょうか。工場や土地などの産業資本よりもむしろ、個々の人間やチームの持つ「知識」「知恵」「意識」「サービス提供力」といった目に見えにくい資本が事業の成否を左右する社会です。昨今成長してい

産業資本から知識資本の時代へ

産業資本の時代（～1980年代）		知識資本の時代（1990年代～現在）
【ビジネス上の主な成功要因】		【ビジネス上の主な成功要因】
■ 土地、設備、工場	→	■ 人材の専門知識、知恵
■ 社員数		■ 意識や組織風土
■ 財務資本力		■ サービス提供力
■ 製品製造能力や生産性		■ 創造性、価値観
など目に見える資本		など目に見えにくい資本

るベンチャー企業を見れば、知識、アイディア、知恵といった知識資本があれば、初めに十分な産業資本がなくても、目覚ましい成長を実現できることは明らかです。

逆に言えば、このような知識資本の時代には「事業が生み出している価値の源泉」が見えにくくもなります。目に見える数字やサービス名だけで判断し、価値が何かを吟味することなく一律にコストカットしていくという性急な動きに陥りやすいのです。結果、目に見えない価値までも同時に削減してしまいかねません。知識資本の時代には特に、「削るべきでない事業の中核的な価値は一体何か」を見極める必要があります。

例えば研修と一言で言っても、特定の講師陣や、彼らが有する専門知識が「顧客が価値と感じ、購入しているもの」である可能性もありますし、他社がやらない研修後のフォローアップやヒアリング結果の集計・分析業務などが顧客側から高く評価されているという場合もあるでしょう。

したがって、リストラを行う経営側も、

「この事業の本質的な目的は何か？」
「顧客は誰で、何を買っているのか？」
「今後、顧客には、どのような価値を提供して買ってもらいたいのか？」

といった基本的な問いに立ち返って事業を検証することがますます不可欠になります。

これはサービス業に限ったことではありません。製造業でも、パソコンやスマートフォンなどのハード機器を売りながら、事業価値の源泉はネット上で楽しめるアプリケーションや経験などの「目に見えにくい価値」に移っている企業が増えています。

自動車メーカーや鉄道会社、航空会社が売るものも、「移動の手段」から、「体験」や「サービス」など目に見えにくいものへ移行しています。また、例えばオフィス用事務機器のメーカーであっても、顧客が価値として購入しているのは、製品そのものの品質に加え、その企業の豊富な導入実績から生まれる具体的な「機器導入・運用のしかたの知恵やノウハウ」であったりします。

数字の増減だけでなく、

- 自社はどのような事業をやろうとしているのか？
- 届けたい顧客に、届けたい価値を提供できているのか？
- 自社の事業使命に合う形で、顧客が求める価値を提供していくために、何に投資をし、どのコストを削らなければいけないのか？

といったことを判断の基軸にすることが重要です。

お気づきの方も多いと思いますが、これらは第3章で紹介した有名なドラッカー教授の「5つの質問」につながっています。5つの問いの最初の3つは、

①私たちの事業は何か？（What is our business?）
②顧客は誰か？（Who is our customer?）
③顧客が価値と感じるものは何か？（What does the customer value?）

でした。そして4つ目が「何を成果とするか？（What are our results?）」です。成果は目に見えるものでなくてはいけないので、売上げや利益率などの会計数値はもとより、新規顧客数や顧客満足度、リピーター数の増加など測定しやすい基準を置くのは有効です。ただしいずれにせよ、この目指す成果は、右の3つの問いへの答えと連動していなければいけません。

Z社のケースでは1から3番目の問いの議論は殆どなく、目に見える会計数値（数的成果）だけで経営の意思決定をしたがために事業活動が混乱に陥りました。「数字のロジック上」は正しそうに見えたコンサルティング事業部への投資判断をはじめ、その他の経営判断がことごとく裏目に出てしまったのは、ここまで述べてきた原則に照らせば「合理的に失敗」していたとも言えます。数字だけを見ても、生命としての事業の本質は見えてきません。

「企業側が売っていると思うものを顧客が買っていることは稀である」

というドラッカー教授の言葉が、知識時代にはますます重要な意味を持ちます。企業側の論理で「これを切ろう」「これは残そう」「このコストを下げよう」と判断するのはあまりに危険です。顧客が価値を感じていた購買動機につながる活動や文化までも破壊してしまいかねないからです。

知識資本の時代にこそ、目に見える会計数値だけでなく、事業の本質を現場と経営サイドでしっかりと共有し、「切ってよいコスト」「切るべきでないコスト」の認識を共有していくことが不可欠です。

ドラッカー教授は、著書『現代の経営（上）』（ダイヤモンド社）の中でこう書いています。

「好況時に予算を増額し、景気にちょっとしたかげりが見えただけでそれを減額するような場当たり的な方法ではなく、たとえ間違っていたとしてもマネジメントの判断によって行う必要がある」

このマネジメントの判断を支える軸こそが、本書でこれまでに書いてきた原則論です。

■知識資本の時代に有効な「投資」とは

また同様に、知識資本の時代には投資方針にも従来とは異なる注意が必要です。先のケースのZ社も、2017年度の業績悪化を招いた要因は、熟慮を欠いた投資意思決定であったと言えます。誤解を恐れずに言えば、ベンチャー企業を中心に、いまだによくある意思決定のパターンは、「前年度○○のサービス・製品の受注が好調だった。だから、来期は人員を増強してさらに拡販していこう」というあまりにシンプルな発想です。

しかし、これは産業資本の時代の考え方です。モノを製造し、市場に出し、好調であればさらに「投資（投入量）」を増やし、業績を向上させるという発想は、知識資本の時代には機能しません。なぜなら、事業成否の源泉が「知識」であるからです。顧客や市場から評価されている「知識」（そこに集う人が交換する知恵、アイディア、デザイン性など）は、単純に人員体制を増強しても増産できません。それどころか、人数を多くしてマネジメントが機能しなくなるとせっかく蓄積されていた職場の知識が共有されなくなり弱体化することさえ起きます。

ちなみにご存じの方も多いはずですが、この知識資本という考え方は、世界的に知られる経営学者の野中郁次郎氏（一橋大学名誉教授）がその著書『知識創造企業』（東洋経済新報社)で理論化し、世界中の組織に大きな影響を与えました。野中氏は、ドラッカー・スクールの名誉スカラーでもあり、その著書に何度もドラッカー教授の言葉や思想が紹介されています。

Z社の2017年度の思いきった人員増強のように、営業や技術者を増やしたとしても、その分に見合った業績がすぐに上がるわけではありません。知識の伝達が追いつかない場合が多いからです。知識資本の時代のサービス営業は「提案力」「ヒアリング力」「専門知識」「プロジェクトマネジメント力」などソフト面の要素が大きく影響します。そういった知識とスキルの検証なくして、営業パーソン(特にまだ経験の浅い、若い営業担当者)を投入したとしても顧客の満足を勝ち取ることはできないばかりか、逆に失望を招いてしまうリスクがあります。

さらに、知識資本の時代にはマネジメントを任せる人材の見極めにもこれまで以上に注意が必要です。「前職の大手メーカー○○社で、100人の営業部署のマネジャーとして成果を上げた」という人材に鳴り物入りで入社してもらったが、なかなか成果が上がらない、ということがよくあります。なぜでしょうか。それは、前の会社と新しい会社では、「知識資本」が全く異なるからです。社員の考え方、知識、サービス価値、チームワーク、ブランドなどの知識資本が全く異なる中で、前の会社のやり方をそのまま踏襲しても上手くいくはずがありません。工場や設備といった産業資本の種類が類似していても、知識資本が異なれば全く事業の進め方が異なってきます。したがって、新しい職場に着任したマネジャーは、これまでいたメンバーにこう問いかけるべきです。

「この事業の根幹を支えている優位性は何だと思いますか?」
「顧客が最も価値と感じていることは何だと思いますか?」

このような問いと対話により、これまでのメンバーたち自身も気づいていなかった本質的な事業価値、組織が有する知識資本を探り当てることができます。そのような事業価値が明確になって初めて、新しいマネジャーも元々持っていた営業力や経験を存分に活かせるようになるはずです。

ドラッカー教授も、新しい職場や環境では常に「この職場では何が価値で、どのような貢献が求められているのか」を徹底して考えよと言います。知識資本の時代に成果を上げるために、マネジャーにはますますそういった「問いを立てる力」「見えない価値を見る力」「観察・洞察する力」が必要になります。

■「会社は誰のものか」という議論に本質的な答えを

少し脱線するようですが、時代を象徴する事件を振り返りましょう。私がドラッカー・スクールに留学していた2002～2004年頃は、ライブドア、エンロン、ワールドコム、アーサーアンダーセンなど国内・海外で企業の不祥事が頻発していました。今思えば、2008年に発生した金融危機「リーマンショック」の火種はこの頃から確実に顕在化していました。

これらの事件に共通して言えるのは、不当に株主価値を高めようとしていたことです。クレアモントのドラッカー・スクールにも、ドラッカー教授に意見・コメントをもらおうと様々なメディアの記者が取材に訪れていました。ある日、ドラッカー教授は、地元のメディアの質問にこう答えていました。

「一連の事件は、今さら驚くに値しない（It's not surprising）。企業が利益偏重になったり、株主価値の最大化に向かったりしたときの危険性は再三にわたって指摘してきた通りだ」

冷静なコメントのようですが、ドラッカー教授自身は、一部の強欲な経営者の暴走によって多くの雇用や社会的な安定が損なわれたことに誰より憤りを感じていたはずです。企業にとって利益は目的ではなく手段であり尺度であると、誰よりも必死に説いてきた

企業に不可欠な2種類の「資本家」

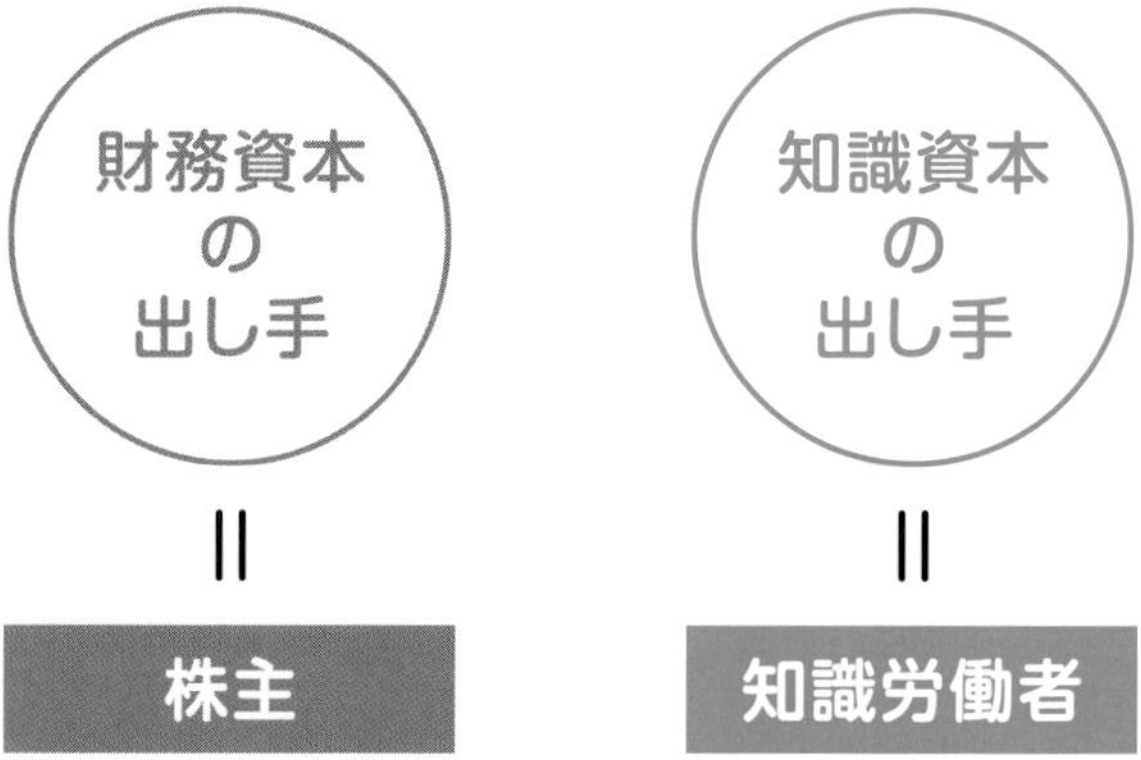

「知識資本の出し手」がやりがいを感じる会社でなければ発展しない。

わけですから。この点に関連し、ドラッカー教授は、特に欧米企業の経営者と従業員の間の桁違いの収入格差に対しても強く警鐘を鳴らしていました。そこに、最も恐れるべき資本主義の暴走を見ていたはずです。

ドラッカー・スクールにおいても、一連の事件の影響もあってか「会社は一体誰のものか」という議論が講義の中で頻繁に行われました。特に、ある授業で話し合われたことが私の中で強く印象に残っています。それは、知識労働者の力が業績の源泉になった時代には、知識労働者を特に重要な「事業のオーナー（所有者）」と位置づけなければならないという考え方でした。財務資本の出し手も知識資本の出し手も、現代においては同じく不可欠な「資本」の提供者であり、すなわち事業の「所有者」であるという考え方です。

企業の会計不祥事は基本的に、財務資本の出し手である株主のことを過度に重視するために発生します。しかしドラッカー・スクールでは、会社の中で貴重な知恵や知識を生み出し、顧客にとっての価値に転換し、利益につなげていく知識労働者も同様に重視したマネジメントをしなければならないと教えていました。知識労働者は、報酬だけでは動きません。まして経営トップからの思慮と理解を欠いた指示・命令や一方的なコストカットには強く抵抗します。加えて、事業の社会的意義ややりがいを重視します。彼らの動機づけを無視した戦略・財務的な側面だけからの意思決定は失敗につながります。

Z社のケースで株式公開を目的に社長やCFOがいくら数値目標を示しても、社員の士気が高まらなかったのは、そのためです。

会社は誰のものか、という議論について言えば、財務資本の出し手だけが会社の持ち主なのではなく、知識資本の出し手も重要な会社の持ち主なのだという考え方は「マネジメント」「経営」についての考え方を根本から変えます。

会社は株主のものだという論理だけで強引な買収や合併を仕掛けた場合、中にいる知識労働者たちがその職場での働きがいを失い、仲間との研究・開発体制が脅かされると感じれば、知識労働者は文字通り「知識」という資本を携帯して大量流出していきます。そのような事態を避けるため、投資家側も現経営層や社員のモチベーションに最大限留意した投資方針を示す例が特にアメリカでは増えています。

これが知識資本時代の現実です。Google（Alphabet社）元CEOのエリック・シュミットがドラッカー教授の知識労働者理論を基軸に知識労働者のモチベーションを最大限に引き出す経営を実践して大きな事業成果を上げたことはよく知られています。

この「知識労働者を動機づける」マネジメントが、やりがいのある目的を共有し、人の能力を最大限に発揮させてセルフマネジメントに基づいて組織が動くというドラッカー教授の経営理論の根幹につながっています。

日本でも昨今は社会貢献投資、CSR（Corporate Social Responsibility）、社員の働きがいといったテーマが重視されるようになっています。しかし、まだそれらのテーマと経営との本質的なつながりが理解されていないケースも多いです。知識労働者を惹きつけ、動機づけ、良質な知識や知恵が社内にあふれるマネジメントこそが、実は社員にも株主にも報いることができる真に生産的な会社づくりの条件です。そのような会社が一社でも増えるために私も貢献したいと思いますし、それこそがドラッカー教授が目指した産業社会の姿だと思います。

■知識資本時代の原価管理

少し細かい話になりますが、もう一つ本章の前述のケースには、重要な論点が含まれています。それは、知識労働のコスト、原価をどう的確に把握していくかということです。言い換えれば、「(仮に財務会計上は粗利が大きく出ていたとしても) その中の中核事業は本当に儲かっているのか?」ということです。

知識労働における事業コストの特徴とは何でしょうか。それは、原価構成に表れてきます。製造業を中心とした従来発展してきた産業においては、「材料費」「労務費」「外注費」「経費」といった原価項目の中で、圧倒的に「材料費」の割合が大きかったはずです。モノを仕入れ、加工・製造し、市場に流通させていくという形が最も一般的な事業の流れであったからです。

一方、これまで述べてきた知識資本の時代においては、原価構成に圧倒的に「労務費」の割合が高くなります。コンサルティング、デザイン、教育・研修、サービス、システ

管理項目	製造業	サービス業（ソフト開発、Web制作、イベント等）
販売価格	価格がほぼ固定	見積もり、交渉次第
売上げ計上	通常、受注即売上げ計上	一定期間の作業後、納品・計上
原価	製品原価がほぼ固定	完成時に原価が確定
原価の内訳	通常、材料費の比率が高い 例: 材料費65%、労務費15%、経費20%	通常、労務関連費（社内・社外）の比率が高い 例: 材料費2%、労務費86%、経費12%

ム開発、イベント管理・運営など、人がチームを組み、アイディアを出し、最終的な成果物やサービスを生み出していく事業形態であるため、当然労務費の割合が高くなるのです。仕事をする単位も、組織というより、「プロジェクト」が主流になります。工場のかわりにプロジェクトでの成果物が売られるということは、その部署の人材のコストがそのまま原価になるということです。

参考までに上の比較表をご覧ください。サービス業を知識労働の代表的な産業分野と仮定した場合の、製造業とサービス業の比較です。

原価構成の違いは既に述べた通り

ですが、売価の決め方も、売上げを計上するタイミングも、原価の確定タイミングも、左と右では全く違います。

元々売価を決定してからモノを製造して流通させる製造業の基本的な流れに対し、サービス業（特に受託サービス業）は都度見積もりを出して話し合いの中で売価を決めます。さらに、コンサルティングやＷｅｂ開発やリフォームなどは顕著ですが、受注即売上げということはほぼなく、一定の作業期間を経て納品・売上げ計上という流れです。また、原価自体も作業完了前には確定しません。そのサービスや成果物を生むのに、人間のコストがどれくらいかかるか、完成するまでは分からないからです。当然、結果として作業開始時に想定していた売価以上に原価が発生してしまうリスクも生じます。つまり、知識労働における本当の収益性というのは、モノを製造する場合以上に入念に見ていかないと、把握できないのです。

■知識労働者の活動時間は成果につながっているか？

前述のケースの中のZ社の「コンサルティング事業」の例でも、２０１７年度の粗利率が65％と高い数値を示しています。しかし、その利益の中身がどのような仕事からもたらされていたか、明確にしないまま投資判断をしたために結果として失敗につながりました。経営陣がイメージする「コンサルティング」という付加価値の高い業務よりもむしろ、突発的に発生した採用支援関連業務が「コンサルティング事業部の中で」行われていたに過ぎなかったのです。もちろん、そのような業務も、社内の知恵・知識の成長につながる付加価値の高いものであれば中長期的な価値につながります。しかし、Z社の場合は、ほぼ全てを外注していたため、仮に単年度は利益が出ていても今後の投資に値する事業とまでは言えないものでした。

さらに、外注の割合が増える割に、本来の「コンサルタント」業務の有償稼働は思ったほど伸びていない状態にありました。元々採用支援業務をするために採用した人たちではないため、外注していくという判断につながったわけですが、結果として高コストの人材の「見えない非稼働原価」が重くのしかかっていくことになります。たとえ表向きの粗利率が高くても、本当に経営層が意図した事業で利益が上がっているわけではありませんでした。

これらは知識労働を「管理会計」の視点でしっかり分析し、社員の稼働が本当に売上げや粗利に貢献しているかどうかを検証しないと見えてこない現実です。ちなみに管理会計とは、Managerial Accounting という言葉の意味通り、組織内部で事業や商品の利益率や利益の源泉について分析するための会計手法です。一方、「財務会計（Financial Accounting）」とは、財務諸表の作成を中心とした、対外的に業績を示すための一連の業務をさします。

原価に含むべき時間コストが計上されず、粗利が実際より高く出ている場合もあります。例えば、管理職や営業社員が、実際には時間の大半を現場のプロジェクト運営業務に奪われている場合があります。その場合、当然そのようなメンバーの時間コストも、少なくとも直接製造活動に携わっている割合分は原価計上し、どのプロジェクトにどれだけ時間を使ったかを明らかにしないと本当の粗利率が見えなくなってしまいます。Z社の場合も、管理職や営業担当者が案件管理や現場サポートといった作業に多くの時間をとられていた可能性もあります。「この事業のこの粗利の高さは本当なのか？」と問わなければ、事業の収益性に関する実体は見えてきません。

知識産業では業務内容やサービスが複雑化する傾向があります。コンサルティング事業と一言で言っても、現場の社員はビジネスになるものは全て提案する意識が強いので、いろいろなものが「見積書」「発注書」の明細に載り、一方でそれら個々のコスト把握はしにくくなります。マネジメントをする人材は、「事業」の視点で、事業の定義、顧客にとっての価値、その価値を生むための原価について、常に整理していくことが必要です。そうしなければ、後々さらに複雑さが増した段階で全く実体が把握できなくなってしまいます。

システム開発者の活動時間の例

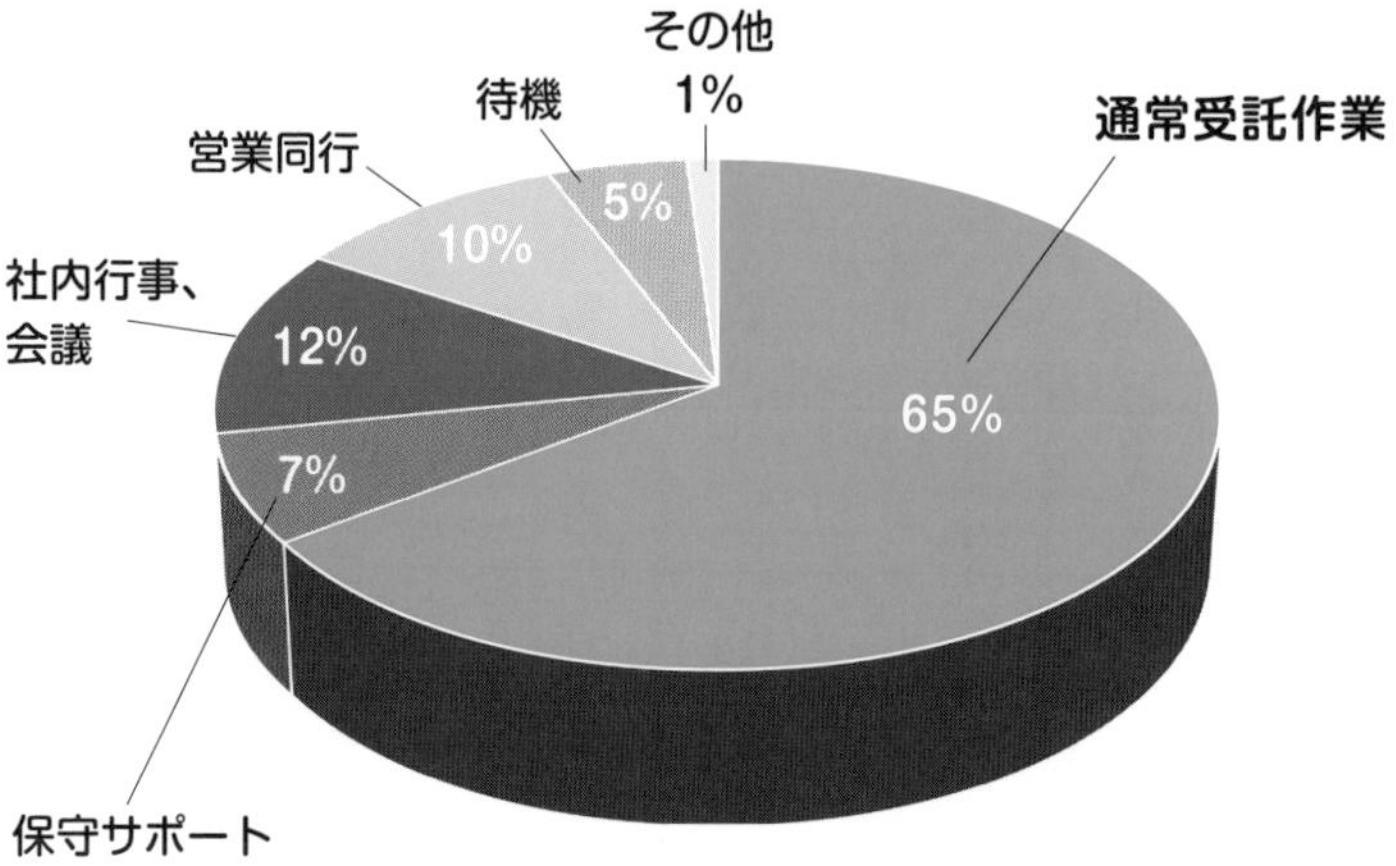

人の活動時間から見えるマネジメント課題

知識資本の時代には、原価の大半は人間が働く時間というコストになることは既に述べました。このような時代には、働いている人たちの時間が何に使われているか、これまで以上に慎重に見ていくことが大切です。例えば、システム会社がある月のシステム開発部員の活動時間を集計したら、上のグラフのような結果になったとします。通常の受託作業や保守サポートなど、いわゆる「有償稼働」が7割強あるので、この月は健全な形と言えるかもしれません。

しかし、仮に前述のZ社のコンサ

ルティング事業部の社員の活動時間を記録したとしたら、「待機」「提案」「商談」などいわゆる「無償稼働」の時間が多いことに気づけたはずです。そして、社内のコンサルタントの有償稼働時間が上がってこないにも拘らず、外注費が上がりっ放しという現状を把握してビジネスモデルの異常を発見できたかもしれません。

「いずれにせよ全体として利益が出ているから良いのではないか」という考え方は間違いです。マネジメントとしては、利益の大小や有無よりも、「どの事業、どの案件が健全な利益を上げているか」「その利益は今後も永続性・発展性があるか。なぜそう言えるのか」を問わなければいけません。

これらの管理会計的な考察については、前述の『創造する経営者』（ダイヤモンド社）に詳しく書かれています。ドラッカー教授が1964年に著した本書に、現代組織が今でも解決できていない管理会計上の根本的な課題が明記されていることに改めて驚かされます。マネジメントの観点から管理会計の本質に触れたいという方は、ぜひ同書を一読されることをお勧めします。

■知識労働における「支出」と「成果」を結びつける

「1920年代に生まれ、今日ではすっかり陳腐化した製造の原価計算については、根本的な改革が進行中である。ただし、サービス活動についてはまだである。今日、製造業がGNPに占める割合は23%、雇用に占める割合は16%にすぎない。したがって、今日の経済活動のほとんどについて、我々は意味ある会計システムを持っていないということになる。
サービス業についての会計システム上の問題は単純である。(中略)どれだけ収入があるかはつかんでいる。どれだけの支出があるかもつかんでいる。どこへ支出しているかさえわかる。しかし、支出と成果を結びつけることができない。その方法がわからない」

これは、約20年前に書かれたドラッカー教授の最後の著書『ネクスト・ソサエティ』(ダイヤモンド社)からの引用です。知識労働の代表的な業態であるサービス業の発展に大きな可能性を感じていた一方で、原価計算の考え方が追いついていないことに警鐘を鳴らしています。本章でも述べてきた通り、知識資本の時代には売っているもの(サービス)も人の労働も「無形化」することが多いので、製造業ではできていた支出と成果の結びつけが難しくなる、すなわち精度の高い管理会計が難しくなるという問題提起をしています。

「支出」をどのような「成果」に結びつけたいのか。知識労働の時代にマネジャーに求められるのは、この点を定義してヴィジョンとして示すことです。そして、そのヴィジョンに基づき結果がどうだったかを検証することです。一見無駄と思える「対話」「社内行事」の時間が実は重要な成果に結びつくことはよくあります。部署をまたいだ事業アイディアの交換やコミュニケーションのスピードアップ、といった成果です。大事なことは、それらの時間やコストが、知識労働者にどのような成果を生み出してほしいから存在しているのか、その目的を共有することです。それは社員にも伝わっていき、「コスト」に見えたものを「投資」に変えることが可能になります。

勤務時間の20%をエンジニアの好きなことに使うことを認めていたGoogleの例は有名です。Googleがその施策で目指していたのは、「革新的なWebサービスを数多く世に出すこと」でした。我々が慣れ親しんで使っているGoogleのサービスの多くがこの20%の時間から生み出されたと言われています。その時間が確実に目指した成果を生んでいることは明らかです。最先端の知識資本産業でもマネジメントが戦略的意図を示せば、支出（コスト）と成果を結びつけることは可能です。

いきなり新しい会計システムを導入することが必要なのではありません。まず大事なのは、考え方です。自社の知識労働における本質的な事業価値（成果）は何か、またその価値を生み出す支出は一体何かを社内でじっくり話し合いながら見極めていくことです。

その対話の中で、価値とそれを生み出す活動について、マネジメントする側と現場側の認識が合ってくるはずです。

■ABC（活動基準原価計算）の思想を実務に活かす

ここまでお読みいただいた方で会計の知識をお持ちの方はお気づきだと思いますが、ドラッカー教授の問題意識や考え方は、いわゆる「Activity Based Costing（活動基準原価計算：ABC）」という方法論の開発につながりました。この「ABC」はハーバード大学のロバート・キャプラン教授らによって提唱されました。本書では細かい説明は割愛しますが、製品やサービスの本当のコストを、その製品が生まれるまでに行われた活動（Activity）ごとに、「時間」を主軸として計算し、なるべく実態に近い、公正な原価計算をしていこうという考え方です。

ABCにおいては、

「この商品・サービスの売価は本当にこの価格で適正か？」

「本当にこの商品・サービスはここまで儲かっているのだろうか？」

「もっと競争力のある価格をつけることはできないか？」

という視点で徹底的に議論することになります。

ＡＢＣの場合は、間接コストを個々の製品・サービスごとに按分する方法をより公正に、現実に近い形にするというのがコンセプトです。したがって、前述のケースの「コンサルティング事業部」のように、社員の「無償稼働（または非稼働）」の時間が長い場合は、その「間接製造原価」分のコストが製品・サービスに按分されるので、一見非常に儲かっているような案件・商売であっても実際には決して利益率は高くない、という結論にもなりえます。

ここまで述べてきた通り、知識労働の時代には「顧客価値」と「それに貢献する活動やそのコスト」を紐づけることが難しくなります。だからこそ、活動や時間をできる限り注意深く見つめ、その先にある顧客にとっての価値とどのように結びつくか、考えることが不可欠です。すぐに制度やシステムを変えることは難しいかもしれません。まずは、時間やコストの現状を見える化し、それらがどの事業、どのサービスに貢献しているのか、社内で議論をしてみるだけでも大きな経営改善のヒントにつながるはずです。

■マーク・マスード教授に教わった財務会計の本質

少し管理会計的な細かい話に入りすぎたかもしれません。ここから、また会計（アカウンティング）全体の話に戻ります。私は、ドラッカー・スクールでマーク・マスード教授から財務会計を、前述のジョゼフ・マチャレロ教授から管理会計を学びました。奇しくも二人とも、ニューヨーク大学時代にドラッカー教授の同僚でした。その後、ドラッカー教授を追う形で、西海岸のクレアモント大学院大学にやって来ました。財務会計、管理会計、そして組織マネジメント。一見大きく異なるこの3科目は、根っこの部分で深くつながっています。講義を受けているときは、ついていくのが精一杯で、あまりそういうことを考える余裕はありませんでしたが。

管理会計は前述の通り、組織マネジメントと大変関連性が深いテーマです。ドラッカー教授の最も身近な同僚で、「マネジメント」の講義も受け持っていたマチャレロ教授が教えていたことからも、その強いつながりが理解できます。

一方、マスード教授の「財務会計」がドラッカー・スクールでどのように教えられるのか、私は全く予想ができていませんでした。さらに、マスード教授は、講義では学生をばんばん指名し、全員の前で考えを発表させるという、とても厳しい教授だという評判でした。最初の講義はとりわけ緊張したのを憶えています。

実際には、マスード教授は厳しい半面、一人ひとりの学生に大きな愛情を示してくれる温かい先生でした。学生たちに「My sons（息子たちよ）！」と呼びかけていたことを思い出します。

マスード教授の考え方は明快でした。それは、

「数字の背後にある会社の価値観、ヴィジョン、戦略、風土・体質を読み取りなさい」

というものです。

会計の講義でありながら、細かい用語やルールの解説は殆どありませんでした。「それは、全て予習段階でテキストを熟読して頭に叩き込んできなさい。MBAの講義は知識を教えるためのものではない」というのが教授の考えでした。教授は、様々な時事ニュースや企業のケースを使って、「なぜ、この経営者はこう考えたのか？　会計的な視点と、マネジメントの視点双方から、答えなさい」といった質問をよくしました。とにかく簡単には答えられない質問ばかりで、言葉にハンディがある日本人には特に大変な授業でしたが、ものすごくやりがいを感じました。

■「数字＋数字以外」の情報から経営の質を見抜く

ドラッカー・スクールは、1学年が100人弱と非常に小規模です。全ての講義で「グループプロジェクト」が課されます。人数が少ないので、言葉のハンディがあってもかまわず大きな貢献が求められます。

マスード教授の会計の講義では、各グループで選んだ企業の「企業価値分析」を行うグループプロジェクトが課されました。当時、私のグループは、1回目のプレゼンテーションではソニー、2回目の期末プレゼンテーションではインテルを題材に取り組みました。端的に言えば、これらの企業を分析し、現在の株価が適正か、割安か、割高か、グループとしての明確な結論を根拠とともに示すというものでした。

グループのプレゼン日が最初に決められます。その日に向けて、教授に相談をしながら、講義と並行してグループプロジェクトを進めていくという流れです。

ある日、講義でマスード教授が言いました。

「グループプロジェクトの質問を沢山受けている。皆、熱心でよい。しかし、どのグループも、エクセルシートで集計した数字ばかりを見せにくる。その数字部分だけをどんなに追求しても、せいぜい『B』評価しか与えない。ドラッカー・スクールの学生であれば、数字の裏にある経営者の考え方、価値観、倫理意識、企業の体質、戦略性などをきちんと分析しなさい」

特に数字に強いインド人の学生などは、教授のコメントに途方にくれていました。ある学生が、質問しました。

「株主向けのレポートや、公開されている財務データをいろいろくまなく見ているつもりです。しかし、価値観や倫理意識、企業の体質などは外からなかなか分からないと思うのですが……」

マスード教授は答えました。

「フットノートを読みなさい！　関連する新聞記事に目を通しなさい！　会社の数字から仮説を持って、さらにその数字の裏にある考え方を探ることができる情報ソースに懸命に目を通しなさい。そうすれば、その会社がどういうスタンスで経営されているか、今後の成長・発展に可能性があるかどうか、見えてくる」

「フットノート」とは「アニュアル・レポート」と呼ばれる投資家向け財務情報の脚注にある補足的な記述のことです。例えば、特別損失に関する脚注には、過去の訴訟の数や、それらの訴訟への対応スタンスや進捗状況が出ているかもしれません。そこから、過去の新聞記事などを調べれば、気づかなかった訴訟の背景やマネジメント層や社員の不正記事などが見つかるかもしれません。

また、マスード教授は「estimate（見積もる）」という言葉にも、フットノート上では注意せよとアドバイスをくれました。何らかの前提を置いた上で独自の「estimate」を設定して引当金や償却のルールを変更している会社もあります。もちろん、その前提が適正と言える場合もありますが、利益を多く見せたいために、筋の通りにくい前提を置いている場合もあります。つまり、企業のマネジメントを本当に分析したければ、公開されている情報だけでも、会社の倫理意識や体質などを把握できるヒントが多々あるということです。

マスード教授は「利益はその経営者の『意見』に過ぎない」と再三私たちに伝えていました。本章のケースにも書かれているように、表向き利益が出ていたとしても、それはあくまでコスト把握に関する人間の意図が反映された結果であり、意識的・無意識的にいくらでも繕うことができるのだと肝に銘じよ、というメッセージでした。

■戦略や人事・組織の観点から、数字の妥当性を探る

マスード教授の授業で課されたプレゼンでは、会計の講義であるにも拘らず、半分は企業の戦略的な方向性の分析とそれに関する是非判断が求められました。戦略理論の基本知識がないとなかなか対応が難しかったと思います。全体のレポートの半分近くは、その会社を取り巻くマクロ環境分析、業界内部分析、競争環境、事業ごとの基本戦略の是非などをしっかりと述べることを求められました。また、前述の通り組織内部の体質や、社員の満足度、人事施策なども、重要な参考情報として明示しました。その後で、ようやく「数値」の話です。前段の見解を受け、「売上げや利益の伸びは今後どれくらいか?」「どれくらいの競争優位性を保ちうるか?」「将来のキャッシュフローの見込みは?」といった分析と見解を示すことが求められたのです。

前段の数値以外のロジックが甘いと、マスード教授だけでなくクラスメイトたちからも容赦なく指摘が入りました。

ドラッカー教授の「利益は目的ではない。事業の計画と組織マネジメントの結果であり、成功の判断基準であり、事業存続のための条件だ」という言葉の意味を、このマス

バランスト・スコアカード（BSC）とは

Balanced Score Card (BSC) の視点
「経営ヴィジョン・戦略」
↓
① 財務の視点：財務・会計的な数値目標
② 顧客の視点：営業、マーケティング、顧客満足に関する目標
③ 業務の視点：作業、業務、仕事の進め方に関する目標
④ 学習の視点：社員のスキルと能力向上、成長に関する目標

それぞれの目標が全体としてどう「連動」するか？

ード教授の講義から実感としてつかむことができました。

様々な国籍、様々な年齢のメンバーとも、厳しいグループプロジェクトを通じて絆が深まりました。「会計の講義なのに、なんで俺は過去の訴訟ニュースや社員の離職率を調べているんだよ！」と笑い合いながら、時に夜食を一緒にとりながら徹夜に近い作業をドラッカー・スクールの教室で続け、100枚近い提出レポートを完成させました。グループプレゼンを終えて教授から「エクセレント！（良かったぞ！）」という言葉とクラスメイトたちから温かい拍手をもらったときは、大きな達成感を感じました。何より、自分たちの分

析が「マネジメント」という軸で一本につながって見えたような満足感がありました。手前味噌ではありますが、ソニーやインテル社のその後の事業展開は、私たちが分析の結果導き出した結論とかぶる点が多くありました。

会社を、会計数値を、「マネジメント」全体の視点から捉えることの重要性と有効性に気づかせてくれたマスード教授に、心から感謝しています。

■「バランスト・スコアカード」は経営の哲学

このマスード教授の、企業のヴィジョンや戦略からその会社の数字の本当の意味を探っていくという考え方は、マチャレロ教授の「管理会計」の講義ともつながっていきます。マチャレロ教授は管理会計の講義の中で「バランスト・スコアカード」（ＢＳＣ）という概念を実践的な視点で詳しく教えていました。このＢＳＣも、ＡＢＣ同様、前述のハーバード大学のキャプラン教授が体系化したものですが、ドラッカー教授のマネジメント思想が色濃く反映されています。すなわち、「財務的な数値目標とそれ以外のマネジメント目標のバランスをとって経営しよう」ということです。

具体的には、「経営ヴィジョン・戦略」の下に、「財務的な視点」（利益率等）、「顧客にとっての価値向上に関する視点」、「業務プロセス効率化に関する視点」、「社員の学習・

成長に関する視点」というマネジメントの大きな視点での目標を置き、それらの目標を実現するための個々の小目標を明らかにし、相互の関連、連携を明示化するというものです。

このＢＳＣは、一時期日本でもブーム的にさかんに取り上げられましたが、その本質が理解されることはなく、多くのコンサルティング会社やシステム会社の「商材」になった後、語られることも少なくなってしまった気がします。

マチャレロ教授の管理会計講義では、「ツール」としてよりも「考え方」として、このバランスト・スコアカードの意味を議論しました。単純に目標値を並べて「管理」するのではなく、各々の財務視点の目標（利益率や生産性）が具体的にどのような顧客価値につながるのか、またそのために必要な業務プロセスや社員トレーニングはどういったものか、という点を徹底して考えることがとても重要なのです。

この講義を受けながら、ドラッカー教授が『経営者の条件』（ダイヤモンド社）で語っている言葉を思い出しました。

「あらゆる組織が三つの領域での貢献を必要とする。すなわち、（直接的）成果、価値、人材育成である。これらすべてにおいて貢献がなされなければ、組織は腐り、いずれ死ぬ。したがって、この三つの領域における貢献を、あらゆる仕事に組み込んでおかなければならない」

再三述べてきた通り、マネジメントには直接的な成果である利益や現金の増加、生産性の向上などが不可欠です。しかし、それだけが目的ではありません。財務的な目標と、価値創造や人材育成という他の目標がバランス良く連動して、初めて会社が良くなっていくと言えます。そういう意味で、ドラッカー教授も、マチャレロ教授も、このバランスト・スコアカードを単なる管理ツールを超えた「マネジメントの哲学」として我々学生に教えていたのだと思います。

■財務諸表から本当に読み解くべき「マネジメント課題」とは

私が、ドラッカー・スクールの会計講義から学んできたことを、卒業後の実務で改めて気づいたことも含め、ここまで書いてきました。「会計」と「マネジメント」がつながっていること、つなげて捉えることの大切さをご理解いただけたかと思います。

いくら高邁な理念を掲げ、ITを活用して超生産的・効率的なビジネスモデルを追求していたとしても、貸借対照表を見れば無駄な投資の形跡や、なかなか現金化されない商品在庫、仕掛品、売掛金などが滞留している場合があります。それを、数字部分だけを見てリストラしたり、逆に無理な投資をしたりしても、継続的な事業の成功にはつながりません。


「この数字は組織の、現場のどのような現状を反映しているのか？」

「この数字の発端にはどのような経営判断があったのか？」

「その判断は、自社の経営ヴィジョンと合致したものだったか？」

「どのように市場環境を捉えて判断がなされたのか？」

「結果から何を学び、具体的に営業やマーケティング、業務のやり方をどう変えていくべきか？」


といった形で、マネジメントの課題や目指すところと関連づけて会計数値を見て施策を吟味することが大切です。

日本の多くの会社で、経営管理・会計・財務等を担当するスタッフ部門の責任者と事業責任者との間に「溝」があるケースが少なくありません。両方ともマネジメントをする上で不可欠な機能であり、目指すゴールは本質的には1つのはずです。両者が専門性を出し合い、同じ「マネジメント」の視点で、共通の言語で、知恵を融合させていけば、どのような会社もさらに強い事業体質に生まれ変わっていくのではないでしょうか。

会計の章は少し長くなりました。本章冒頭で述べた通り、血の通った人間の営みである「マネジメント」とつなげて考えることで、会計とそこで表現される利益やコストの情報が単なる数字を超えた大切なメッセージを伝えてくれることをご理解いただけたかと思います。私がドラッカー・スクールで会計にすごく興味を持てるようになったように、皆さんがこれまで以上に会計というテーマを好きになってくれたらとても嬉しく思います。

第6章

Chapter 6

成果を上げる組織とチーム

ＭＢＡで学ぶ科目の中で、「人」「組織」に関するテーマは中心的な位置づけにあります。組織構造、人事制度、評価・報酬、人のモチベーション、人材育成、組織開発、組織変革など、様々な分野で多くの研究や理論が発表され、それらがＭＢＡの授業にも反映されています。かつてはＭＢＡというと会計や財務といった数値管理的な科目が主流と考えられていましたが、昨今は人や組織の分野をますます重視する傾向があるようです。ＭＢＡ以外でも、コーチングやファシリテーションをはじめとしたコミュニケーションスキルの需要が高まり、多くのビジネスリーダーが関心を持って学んでいます。

しかし、実務の現場から見てみると、各論を追求しすぎて、そもそもの全体目的や本質が見失われていると感じる場面も多々あります。

- そもそも組織とは何を目的に創られるのか
- 人の力を最大限に引き出すためにマネジャーが心がけるべきこととは何か
- 組織として最高の成果を生むために何が必要なのか

といった本質的な問いに立ち返ることなく、組織構造、手法、人事管理のフレームワークなどの各論に目がいきがちです。その結果、

「組織論に詳しくて万全に理論武装をしている人でも、チームのマネジメントを実際に任せると全くできない」

「コンサルティング会社の指導で組織変革に関して最先端の手法を導入しているはずなのに、会社が良くなっていると感じられない」

といった状況も生まれやすくなっています。

ここまでお読みいただいた方はお気づきと思いますが、マーケティングにせよ、イノベーションにせよ、会計にせよ、この組織論にせよ、ドラッカー教授のマネジメント原則は常に各論ではなく「全体目的」志向です。

往々にして、各論に入って視野狭窄になりがちな私たちの見方を、

「私たちの事業使命や目的とはそもそも何か」
「私たちの顧客は誰か。顧客に提供したい価値は何か」
「この事業を発展させるために本当に必要な成果とは一体何か」
「人と組織の強みをどのように活かせば、その成果を実現できるか」

といった全体的な視座に戻すことで、人間のエネルギーをより重要な目的や貢献に向けていくというものです。あくまで人がいきいきと目的に向かっていくことがマネジメントの目的であって、組織はそのための手段であることを忘れてはいけません。

今回ご紹介するケースも、これまで同様実話に基づいています。一般的に起こりやすい組織論の誤った適用と落とし穴について書いています。組織論の知見自体はマネジャーにとって心強い味方になります。組織についての理論を知っていると現状の分析がしやすくなり、選択肢が格段に広がります。しかし、その理論を適用する際に重要なマネジメント原則を忘れてしまうと、せっかくの知識が活かされず、むしろ悪い結果を招いてしまうこともあります。このケースの主人公に限らず、実際の実務の現場ではよく起こることです。

組織がチームとして成果を上げるために本当に重要なこととは一体何か。この点について、一緒に考えていきましょう。

CASE

「組織に成果を上げさせる」マネジャーは誰か

諸橋明美さんは、大手家電メーカーH社の女性管理職で、35歳です。近年需要が高まっている女性向け美容家電を扱う部門に所属しています。美容家電部門は、ドライヤーやエステ関連製品など、女性には馴染みの深い製品を扱っています。一見華やかな商材ではありますが、社内の業務運営には苦労しています。歴史あるH社では、たとえ若者や女性向けの新製品であっても、工場の技術者の理解をしっかりと得ないことにはプロジェクトが前に進みません。さらに、マーケティング、営業、開発、生産、品質管理など各部署が独自の見解を持っていて、互いに衝突することも少なくありません。

H社は、某大手アパレルブランドとタイアップして、来年秋に新しい大型店舗を表参道に出店します。美容やファッションに感度の高い女性との接点を増やす重要なプロジェクトです。2年半以上前から構想が練られ、出店まではあと1年数ヶ月と迫っています。

しかし、プロジェクトは難航しています。店舗のコンセプトや商品機能、デザインなどの面で社内の調整がつかず、結論が出ません。プロジェクトリーダーは、美容家電部門のマーケティング部長が暫定的に兼務していますが、他の案件や日々の業務運営に追われてなかなか手がまわっていません。

プロジェクトの総責任者である執行役員の後藤さんは54歳で、H社で新規事業開発やグローバル展開を中心に手がけてきました。歴史の古いH社にあって「創業者のベンチャー精神を引き継ぐ、未来の社長候補」と言われる人物です。ある日、後藤さんは、管理職になってまだ2年目の諸橋さんを呼び出し、こう伝えました。

「君がプロジェクトリーダーとして、このプロジェクトを率いてほしい。部長には話を通している。今はメンバーの思いがバラバラだ。一つの方向に向かう組織を、チームを創ることに集中してほしい。そうすれば、必ず上手くいくから」

諸橋さんは責任の重さを感じながらも、突然舞い込んだミッションに心躍りました。経営学部出身の諸橋さんは、大学時代は組織論のゼミに在籍していました。社会人になってからも、組織改革、組織開発、人材開発といったテーマのビジネス書を読むのが好きで、社内外の研修や勉強会にも多数参加してきました。これまで学んできた知識がようやく活かせるときが来たと感じたのです。

翌週のプロジェクト全体会議で、後藤さんから諸橋さんをプロジェクトリーダーとして自分直轄で配置したことが全員に告げられました。諸橋さんは手短に挨拶を済ませ、早速、新リーダーとして「プロジェクト成功のために注力すべき課題」というプレゼンを披露しました。その中には、次のようなテーマが並んでいました。

- 個々の組織、分科会のミッションの再確認
- プロジェクト組織体制の再確認
- 業務プロセス・フローの再整備
- プロジェクトマネジメント、進捗管理方法の見直し
- Webツールを最大限活用しての情報、資料の共有
- 部門間コミュニケーションの円滑化

「プロジェクトを成功させるために、これまで曖昧で、徹底されていなかったこれらの課題をしっかりと解決していきたいと思います。秋に最高のものができるよう、頑張っていきましょう！」。諸橋さんは緊張の中、プレゼンテーションを締めくくりました。我ながら上々のスタートを切れたと感じます。20人を超えるプロジェクトメンバーからは、特に質問や意見は出ませんでした。

諸橋さんは早速翌日から、他のスタッフメンバーと一緒に具体的な作業に着手しました。個々の組織のミッションや、業務の流れ、情報の流れをしっかりと可視化し、資料に落とし込んでいきます。

「こんなことも整理されていないなんて驚きだわ。これじゃ、仕事が進むわけはないよね」と諸橋さんはことあるごとに呟きました。各部署のメンバーに対してはミーティングや分科会の場で業務やタスク管理を徹底するように促しました。

リーダーを引き受けてからの1ヶ月はプロジェクトルームにほぼ缶詰のような状態でした。体力的には辛かったものの、諸橋さんは充実感を感じていました。組織づくり、組織変革のプロセスに具体的に参加できている実感が持てたからです。

しかし、2ヶ月目に入ってもなかなかプロジェクトは前に進まない状態が続いていました。生産、開発、営業、マーケティングといった部署からの主張の溝が埋まりません。諸橋さんは議論の内容を論理的に整理し、議事録として共有しました。次回までのToDoや検討課題を明確にして、クラウドアプリ上の所定フォルダに保存し、メンバーに通知するというプロセスを徹底しました。

それでも、丸3ヶ月がたってもプロジェクトの議論はなかなか前に進まず、スケジュール遅延が繰り返されていました。さすがにメンバーの間にも焦りや不安が見え始めます。この頃から諸橋さんも、

「もう少し頭を使える営業担当者がメンバーにいてくれたらね……」

「工場のメンバーのコミュニケーション能力が低すぎて……」

といった愚痴をプロジェクト外の同僚にこぼすようになっていました。会議中にメンバーと感情的にぶつかってしまうこともたびたび起こり、自身も体力面、精神面で相当追い込まれているのを感じていました。

＊　＊　＊

その状態で約5ヶ月が過ぎたある日、諸橋さんは執行役員の後藤さんから役員室に呼ばれました。これまでも後藤さんとは何度か話し合いの場を持ち、アドバイスももらってきましたが、なかなか良い報告ができていません。今回の呼び出しにはいやな予感がしていました。

「諸橋君、すごくよくやってくれたよ。ずいぶんプロジェクトの情報やフローも整理された。助かった。しかし、少し疲れが出ているようだ。ひどく苛立っているようにも見える。それではなかなかメンバーとのコミュニケーションも上手くいかないだろう。一旦プロジェクトリーダーのミッションから離れて、リフレッシュした方が良さそうだ」

諸橋さんは、すぐに反論しました。

「え、なぜ、私が降りなければいけないのですか。私はやるべきことをやっています。メンバーがあまりに主体性がないし、考えていません。コミュニケーションのしかたも分かっていません。そちらの方が問題だと思います。私は、思いきって組織の構造を変えるべきだと考えています。韓国の家電メーカーの組織構造の記事を読んで考えたことがありますから、今度、プレゼンさせていただけませんか」

後藤執行役員は少し考え込んだ様子を見せ、静かに語りました。

「僕は、君に組織を管理・整備してくれとは言っていない。一つの方向に向かう組織を、チームを創ってほしいと頼んだのだよ。君は普段から組織について人一倍学び、論理的に考えて語っている。きっとその理論は間違っていない。しかし、今回現場で学んだことから、もう一度組織とチームを創るとはどういうことなのかじっくり考えてほしいんだ」

諸橋さんは釈然としないものを感じながらも、自分でも体力・精神力の限界を感じていたので、この決定を受け入れました。引き続き、プロジェクトの企画メンバーの1人として必要な資料の作成やスケジュール管理などの業務を担当することになりました。

出店まで約10ヶ月となりました。執行役員の後藤さんはこれまで以上にプロジェクトに深く関わるようになりました。さらに、その後藤さんを補佐として支えている別の女性スタッフがいました。齋藤さん(29歳)です。諸橋さんの隣のチームに所属している後輩で、諸橋さんとも仲が良く、普段から誰とでも分け隔てなく朗らかに会話をします。諸橋さんとは違い、専門知識があるわけでも特別頭が切れるわけでもありません。ただ、何かやっかいな課題や問題が起こると、自然と役がまわってきて明るく淡々とそれをこなすような性格です。その齋藤さんが、プロジェクト推進企画のスタッフとして、後藤さんをサポートする立場で積極的に参加するようになったのです。後藤さんが参加できない細かい打ち合わせにも齋藤さんはほぼ全て参加し、記録をとっていました。

齋藤さんがプロジェクト推進メンバーに加わってから、現場は明らかに変化を見せていました。これまでは資料を見つめて仏頂面で沈黙に包まれるか口論に終始していた会議に笑顔が生まれ、無意識に「それはこうすれば解決できるでしょうね」「代替案はこれでいけますよ。我々の方でお客さんと調整しておきますね」といった建設的な話し合いがなされるようになったのです。齋藤さんは自然に、それぞれの担当者の中でたまっている思いや理想、それぞれの部門の持つ強みを引き出すように会話を進めていました。

また、齋藤さんは自社の製品にとりわけ思い入れが強く、その性能や技術力に惚れ込んでいます。だからこそ、プロジェクトに関わっているメンバーは元々優れていて、計り知れないほどのすごい技能や力を秘めているという前提で話していました。メンバーが無意識に口にする理想やアイディアに対し、心から共感し、屈託ない笑顔を見せながら、どうすればそれが実現できるのかという方向に話を進めていくところもあります。メンバーも無意識にそのテンポにのせられている格好でした。

何か問題が発生すると齋藤さんはすぐに現場に足を運びます。「必要であれば後藤さんにも意見を聞いてみるので、状況を聞かせてもらえますか」と言いながら、ヒアリングに入ります。齋藤さんも交えて話し合っているうちに自然とその場で問題が解決してしまう、そんなこともしばしばありました。

「私は管理職でもないし、諸橋さんのような頭脳も知識もありません。平々凡々を地でいくタイプです。ただ、この組織とメンバーが持っている最高のものが引き出されて形になったらすごく素敵だな、っていつも思っています」

そのように語る齋藤さんの思いにのせられて、メンバーも目的や目指す理想像についてためらわずに積極的に意見交換をするようになりました。当然、目標や優先順位がズレることはあります。しかし「顧客が求めているのは結局こういうことだよね」「あの部署にはこういう技術とノウハウがあるからそれを活かそうか」という前向きな解決策を全員で話し合えるようになり、徐々に全体の目的が一つの方向に向くようになっていきました。

いつしか齋藤さんはメンバーや部門間の「触媒」として機能するようになっていたようです。細部の議論で目的が見失われてしまっているときも齋藤さんの顔を見ると「ああ、そういえば目的はこういうことだったな」と思い出す、そんな効果が生まれていたのです。

目的やゴールがまとまりチームワークが醸成される中で、かつて諸橋さんが準備したプロセス図やルール、組織体制の資料、情報共有のツールもフル活用されるようになっていきました。「以前諸橋さんが作ってくれたあのツールを真剣に使えば、かなり効率的に進められると思います」といった会話が頻繁になされるようになりました。結局、このような具体的なものがなければ仕事は前に進みません。諸橋さんの仕事の意義や価値を改めて認識するメンバーが増えていきました。その結果、プロジェクトの中で諸橋さんとメンバーが自然に生産的な協力関係を築けるようになっていきました。

そして、秋。11月14日、表参道の出店が無事に実現しました。打ち上げパーティにはこれまで貢献したメンバーが全員参加し、もちろん諸橋さんも参加しました。かつて言い争ったメンバーとも今は後腐れなく晴れ晴れとした気持ちで会話ができます。諸橋さんが提案した仕組みで仕事が効率的になって助かったという感想を多くのメンバーが伝えてくれます。何より、新商品や新店舗についていきいきと語る彼ら、彼女らは本当に輝いています。

諸橋さんは、自分の仕事と齋藤さんの仕事の違いに思いをはせていました。齋藤さんは自分と違い、組織上は管理職の役職についていません。プロジェクトリーダーとして正式に任命されたわけでもありません。立場上は後藤執行役員を補佐する一企画スタッフに過ぎませんでした。しかし結果を見ると「マネジャー」として最も重要な仕事は、彼女の方が行っていたように思えました。彼女と諸橋さんの仕事の差とは一体何だったのでしょうか。

「一つの方向に向かう組織を、チームを創ってほしいんだ。そうすれば必ず上手くいく」

後藤さんが最初に発した言葉を、諸橋さんは繰り返し思い返し、考えていました。

権限や肩書きがマネジャーの証明ではない

このケースで描かれていることも、組織では頻繁に目にするものです。組織に関する理論や方法論、そして役職名や立場というものが、「生身」の人間組織を目の前にするとなかなか機能しないことがあります。このケースで言えば、立場上は管理職であり、組織理論について十分に学んでいるはずの諸橋さんが上手くプロジェクトをマネジメントできない。一方で、肩書きがなく、組織理論に関する深い知識もない齋藤さんが自然にチームを前に進めるマネジャーの役割を果たす。実際、こういう現象が起こり得ます。

マネジャーは一般の企業ではすっかり「役職名」になっていますが、マネジメントとは本来「機能」をさす言葉です。シンプルに言えば、その機能と役割を果たすことができる人がマネジャーということです。どのような立場・肩書きであっても組織と人を活かして成果を上げる意思と能力がない人はマネジャーとはいえません。ドラッカー教授は著書『マネジメント』（ダイヤモンド社）の中でこう語っています。

「マネジャーを見分ける基準は命令する権限ではない。貢献する責任である」

誰が真のマネジャーであるかということは本来、その責任意識、姿勢、貢献、成果で判断されるべきものであって、決して権限や地位で定義されるものではないということです。もちろん、権限もあり、責任意識も高い人がベストでしょうが、両方有する人は決して多くはありません。大切なのは肩書き以上に責任の方です。自ら組織の成果に貢献しようとする責任意識の高さこそが重要です。

私は、権限ではなく責任こそがマネジャーの本質であるとドラッカー・スクールで学んだおかげで、事業の現場でも、またコンサルティングにおいても、肩書きに惑わされることなく「真のマネジャーたる人間は誰だろう」という見方で組織を見るようになりました。学歴や能力の高い人、仕事ができる人が集まっている組織であっても「マネジャー」の資質を持つ人が存在しないと、驚くほどその組織は上手くいかないものです。当然、自分自身にも「自分は本当にマネジャーとしての仕事ができているか」と厳しく自問し反省することもしばしばでした。

前述のケースで描いた齋藤さんのような人にも現場で沢山出会ってきました。権限や立場で行動・発言するのではなく、組織が目指す最高の成果を生むために自ら主体的に働きかけ、まわりのメンバーの強みを引き出して成果を生んでいく人たちです。たとえ何の権限も持たない若手社員であっても、第一線を退きつつある古参のベテラン社員であっても、「マネジャー」として全体の成果に大きな貢献をしている人も沢山いるのです。

■組織とチームは、「あるもの」ではなく「創るもの」

現代は組織社会です。働き方や組織の形態は日々大きく変わっています。企業に勤めずにフリーランスで仕事をする人や副業を手がける人も増えています。しかし、それでも人が何か成果を上げようとすれば必ず組織やチームの力が不可欠です。そして、ゼロから企業を自分で立ち上げない限りは、多くの場合、組織やチームは入社した会社、配属された部署、仕事の現場に既に存在しています。そのため多くの人が、目の前の組織を「どう整備するか、管理するか」という問いに必死に答えようとしてしまいます。しかし、その努力だけでは期待される成果を上げられません。

ゼロから立ち上げるにせよ、既にあるにせよ、マネジャーに求められるのは「自ら組織を創る」意識です。何人の組織であっても、その組織が本来組織として最も力を発揮できるよう、創造または再創造しなければいけません。

組織を創るために最初に行うべきは、目に見える「箱」「制度」「ドキュメント」などを論理的に整備することではありません。まず目的を共有し、互いに協働する意思を持ち、コミュニケーションするという「本来の組織・チーム」としての条件をしっかり固めることです。

私はよく「満員電車で急病人が出たら」という比喩を使って「組織」と「群衆（単なる人の集まり）」の違いを説明します。言うまでもなく、満員電車で乗り合わせた人たちは、特定の目的を共有しない「群衆（単なる人の集まり）」です。しかし、仮に目の前でご老人が倒れたとしたらどうでしょう。とにかく人命を救助しようという「共通の目的」が生まれます。そして、1人ではどうしようもないので、乗り合わせた人たちと「協働する意思」が生じます。さらに、誰が車掌に連絡する、誰がご老人の荷物を持つといった「コミュニケーション」が発生します。

組織として機能する最も大切な原則は、この、

①共通の目的
②協働する意思
③コミュニケーション

の3点が揃うことです。仮に社屋も社名もなく、正式な社員がいなくてもこの3点が揃えばそれは「単なる人の集まり」ではなく「組織」です。ここでは「チーム」と呼んだ方がより意味やイメージが伝わりやすいかもしれません。

組織・チームが群衆化するリスク

当たり前のことのように聞こえるかもしれませんが、実際の職場はどうでしょうか。「共通の目的」「同僚と協働する意思」「コミュニケーション」はどこまで存在しているでしょうか。前述のケースに書かれたように、同じプロジェクト内、あるいは隣に座っている同僚同士でも「共通の目的」が定まっておらず、部署間・部署内で「協働しよう」という意識も希薄、そして電子メールやメッセージは大量にやり取りされていても本当に互いの意図を伝え合う「コミュニケーション」が不足しているということはないでしょうか。私が頻繁にこの「満員電車の比喩」について話すのは、会社やプロジェクトが知らず知らずのうちに「群衆」化しているリスクに気づいてもらいたいからです。

単に近くに座り、一緒に業務を行っているだけでは「組織」「チーム」とは言えないのです。このアンテナがマネジャーに立っていないと、いかに高邁な理論を持って説明をしても、メンバーはなかなかそれを受け入れません。前述のケースの中で諸橋さんが最初に論理的に整理された資料やルール・制度などを整備しようとしてもメンバーが反応しなかったのは、前述の組織としての3つの条件が揃っていなかったためです。いきなり「目に見える形」を導入する前に、メンバーの感情、想い、目的を引き出すべく十分な対話やコミュニケーションをする場があった方が良かったでしょう。

ドラッカー教授の説く組織の原則論でも、この「目的」「協働」「コミュニケーション」といった基本が強調されています。この原則に着眼することなく、どんなに最先端の手法やツールを導入しても、表向ききれいなプロセスや資料を用意しても、それは組織づくりにはつながりません。多くのマネジャーがそのことに気づかず、つまずいてしまいます。前述のケースではやや極端に書いていますが、諸橋さんと齋藤さんのマネジャーとしての違いはそこにありました。後藤執行役員は事業家のDNAを引き継ぐと言われるリーダーとして、その本質的な違いを認識していたのかもしれません。だからこそ、「組織をいきなり整備・管理するのではなく、まずはメンバーが一つの方向に向いて協力する土壌を創ってほしい」と再三話していたはずです。

ドラッカー教授は60年以上前に書かれた著書『現代の経営』（ダイヤモンド社）の中で次のように語っています。

「組織はチームをつくりあげ、一人ひとりの人の働きを一つにまとめて共同の働きとする。組織にはたらく者は共通の目標のために貢献する。彼らの動きは同じ方向に向けられ、その貢献は隙間なく、摩擦なく、重複なく、一つの全体を生み出すように統合される。事業が成果をあげるには、一つひとつの仕事を事業全体の目標に向けなければならない。仕事は全体の成功に焦点を合わされなければならない」

メンバーそれぞれの個性を発揮しつつ、その一つひとつの仕事を全体の意義ある目的につなげて成果に結びつけていくという、マネジャーの極めて重要な仕事に改めて気づかせてくれる言葉です。私自身、マネジメントの実務で方向性がズレそうなときや、ミーティングで意見がまとまらずに分裂しそうになったときは、この言葉を思い起こし、マネジャーとして最も貢献できるアクションとは何かを考えています

組織はどういう状態で最も力を発揮するのか

組織が最も組織としての力を発揮している状態とはどういう状態なのでしょうか。私は、この分かりそうで分からない問いの答えを長く探していました。そんなとき、『新しい現実』（ダイヤモンド社）に書かれたドラッカー教授の以下の言葉に出会い、大きなヒントを得ることができました。

「マネジメントとは、人にかかわるものである。その機能は人が協働して成果を上げる

ことを可能とし、強みを発揮させ、弱みを無意味なものにすることである」

人が協働して成果を上げるのが組織の特性です。それを実現するのがマネジメントの力です。そのためにマネジメントが目指すものとは、組織の中で人が「強み」を発揮し、他のメンバーと協働することでいつしか「弱み」が目立たなくなる状態にするということです。そのような状態こそ、組織の力を最大限に発揮させている状態と言えます。ちなみに、ここで言う強みとは知識や技能などよりもむしろ、その人特有の資質や性質と言った方が近いかもしれません。

例えば、Aさんは製品知識を身につけて説明することがものすごく得意だが、一方でマーケティング的な考え方や発想が弱いとします。1人で仕事をしていく上では弱みが足かせになりなかなか事が進まない。そこにBさんというメンバーが加わり、逆にAさんが弱みとすることを強みとして仕事をしたとします。それぞれ1人で仕事をしていたときは「制約」「問題」と捉えていた性格や能力が、組織で働くことで全く気にならなくなっている。それどころか、強みの相乗効果で、1人では想像もできなかったことが実現できるようになる。多くの方が「あの組織(チーム)は本当に仕事がしやすかったな」と思うのはこのような組織でしょう。

強みの相乗効果

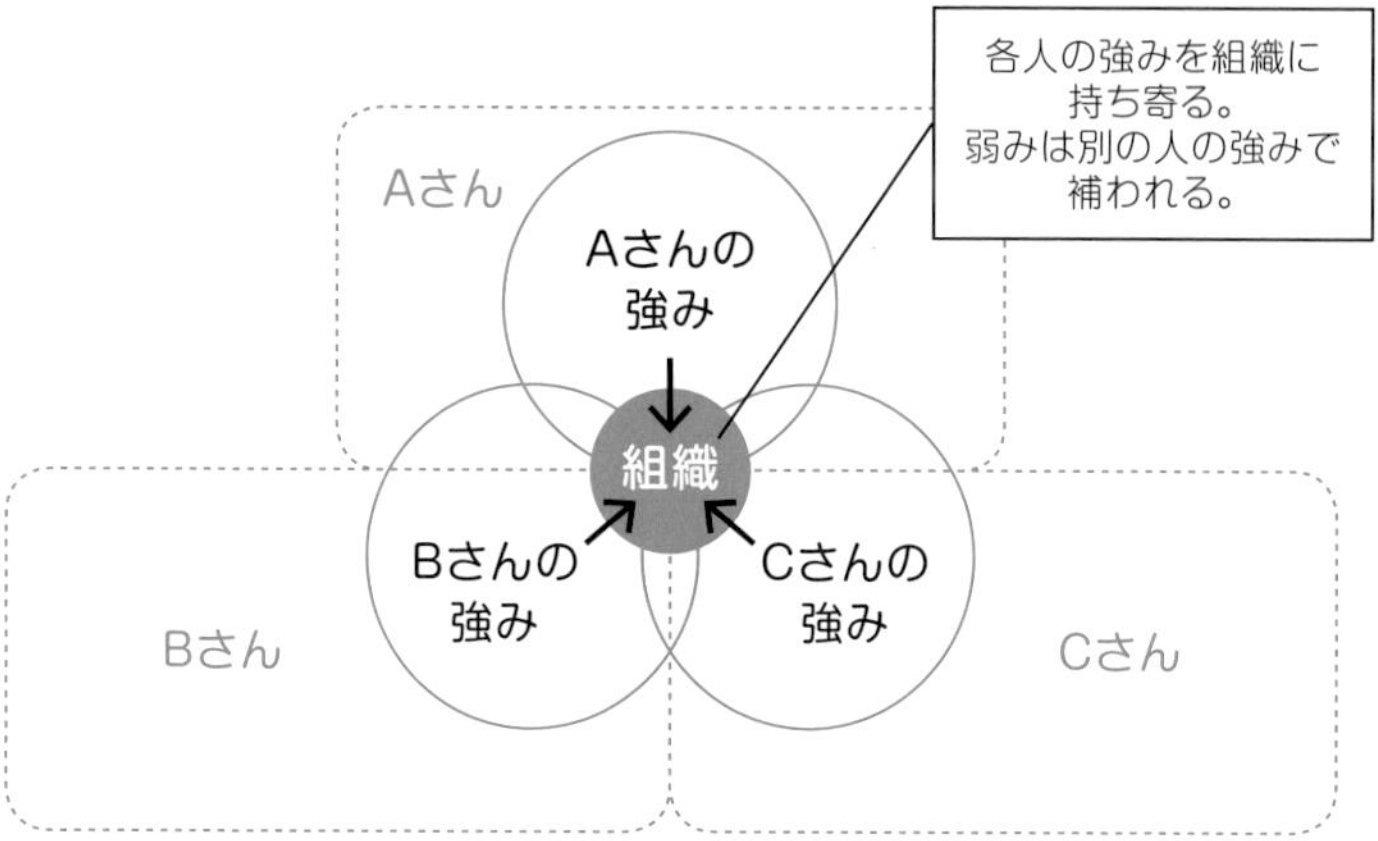

本章のケースで齋藤さんが無意識に実践していたのが、この本来の組織力を高める原則です。触媒としての役割を果たし、メンバーの強みを引き出し、協働と創発を促していました。目的を共有しながら、それぞれの部署やメンバーが持つ最高、最善の強みや資質を表に出し、それを統合していくという姿勢です。

往々にしてマネジメントをしていると人の「弱み」「欠点」に目が行ってしまい、それを修正・改善しようと躍起になってしまいます。前述のケースの中の諸橋さんの方はその思考サイクルにはまりすぎたと言えるかもしれません。強みよりも弱みの是正に意識が向かいすぎてしまい、本来の組織力を引き出せないという状態です。実際には、組織の目的に向かって人々の強みを統合していく方がよっぽどエネルギーを引き出しやすく、軌道にのれば余計な管理はしなくとも猛スピードで組織が生産的に動き始めるものです。齋藤さんは意識こそしていなかったかもしれませんが、結果的にそのような組織とチームが形成されることに貢献していました。

社内の人材に限らず、いわゆるファシリテーターやコンサルタントであっても、この原則に合った貢献ができている人は、組織の力を最大限に引き出す「マネジャー」の機能と役割を果たせていると言えます。逆に、このような原則に基づくことなく、精緻な理論や形式を先に導入しようとしても、それ自体が組織力を強めるエンジンとなることはありません。

■人の強みを活かすことで、なぜ組織は生産的になるのか

ここで再び思い出したいのが、ドラッカー教授のこの言葉です。

「人は強みによって雇われる。弱みによってではない」

当たり前に聞こえるかもしれません。しかし、採用時は「強み」の話がされているのに、

入社すると「弱み」の話ばかりになってしまうのが多くの組織の現実です。「弱みを補強すること、未熟な点を矯正することばかり考えている」という声を多く聞きます。「自分の強み？　入社以来、考えたことがない」と言う方も多いです。これでは、同僚や部下の強みを引き出し、その強みを発揮させる意識にはなりにくいでしょう。

弱みを徹底的につぶすというのは、経済が右肩上がりの時代や、従来の軍隊のように目指すべき目標や水準があらかじめ決まっている状況では有効です。また、業種によっては、危険を避けるために徹底的に問題をつぶしていくことが第一義という場合もあるでしょう。目的、目標、期待水準がある程度分かっている場合、弱みや問題点を徹底的につぶせば、ゴールに到達する可能性が高まるからです。

しかし、現代の多くの企業にとっての事業環境は変化が激しく、多様性に富んでいます。このような環境では人の「強み」こそが独創的な発想や他社が真似しにくい魅力的な商品・サービスにつながります。どのようなイノベーションも、個々のメンバーが持つ感性や専門知識、経験といった「強み」から始まるものです。

「Build on your strength（強みの上に築け）」

これが、ドラッカー教授のマネジメント理論の大前提です。その理論は、人間の強みを最大限に活かした創造的な活動を目指したものであるからです。前述のケースで言えば、齋藤さんのような人材が「なんとかチームで目的を達成したい」と思うときに自然にとる行動は「メンバーが元々持っている強い部分や武器」を引き出すことです。窮地に立てば立つほど、真のマネジャーは強みを引き出すことを主眼に行動します。弱みや問題の解消だけでは理想とするゴールに到達できないことが分かっているからです。

私は、人の強みを活かすことで、組織が活性化する理由は大きく2つあると考えています。

まず1つ目は、社員やメンバーの「貢献意欲」「仕事で目指す水準」が高まるということがあります。『プロフェッショナルの条件』（ダイヤモンド社）にはドラッカー教授の鋭い人間洞察が表現されています。

「強みに焦点を合わせることは、成果を要求することである。『何ができるか』を最初に問わなければ、真に貢献できるものよりも、はるかに低い水準に甘んじざるをえない」

弱みや欠点よりも強みに注目されることで、人の貢献願望は高まり、期待値さえも超える仕事をする可能性が高まります。逆に弱みに注目されると、人は自分が発揮できる能力を低く見積もり、仕事の水準を下げてしまいます。本人にとっても、組織にとっても不幸なことです。

私がポジティブ心理学のコーチング資格を取得したときに講義をしてくれた、ある米国の大学教授が分かりやすい説明をしてくれました。彼はこう言いました。

「例えば航海中の船の底に傷があったとしよう。期日までに目的地に人と物を運ぶというミッションの達成が危ぶまれるようであれば、修復するべきだろう。弱みは目的に対して致命的な傷になると判断したときにだけ修復するべきで、それ以外の傷は大目に見ることだ。目につく問題や欠点を全て修復する時間も余裕も私たちにはないし、それをしたところで意味がない。弱みを補修したところで『プラスマイナスゼロ』、すなわち『問題がない状態になった』に過ぎず、人材を活かして何か新しい価値を生み出したことにはならないのだから」

この話を聞いて、私はドラッカー教授の教えと完全につながると感じました。

2つ目は、メンバー同士がお互いに尊敬・尊重し合い、仕事が生産的になるということです。同僚を弱みや問題を持つ存在ではなく、自分にはない強みを活かして全体の目的に共に貢献し得る存在と見ることで、組織内部に互いに敬意を持つ文化が根づき、協働のサイクルが強化されます。

部下の弱みや欠点を平然と他のメンバーに話すようなマネジャーがいますが、これは論外です。また大勢の前で罵倒したり、叱ったりすることも、そのメンバーの「弱み」「欠点」を大声で公開しているようなものです。私自身、かつて人前できつく部下を叱ってしまったことがありますが、今はとても反省しています。そのメンバーの強みよりも弱みが前に出すぎる状態をつくってしまうと、そのメンバーはまわりからの信頼を得にくくなり、ますます組織内で強みを発揮しにくい状態になるからです。

■「仲の良さ」以上に「リスペクト（敬意）」の関係を

ドラッカー・スクールでも、前述の会計学のマーク・マスード教授が、授業で学生たちをグループプロジェクトに取り組ませるに際し、こう話していました。

「必ずしもメンバー全員とプライベートですごく仲良くする必要はない。ドラッカー・スクールの教授同士も、プライベートでもしょっちゅう会う人もいればそうでない人も当然いる。しかし、少なくとも同僚や仲間に『Respect（敬意）』を持つことは絶対に忘れてはいない。皆も、チームの仲間にRespectを忘れずに、チームで協力してプロジェクトを進めなさい。そうすれば、今は大変でも最後には最高のチームのアウトプットが生まれるから」

会計の教授がこういう話をするのも、またドラッカー・スクールらしいところかもしれません。当時の自分は「Respect」をするというのがどういうことかよく理解できていませんでした。しかし今では、相手の優れたところを探し、そこに注目し、その良さを認めて活かそうとすることがRespectなのだと理解しています。

次ページの図にあるように「人の強み」に基づいたマネジメントをすることで、メンバーが設定する仕事の水準が高まり、メンバー同士の信頼感も醸成されます。結果として、高水準の仕事に、協力的に取り組む組織になる。つまり、組織の生産性が高まるのです。これも、マネジャーがぜひ頭から離さずにいてもらいたい大切な組織づくりの原則です。

■組織の「形」「箱」を変えることが真の組織変革ではない

かつてコンサルティングプロジェクトで支援した大手家電メーカーでは、驚くほど頻繁に組織改編が行われていました。6ヶ月に一回は組織が変わり、企画部で作成した資

強みの上に築け

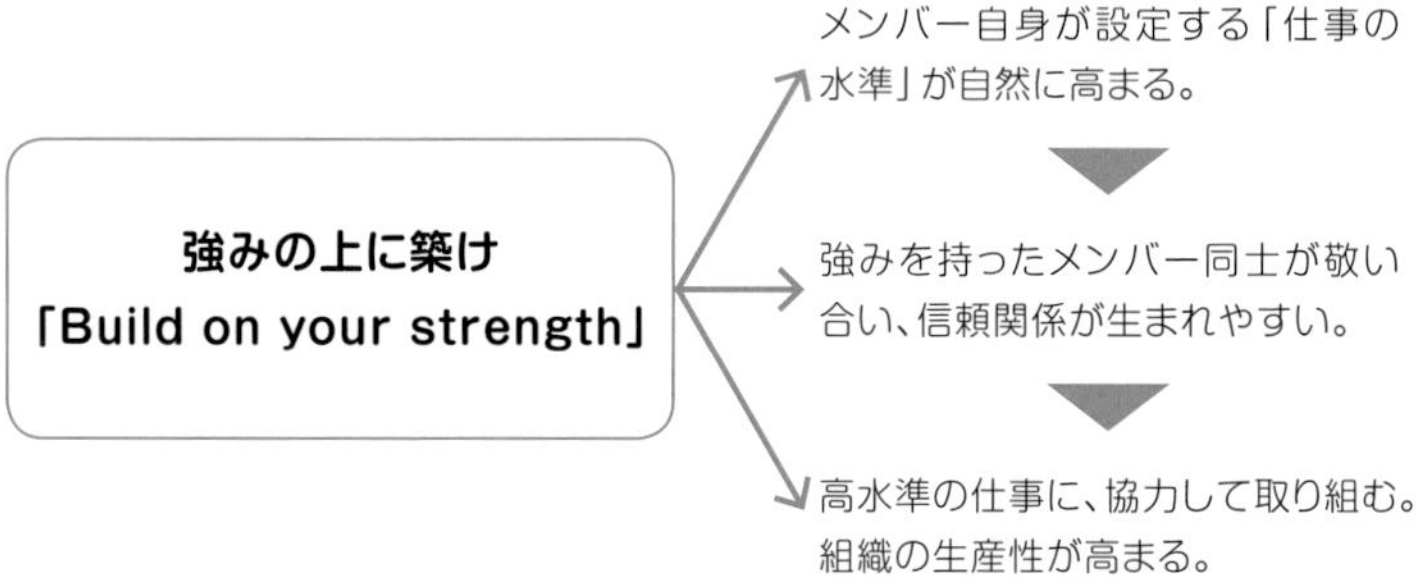

強みの上に築け
「Build on your strength」

メンバー自身が設定する「仕事の水準」が自然に高まる。

強みを持ったメンバー同士が敬い合い、信頼関係が生まれやすい。

高水準の仕事に、協力して取り組む。組織の生産性が高まる。


料も都度作成し直されるような状態です。このメーカーはその後長期的な混迷の時代から抜け出せませんでした。もちろん、組織改編だけが原因ではないはずですが、なかなか組織力を回復できない企業は往々にして「ハード（器）」面の変更に躍起になっているケースが少なくありません。

　まず構造を変える「外科手術」をしようとすることが組織変革時の誘惑でもあり、落とし穴でもあります。前述のケースの諸橋さんが壁にぶつかったときに「組織構造を変える」ことに言及していることも、一般的に追い込まれたマネジャーの心理状態を表しています。組織運営が上手くいかなくなると、組織構造の変更、人員の交代、ルールの強化など目に見える対象を変えることで乗り切ろうとするのはよくあるパターンです。最終的にこれらを変化させることは有効な場合も多いのですが、マネジャーとして最初に向き合うべき仕事ではないはずです。

■マネジャーにしかできない仕事

ドラッカー教授はよくこのように語っていました。

「組織構造自体に手を付けるのは、最後だ」

形を物理的に変える前に、

「そもそも組織の目的や戦略は明快になっているか？」
「ゴールは共有され、メンバーの中で腹落ちされているか？」
「メンバーの思いに耳を傾け、対話するコミュニケーションができているか？」
「人の強みが活かされているか？」

と問わなければいけません。組織は人によって構成されています。器からではなく人間を主体として改革案を考えなければ、早晩壁にぶつかることは自明です。前述のケースの諸橋さんのように組織論に詳しくなることも大いに役立つはずですが、まず大切なのは、人はどうすれば組織の中でいきいきと働けるのかというイメージです。

その実現のために、マネジャーにしかできない大切な仕事があります。ドラッカー教授は、『マネジメント』（ダイヤモンド社）でこう書いています。

「マネジメントには基本的な仕事が五つある。第一に、ヴィジョンと目標を設定する。第二に、組織する。第三に、チームをつくる。そのために動機づけ、コミュニケーションをはかる。第四に、評価する。第五に、自らを含めて人材を育成する」

第2の「組織する」というのは、人をアサインし、役割を明確に与えるということです。第3の「チームをつくる」というのは箱だけを作って終わりではなく、メンバーとコミュニケーションをしてモチベーションを高めることを意味しています。第4は、行った仕事の振り返りを定期的に行うということです。何が上手くいって何が上手くいかなかったのかを一緒に評価することで、人の成長を促せるだけでなく、組織が目指していることを再認識することにもつながります。最後の5つ目が、人材育成です。ポイントは部下の育成だけでなくマネジャー自身が自分の成長にも時間とお金を投資すべきだという考え方です。そして、これらの大前提になるのは、1番目の「ヴィジョンと目標の設定」です。この点なくして、いかなる組織づくりも成り立ちません。これら5つはいずれも目新しいものではないかもしれません。しかし、この5つをじっくり見て考えたときに、「自分は十分にできている」と自信を持って言える人がどれだけいるでしょうか。これら5つこそが、マネジャーだけが実行できる、優れた組織を創るためのマネジャーの重要な仕事です。真剣に取り組むと時間もエネルギーもかかる仕事です。

リップマンブルーメン教授が気づかせてくれた「ホットグループ」の力

ドラッカー・スクールで、私はジーン・リップマンブルーメン教授に「リーダーシップ論」「組織・チーム論」を学びました。その講義を受ける中で、管理ではなく、起業家的・創造的な役割としてのマネジメントについて改めて考えを深めることができました。一般に「マネジメントは管理でリーダーシップは創造だ」といったようにまるで対立概念のように捉える向きもありますが、それは違います。これだけ変化の激しい時代には、現場で奮闘するマネジャーが「これは前例のないことなのでリーダーに任せよう」などという対応はできません。

これまで本書でも書いてきた通り今や「マネジメント」の重要な一側面、一機能として

「リーダーシップ（前例のない課題に対して果敢に意思決定し、進むべき道を示す役割）」があります。また、創造的なマネジメントを実現する具体策としてチームビルディングや組織論があります。これらは全て「人と組織を活かし創造的な成果を上げる」というマネジメントの役割の中でつながっているものです。

リップマンブルーメン教授は、かつて米国のカーター元大統領のアドバイザーも務めたリーダーシップ論の権威です。「コネクティブ・リーダーシップ（つながるリーダーシップ）」という研究テーマで世界的に知られます。教授は20年以上前から、今日の社会問題になっている「分断」について警鐘を鳴らしていました。分断ではなくつながりを促進する「コネクティブ・リーダー」の重要性を、膨大な調査結果とともにいち早く世に示した教授の先見性には驚かされます。リップマンブルーメン教授とは、卒業後15年以上たった今でも頻繁に話し、そのたびにリーダーシップについて新しい気づきをもらっています。

そのリップマンブルーメン教授の講義の中で「ホットグループ（Hot Groups）」というコンセプトが扱われました。これは、崇高な使命と情熱を共有した小組織・チームがミッションに向かって熱中し、邁進し、ミッションを終えるとまた解散する（あるいは形を変える）というように「超」生産的な仕事をしていくメカニズムについて解説した理論です。リップマンブルーメン教授は国家レベルでのリーダーシップについても語る一方で、この「ホットグループ」のようにベンチャー企業や新規事業、プロジェクトで活用されるチーム論についても研究する、非常に懐が深く柔軟性がある教授でした。

この「ホットグループ」は、シカゴ大学からクレアモント大学院大学に移り、ドラッカー・スクールでも教えていたミハイ・チクセントミハイ教授が提唱した「フロー理論」(人間がそのときにしていることに深く没頭・集中することで高い創造力や生産性を発揮している状態のこと)とも近い考え方です。いわば、「ホットグループ」はチームとしての「フロー状態」と言えるかもしれません。精神的なわくわく感、没頭感を共有したメンバーたちが、周囲が驚くほどの成果を生み出す、そんなチームのあり方を示しています。特定のリーダーが指示・命令で率いるのではなく、目的と使命感を共有し、目標に対して強烈にコミットすることで、メンバーが驚くほどのスピードで仕事に取り組み、協力しながら前進していく状態です。

誰にでも「なぜ、あんなにすごいことが、あんなに速く達成できたのだろう」「あのチームで仕事ができて本当に幸せだった」と思えるようなチームに属した経験が一度や二度はあると思います。新事業のプロジェクト、クラブ活動、地域でのボランティアやイベント企画活動など、その形は様々で、程度の差こそあれ、きっとそのような経験があ

ホットグループの特徴

- 「成果・ミッション」至上主義
- 完全な熱中と献身が原動力
- メンバーの能力がストレッチされる
- ひたすら前進が得意
- 小規模・短期間
- 小企業にも大企業にも生まれるが、種をまき、育てることが重要

るはずです。その特別なチームに光を当てたのが、この「ホットグループ」というコンセプトです。

ありそうでなかったこの「ホットグループ」という明快なコンセプトにすっかり魅せられた私は、卒業後、同級生とともに、リップマンブルーメン教授とスタンフォード大学ビジネス・スクールの故ハロルド・J・レヴィット教授の共著書である『Hot Groups』の日本語翻訳版(『最強集団ホットグループ 奇跡の法則』東洋経済新報社、現在は絶版)を共訳者として出版させてもらったほどです。

■「ホットグループ」が創造と変革をリードする

リップマンブルーメン教授はこう言います。

「歴史を切り拓き創ってきたのは、いつの時代も、個人でも確立された組織構造でもなく、ホットグループだった」

なるほど、確かに歴史的な偉業や、会社内の画期的な商品開発も、個々人だけでなされたわけではなく、かといってかっちりと出来上がった「機関」「委員会」などから生まれたわけでもない場合がほとんどです。様々な所属組織から飛び出した人々がミッションに魅せられ、没頭し、協力し合った結果驚くような成果が生まれるということの方が多いでしょう。

事務的に立ち上げられた「委員会」「プロジェクト」と名のつくものが機能しにくいのに、現業を抱えたまま、休憩時間や夜の時間に集まる組織横断的なチームの方が創造的だというケースも少なくありません。確立された組織には人材も、予算も、時間も、道具も、場所も、資料も整備されているのに「熱い思い」だけがないということがよくあります。それとは逆に、「ホットグループ」は、「熱い思い」「情熱」だけしかなくても、人々がアイディアを次々に出し、協力して成果を生み出す。いわば、本当の組織・チームであるための要素が凝縮された究極のスタイルです。

私は、どの組織の中にもこの「ホットグループ性」の復活が必須だと思っています。本章のケースにもありますが、組織図や体制、プロセスなどを明文化し、可視化したとしても、「情熱」「ミッション」という根幹が共有されていないと、生き物としての組織は前進していきません。前例のない革新的なプロジェクトであればあるほど、この「ホットグループ」が無数に組織内に生まれ、躍動する状態が不可欠です。前述のケースの中では、プロジェクトが組織管理面での行き詰まりを見せていたときに、齋藤さんという「ホットグループ」の仕掛人が、無意識且つ自然にプロジェクトの目的やメンバーの情熱という根本的な資源を引き出す役割を果たしました。彼女を中心に、自然に「ホットグループ」が生まれ、プロジェクトが前に動き始めたとも言えます。

私自身がかつての職場で事業開発の責任者として仕事をした際にも、この「ホットグループ」の概念にずいぶん助けられました。私が事業開発を進めていけたのも、新規事業開発部以外からも知恵やアイディアを持ち寄ってくれた仲間たちが「ホットグループ」として機能してくれたからでした(実際に、私の翻訳書を大多数の社員が読んでくれていたこともあり、当時我々は社内で「ホットグループ」と呼ばれ、この呼称は一種のブームのようになっていました)。常に創造が求められる新規事業の現場では、「ホットグループ」の躍動する舞台をいつでも用意し、前向きなエネルギーや情報・アイディアが絶えず循環するようにしておくことが不可欠です。形が完成していない新規事業だからこそ、組織構造や制度を固めるよりも、「ホットグループ」が生まれ、躍動する場を提供し続けることが大切なのです。

■管理統制型？　自由創発型？　理想とする組織のあり方とは

これまでも言及してきたように、組織とは共通の強い目的によって束ねられていることが何よりも重要です。一方で、個々人の働き方や発想はルールで縛るのではなく、できる限り「自己規律」に任せる方が生産的です。

「Management by Objectives and Self Control」（目標と自己規律によるマネジメント）

ドラッカー教授はこれこそがマネジメントの理想形であり哲学であるとよく語っていました。その背景には、ルールによって組織をコントロールするのではなく、マネジャーはまず「目的の共有」によって組織を束ねるものだという考えがあります。しかし、目的が共有されているからといって各々のメンバーがバラバラに自由にやりたいことをやりたいようにやっているだけでは、組織としての強さが生まれてきません。そこで「自己規律」、すなわち自分たちで「何が必要か」「何をしてはいけないか」「どういう点をチームとして律しなければいけないか」ということを自発的に決めて、それを実践していく。このスタイルと秩序を持っている組織が最も強いと言えます。

しかし往々にして、利益が目減りしたり、何らかの問題が発生したりすると、ルールによって組織をコントロールしようという考えが働きやすくなります。読者の皆さんの組織でも業績が低迷したり、不況になったり、何らかの問題が社内で発生すると、途端にルールや縛りが増えるという経験をされている方が多いのではないでしょうか。もちろん、有効なルールもあると思います。しかし、通常はルールや制度を導入し遵守させることは経済的にも、社員の時間的・心理的にも、「コスト」がかかるものです。無闇にルールを導入していては、そのコストを上回る成果を上げることは難しいでしょう。最悪の場合は、コストもかかり、「やらされ感」もある、非生産的な組織になってしまいます。「ルールに従えば、それでいいだろう」というメンバーが自ら考えない組織になってしまう危険性もあります。

前述のケースで登場する諸橋さんも、程度の違いこそあれ、「上手くいかないものは管理・整備することで解決していく」という意識を持っていました。しかし、真のブレークスルーは「ルール」「管理」からは生まれません。目的に対してメンバーの焦点を合わせ、そしてそれに向かい各々のメンバーが自発的にするべきこと、やってはいけないこと、という規律を自ら課していくことが創造的な組織の条件です。

多くの現場で経営者やマネジャーは、「(社員を)ルールで縛るべきか、のびのびやらせるべきか?」という二元論的な問いで迷い悩んでいます。答えは二元論のどちらかにあるわけではありません。「目的を強く共有することで、個々のメンバーが自発的に規律を持って行動できる組織」が目指すべき答えです。

もちろん、会社の経営状況や社員の成熟度によってルールを強化するケースや、逆に自由度を高めるケースなどがあるとも思います。しかしいずれにせよ、組織として最も効果的、生産的、効率的なマネジメント形態は、この「目的と自己規律により統治する」形であることを、マネジャーは意識の中に持つことが大切です。

■「組織変革」の本質とは

私は組織を変革・革新するというのは、「分散され、見えにくくなった『事業の目的』を改めて統合していくプロセス」であると定義しています。組織変革には多様なプロセス理論やコミュニケーション手法が開発されています。これまでも述べてきた通り、これらの手法そのものは精緻に整理されたものが多いです。しかし、組織変革を本当に生きたものにするためには、「事業の目的をもう一度明確にし、その目的への貢献に対しメンバーの焦点を改めて合わせていく」ことの徹底が欠かせません。組織が大きくなったり、業務が複雑になったりする中で見失われがちな根本目的を、改めて統合して1つの目的を確認するということです。

本章のケースで言えば、齋藤さんが無意識のうちに取り組んだことがまさにこの「プロジェクトの目的をもう一度取り戻し、メンバーの視点がそこに向かうようにすること」でした。一方、諸橋さんは個別の策や方法論に依存しすぎたと言えます。

ドラッカー・スクールで私が非常に感銘を受けた教授の1人にリチャード・エルスワース教授がいます。エルスワース教授はハーバード大学からドラッカー・スクールに移ってきた人で、その知性あふれる語り口と優しさがとても印象的な先生でした。エルスワース教授の講義名は「Leading the implementation of strategy（戦略の導入をリードするということ）」でした。戦略を描くだけではなく、その戦略を組織に実際に埋め込み、人の心を束ね実践していくための考え方を学ぶ講義です。

その講義の中でエルスワース教授の著書『Leading with purpose』が使われました。文字通り「目的により組織を率いる」ことの重要性とその方法論について解説した本でした。講義でもその著書を使って様々なディスカッションをしました。戦略を実際に組織内でいきいきと実践していくためには、事業の目的、すなわち社会、顧客、社員、取引先等に対してどのような貢献をしていくのかが明確になっていなくてはなりません。往々にして戦略を描くことに没頭してしまうMBA課程で、改めて目的そのものの事業における活かし方を学べたことは貴重でした。

読む文献やケースも難解で、苦労した講義でしたが、自分にとっては本当に多くの気づきと発見がありました。講義を受けながら、なぜ「目的」が組織をリードする上でそこまで重要なのか、深く考えました。そこで気づいたのは、組織の目的と自分自身の使命感、価値観、情熱、強みなどがリンクして感じられたときに、人間は自発的に細部の問題点の解決や修正を行っていく性質があるということでした。まさに、ドラッカー教授の言うところの「目的と自己規律によるマネジメント」です。だからこそ、組織の目的と、個々人の使命感や価値観を丁寧につなぎ合わせていくこともマネジャーにとって重要な仕事なのです。

エルスワース教授は、人間はそもそも、自分の外にあるものに対して善い貢献をしたいと強く願っているものなのだと言います。その人間が本来抱いている「善い目的への貢献願望」で人材を束ねることで、戦略が迷いなく、自律的に実行され、人間の創造性が引き出され、大きな成果につながります。

組織変革の「方法論」「プロセス論」の細部を詰めるよりも、社員が心躍り、誇りを持って取り組むことができる「目的」を再確認していくことの方が有効です。「この会社の、この事業の使命は？」「この仕事は誰を笑顔にするためのものか？」など、目的を分かりやすく確認していくことが大切です。バラバラになったり見えなくなったりしている目的を改めて統合していけば、社員は自ら、自律的に変革する方向に動いていくものです。

■人のモチベーションを高める最良の方法 ～顧客の創造に参加する喜び～

いかにして部下のモチベーションを高めるべきか。これも、経営者やマネジャーがいつも悩んでいるテーマです。巷では、人のモチベーションを高める様々な手法や方法論が紹介されています。コーチングやコミュニケーションの研修なども社内で数多く開催されているのではないでしょうか。

このモチベーションについて、ドラッカー教授の基本的な考え方は極めてシンプルです。

「部下の仕事の生産性を高めてあげることが、モチベーションを高める最良の方法である」

そもそも、多様な性格や価値観を持つ人間のモチベーションを上げる方法などは簡単には見つかりません。それよりも、部下に任せている仕事が「生産的かどうか」を問うことです。そして、その仕事を生産的にしてあげることで、結果的に働く人のモチベーションは向上していきます。

生産的な仕事とは何でしょうか。私は、「顧客にとっての価値を高める仕事が生産的な仕事」と考えています。目の前の仕事、日々与えられている仕事に、取り組めば取り組むほど顧客やまわりの人が喜んでくれて、会社の業績にも貢献しているという実感が持てるということです。生産的な仕事とは、やればやるほど顧客にとっての価値を生み出す結果につながる、そういう仕事です。こういった仕事ができている人は、間違いなくやりがいにあふれ、その会社を好きになり、上司や仲間と助け合ってさらに改善していきたい、と感じるのではないでしょうか。

逆に、生産的でない仕事とは、時間や手間がかかっているにも拘らず、まわりからやる意味を感じられていない仕事や、目的が曖昧な業務です。ひどい表現ではありますが、最近は「ブルシット・ジョブ（クソどうでもいい仕事）」などと呼ばれることもあります。

もちろん個々人の意識の問題もあるかもしれませんが、そもそもの仕事の設計や割り振りの段階で考慮が足りない場合が多いことも事実です。

優れたマネジャーは、部下に与える仕事そのものにこだわります。本当に成果を上げさせ、仕事の意義を感じさせるために、顧客にとっての価値につながりやすいように仕事を設計するよう工夫しています。決して簡単な仕事を与えるというのではなく、部下のレベルに応じて、困難ではあっても達成可能な、そして達成したときに成長と成果を強く実感できる、そのような仕事を設計して与えるのです。

ドラッカー教授は、モチベーション向上に関する細かい手法に惑わされることなく、「部下の仕事を生産的にする」という原点に立ち返ることを促しています。意義のある目的とつながっていて、まわりの多くの人が喜んでくれたり、購入したりしてくれる、そんな仕事を担当すれば、自ずとモチベーションは高まります。それはもちろんマーケティングや営業やサービスなど顧客と直接接する部門だけではなく、経理、財務、経営企画、人事などスタッフ部門と呼ばれる部署でも同様です。

どのような社員であっても、直接的・間接的に自社の顧客を創造するプロセスに自分も関わりたいと願っているものです。自身の仕事が顧客に喜ばれる価値を生み出していると知ってモチベーションが上がらない社員などいません。難しいモチベーション向上施策を試みる前に、目の前の仕事を本当に生産的に設計して与えているかと考えることの方が大切です。生産的な仕事を設計し割り振ることは、マネジャーが部下に対してできる最大のサポートであり、モチベーション向上策なのです。

■組織の「風土」とは

前述のエルスワース教授同様、ハーバード経営大学院からドラッカー教授を慕ってドラッカー・スクールにやってきたビジェー・サテー教授の人気講義に「Revitalization」という授業がありました。Revitalizationとは、「組織に再び活力を与える」という意味です。組織を再び活性化させるために個々のマネジャーは現場でどのように考え行動することが有効かというテーマを、一人ひとりマネジャーの視点で、教授の実際の教え子たちのケースを使いながら、活発なディスカッションを通じて学んでいくものでした。

ある日、このサテー教授の講義で「組織風土」について扱いました。組織風土や企業風土というのも、よく使われる言葉です。しかし、実は私たちの多くが「組織風土とは何か」について明確な定義を持っていません。サテー教授は、

「組織風土とは、Dominant Logicだ」

と明快に定義しました。Dominant Logicとは、直訳すれば「（組織内で）支配的なものの考え方、行動のしかた」ということです。例えば、売上げの業績が落ちたという同じ現象に対して、「私たちはまだまだやれる、原因を探求して再チャレンジしよう」と反応する組織もあれば、「あの部署や上司にこういう問題があるから、これ以上売上げなんて伸びないよね」と捉える組織もあります。組織内には、結果に対する社員の反応を生み出している、あるいは結果そのものを生み出している「その組織特有のロジック（論理）」があります。もちろん、同じ組織にいても個々の社員によって考え方は異なるはずですが、その組織全体的に「支配的な考え方のクセ」があるのは事実でしょう。それこそが組織風土です。「組織内で暗黙のうちに共有されている思考、行動様式」とも言えます。組織風土とはよく誤解されるような「雰囲気」「空気」というよりも、ある程度論理的に解明できるものです。風土を客観視する努力をして、初めてその変革に着手できます。

どうすれば組織風土を変革できるか

サテー教授は「組織風土、すなわちDominant Logicを変えていくためには、深い対話により、それが生まれたRoot Cause（根っこにある原因）を探り当ててその部分を溶かして新しいものに変えていくことが必要だ」と強調します。

組織風土とは、その組織特有の論理

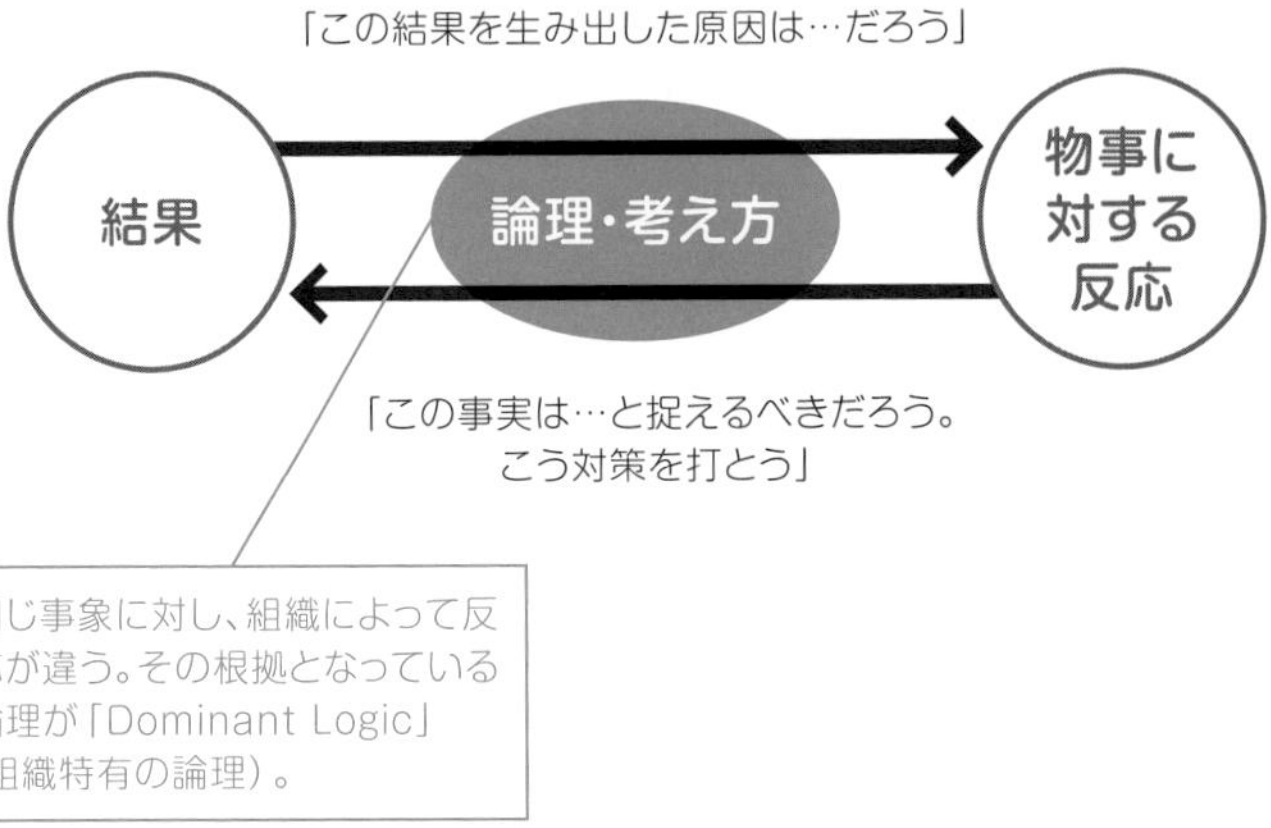
「この結果を生み出した原因は…だろう」
結果
論理・考え方
物事に対する反応
「この事実は…と捉えるべきだろう。こう対策を打とう」
同じ事象に対し、組織によって反応が違う。その根拠となっている論理が「Dominant Logic」(組織特有の論理)。

Root Causeは、組織の歴史が古く、固定的なメンバーで長く運営されている場合はとりわけ太く頑強なものになっています。だからこそ、その根っこを変えていくためには、性急に議論を進めるよりも、深い対話が必要になります。対話を続けながら根っこをつかまえていかなくてはいけません。風土を変えるとは、新しい目的に照らし、組織を支配している古い考え、行動様式の根っこを変えていく営みなのです。

この組織風土とDominant Logicが構成される「背景」について、サテー教授は木のイラストを描いて詳しくスライドで説明してくれました。

「組織風土」が生まれる背景

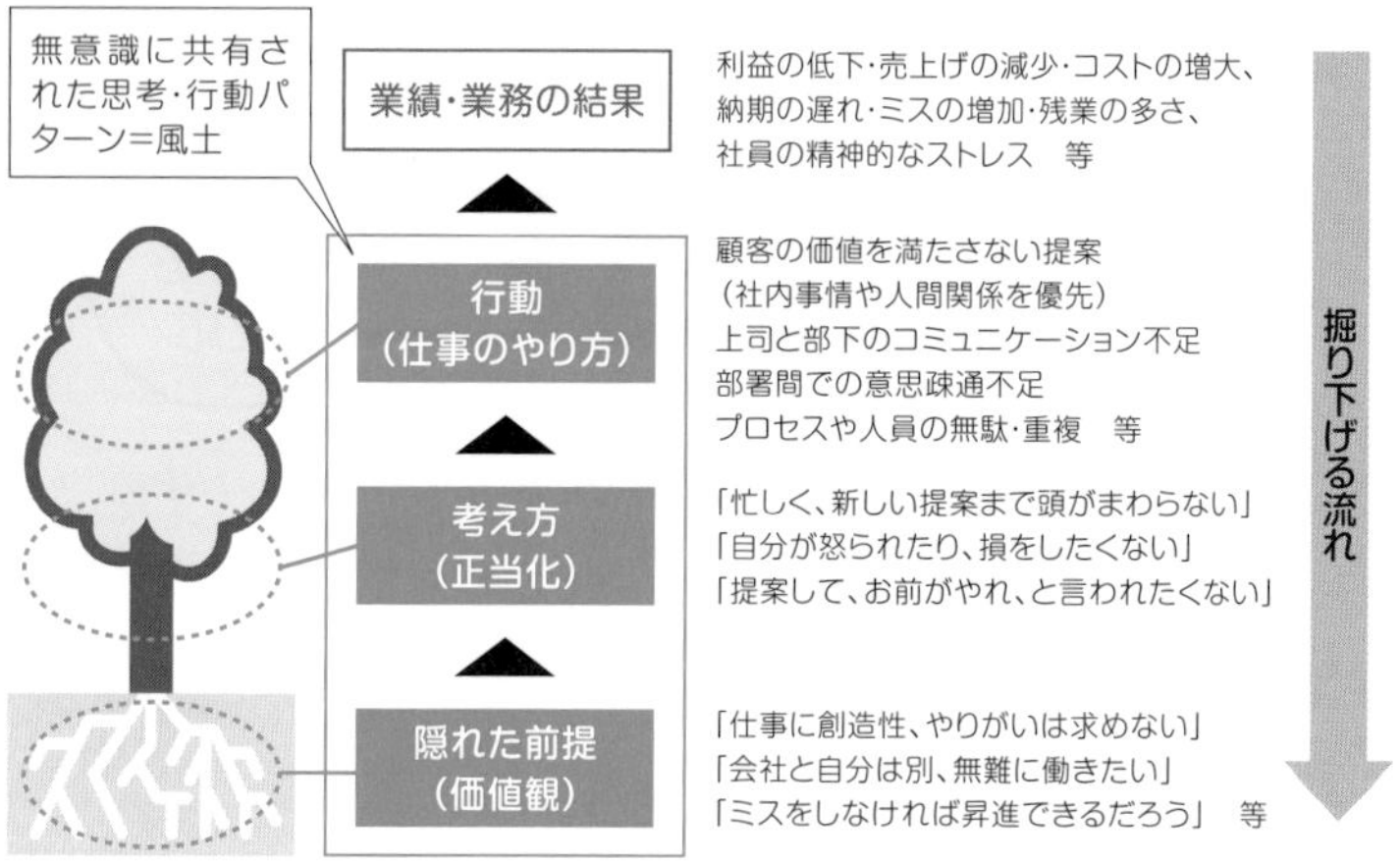

無意識に共有された思考・行動パターン＝風土
業績・業務の結果
利益の低下・売上げの減少・コストの増大、納期の遅れ・ミスの増加・残業の多さ、社員の精神的なストレス　等
行動（仕事のやり方）
顧客の価値を満たさない提案（社内事情や人間関係を優先）
上司と部下のコミュニケーション不足
部署間での意思疎通不足
プロセスや人員の無駄・重複　等
考え方（正当化）
「忙しく、新しい提案まで頭がまわらない」
「自分が怒られたり、損をしたくない」
「提案して、お前がやれ、と言われたくない」
隠れた前提（価値観）
「仕事に創造性、やりがいは求めない」
「会社と自分は別、無難に働きたい」
「ミスをしなければ昇進できるだろう」　等
掘り下げる流れ

組織内、チーム内で歴史的に積み上げてきた何らかの隠れた前提がその組織特有の考え方を生み、それが行動につながり、業績や業務の結果に影響を与えています。もちろん、このDominant Logic、Root Causeが有効で良い業績を生み出している場合もあります。時代の流れや市場の環境、自社の事業目的に合っている場合は有効です。しかしそうでない場合、古くなり悪影響を及ぼしている場合には、Root Causeまで降りていき、その変革に努めなければいけません。

また、これらは業務や業績の話と決して切り離してはいけません。事業の目的とかけ離れた組織風土改革は単なる人間性や性格の否定論や感情論に陥る危険性があります。風土はあくまで事業の成果を高めるために変革すべきものです。業務上で起きている具体的な課題や問題を明確に定義して、「なぜ?」「なぜ?」とメンバー同士で深掘りしていくことで、それを生み出した行動、その前提となっていた考え方、さらに隠れていた前提、という根っこにまでたどりつけます。時間はかかりますが、「根っこ」をつかまえて有効なものに変えることができれば、組織にとっては計り知れないメリットを生み出してくれます。

前述のエルスワース教授の講義は、私にトップマネジメントの視点で「目的と使命によって組織をリードしていく」という考え方を、一方、サテー教授は「現場の人々の考え方、行動のしかた、それを生み出している組織風土」の見方を教えてくれました。この両講義を同時に受講すると、それぞれの要点が最後にぴたっと一致するような感覚を持ちました。それは一言で言えば、わくわくするような事業の目的と、個々人の仕事、行動のしかた、考え方を一致させていく点に、組織の真の成功があるということです。「結局、最後はこのように2つの講義の内容がつながるのだな」とクラスメイトたちと話したことを憶えています。

人の働きがいを高めるマネジメント

ドラッカー・スクールで学んだ、「組織とチームが成果を上げる」ための大切なマネジメント原則についてここまで書いてきました。モチベーションや組織風土など、多くの方が気になっているテーマについても触れてきました。

「何を目的、使命としてどのような事業をしていきたいと強く願っているか」
「その目的のために仕事を通じて人の資質や強みをどう引き出し、最大化できるか」
「自律的・自発的に考え、話し合い、協力し合う環境や風土をどのように築くか」

という根源的な問いが重要であることをご理解いただけたかと思います。いわゆる組織論的な方法論や理論に依存しすぎるのではなく、まずはこれらのシンプル且つ重要な組織に関する問いに明快に答えを出すことが大切です。

私はよく、コンサルティングや研修の場で、「これまで所属した組織で最も働きがい、やりがいを感じた組織は何だったか。また、その理由は何か」という問いかけをします。ご自身が経験した「働きがいのある組織像」を眠っている記憶から呼び起こすことで、マネジメントの重要な原則に自ら気づくことができるからです。

このような問いかけに対し、皆さん、いろいろな組織の思い出を語られます。これまでの職場、学校、地域コミュニティなどテーマは様々です。しかし、その「やりがい」

「マネジメント」の成功条件

働きがい、やりがいの高い組織の条件

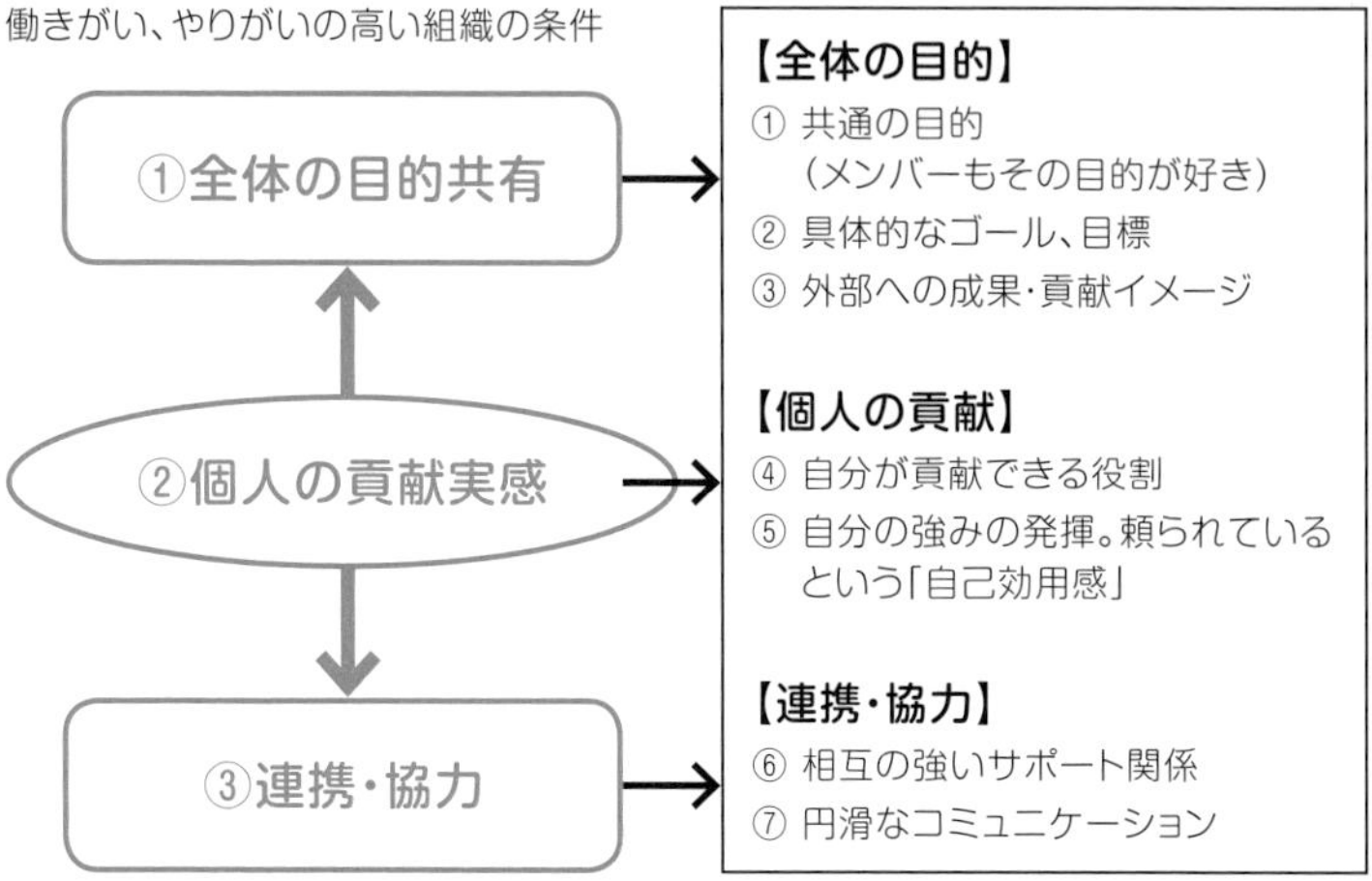

「働きがい」の根拠となっていたことは、大きく以下の3点に集約されます。

①「全体の目的や目標が共有されていた」

②「個々人の強み、役割、貢献が認識されていた」

③「チーム内でのコミュニケーションや協力が円滑だった」

目的の共有だけでも足りません。これはとても大切なことですが、個々人が、

「自分が確かにこの組織で貢献できている。強みを発揮できている。頼られている」

と思えることが必要です。この「個」に対する視点はマネジャーが意外に見落としやすいので注意が必要です。「目的と目標はしっかり共有したはずだ」で終わるのではなく、個々人の目標と組織の目標をしっかりリンクさせることで、「組織の目標」から「自分自身も追いかけたい目標」に変化します。

3つ目のコミュニケーションと協力関係については、単に会話ややり取りが多いという意味ではありません。Googleの研究でよく知られるようになった「心理的安全性」(他者の反応を心配したり恐れたりすることなく、自然体の自分をさらけ出せるチーム状態や関係性のこと)が不可欠です。例えば、「物事の決定に際して、しっかり対話し、意図を伝え合える関係がある」「子供の急な発熱で出勤できなくなったときにも連絡を入れやすい」「仕事で困ったことがあったらすぐにチームメンバーに相談できる」など、メンバーがその職場に安心感を感じることができれば、心理的安全性が高い職場と言えます。

この3つの視点でご自身の組織をチェックし改善するだけで、組織の生産性やメンバーの働きがいは大きく変わってくるはずです。

■真摯さ　～マネジャーに不可欠な資質～

ドラッカー教授は、マネジャーにとって「真摯さ」が何より大切だと言います。著書『マネジメント』（ダイヤモンド社）にはこう書かれています。

「マネジャーは人という特殊な資源と共に仕事をする。人は、ともに働く者に特別の資質を要求する。人を管理する能力、議長役や面接の能力を学ぶことはできる。管理体制、昇進制度、報奨制度を通じて人材開発に有効な方策を講ずることもできる。だがそれだけでは十分ではない。根本的な資質が必要である。真摯さである」

この「真摯さ」という言葉はドラッカー教授のマネジメント論の中でも根幹をなす重要なテーマです。同書の中で「真摯さなくして組織なし」とまで断言しているドラッカー教授は、「真摯さの定義は難しい」としつつも、真摯さに欠けると判断できる、すなわちマネジャーとして失格だと言える人物像について具体的に5つの点を紹介しています。このくだりは、組織の現場を見ていると本当にその通りだと実感することが多いです。私自身の自戒のためにも、少し長いですが引用します。

「真摯さの定義は難しい。だがマネジャーとして失格とすべき真摯さの欠如を定義することは難しくない。

1. 強みよりも弱みに目を向ける者をマネジャーに任命してはならない。できないことに気づいても、できることに目のいかない者は、やがて組織の精神を低下させる。
2. 何が正しいかよりも、誰が正しいかに関心を持つ者をマネジャーに任命してはならない。仕事よりも人を重視することは、一種の堕落であり、やがては組織全体を堕落させる。
3. 真摯さよりも頭の良さを重視する者をマネジャーに任命してはならない。そのような者は人として未熟であって、しかもその未熟さは通常なおらない。
4. 部下に脅威を感じる者を昇進させてはならない。そのような者は人間として弱い。
5. 自らの仕事に高い基準を設定しない者もマネジャーに任命してはならない。そのような者をマネジャーにすることは、やがてマネジメントと仕事に対するあなどりを生む。

知識もさしてなく、仕事ぶりもお粗末であって判断力や行動力が欠如していても、マネジャーとして無害なことがある。しかし、いかに知識があり、聡明であって上手に仕事をこなしても、真摯さに欠けていては組織を破壊する。組織にとってもっとも重要な資源である人間を破壊する。組織の精神を損ない、業績を低下させる」

皆さんの組織にいるマネジャーは、あるいは、皆さん自身はいかがでしょうか。ドラッカー教授の思いがとりわけ込められたこの「真摯さ」のくだりは、心なしか語調も強くなっている気がします。それだけ、重要なメッセージだということです。

「真摯さ」の定義が難しいと多くのマネジャーが言われます。しかし、それは頭で考えすぎなのかもしれません。私たちの身近にいる人で「この人は真摯な人だな。信頼できる人だな」と思える人がきっといるはずです。逆に、どんなに優秀で頭脳明晰であっても真摯さを感じない人もいるでしょう。「真摯さ」という言葉から受け取る自分の感覚を大切にすると良いと思います。もちろん、「自分は真摯であるだろうか」と常に自問することも忘れてはいけません。

人格の一貫性、高潔さ、清廉さ、誠実さを表す「Integrity」という英語を「真摯さ」と訳したのは翻訳者の故・上田惇生先生です。この真摯さという訳自体には賛否両論がありました。しかし、私自身は素晴らしい訳だと思います。私たち日本人にとって、この「真摯さ」という言葉を聞けば、ドラッカー教授が伝えたかった「Integrity」の意味が伝わるような気がするからです。

■真のリーダーシップとは

ドラッカー教授は、

「リーダーの最も基本的な条件とはフォロワーがいることだ」

と言います。肩書きがあるからリーダーなのではなく、信頼して支えてくれる人（フォロワー）がいることがリーダーの最低限の条件だということです。では、信頼するとはどういうことでしょうか。

『未来企業』（ダイヤモンド社）の中で、ドラッカー教授はこう語ります。

「信頼するということは、リーダーを好きになることではない。常に同意できることでもない。リーダーの言うことが真意であると確信を持てることである。それは、真摯さという誠に古くさいものに対する確信である」

リーダーを好きになるとか、リーダーと仲が良いとかいうことが信頼の条件になるわけではありません。セルフマネジメントの章でもお伝えした通り、リーダーが自分自身の真意を自分の言葉で語り、伝えることで、「この人は嘘がなく、信頼できる人だ」という信頼感が生まれます。たとえそのときには同意・賛同ができなかったとしても「あの人は率直に、勇気を持って、大切なメッセージを発してくれる」という人は信頼できるという感覚は私たちも普段から無意識に感じていることかもしれません。それは、前述の「真摯さ」というマネジャーにとって不可欠な資質ともつながっています。

資料に書いて、きれいなフォーマットで印刷すれば相手に伝わるわけではありません。本章のケースでも描かれていた通り、繰り返し、自分の言葉で情熱や目的を語り合う場を増やすことで徐々に目的が合ってきます。最初から完全に一致していなくても構いません。意見の一致を目的にしすぎると、対話に対して及び腰になってしまいます。場が繰り返されて一致度合いが高まってくれば、そのまま組織の力につながっていきます。リーダーシップを発揮して組織をより良く創り直していくことは、人間だからこそできる、そういった地道なプロセスの連続なのだと思います。

前述のジーン・リップマンブルーメン教授は、「リーダーシップとは、共に働く人たちに人生の意味を気づかせてあげることだ」と言います。一緒に働いている人たちの目線を問題、制約、弱み、分断に向かわせるのではなく、大きな目的、やりがい、生きがい、幸福の方に向けさせていくことがリーダーシップの本質だというわけです。

本章冒頭のケースに登場した齋藤さんが発揮したリーダーシップもまさにそのようなものでした。指示・命令する権限がなくても、管理職としての役職がなくても、仕事の意義と使命を再確認していくことで、組織は息を吹き返します。その結果、そこにいる一人ひとりが仕事を通じて生きる意味を見いだすことができるようになります。

組織とチームのマネジメント原則を知ることで、誰もがリーダーシップを発揮することができます。数多くの「名もない」リーダーが現場で活躍することで、同じ組織でも全く違うパフォーマンスを発揮する組織へと生まれ変わります。人間の持つ無限の可能性を引き出すには、実はシンプルな原則を愚直に徹底していくことこそが成功の鍵なのです。

第7章

Chapter 7

情報技術とコミュニケーションについて、本当に大切なこと

MBA課程において、IT、すなわちInformation Technology（情報技術）は必修科目の一つです。私が米国に留学した2002〜2004年は特にITの進歩が目覚ましく、その可能性はまさに無限であるという期待が広がっていました。

ドラッカー・スクールが所属するクレアモント大学院大学でも情報技術系のイベントや講座が数多く開催され、西海岸で活躍するIT系企業の経営幹部や成功しているスタートアップ企業の経営者が講演に来てくれることがたびたびありました。まさに国全体がITという大きなチャンスの波に乗っている絶頂期でした。

しかし、当時ドラッカー・スクールで私が受けた「Information Science（情報科学）」の講義を担当したサミュール・チャタジー教授は、テクノロジーそのものに過度に関心が行きすぎることに警鐘を鳴らしていました。教授は、ソフトウェア設計やネットワーク理論の専門家として様々な賞を受賞しています。情報技術の専門家であるチャタジー教授が、講義では頻繁にドラッカー教授の言葉も引用しながら、学生に次のように問いかけていたのを憶えています。

「この情報システムインフラと、この会社の成長戦略とはどのようにつながるか？」
「この情報システムは、『マネジメント』の観点からどのような有効性があると思うか？」

「情報システムが本当に活かされるために、マネジャーはどういった点に留意してマネジメントをするべきか?」

どんなに高機能で優れた情報システムであっても、「マネジメント」や「戦略」の観点から評価・活用しなければ意味がありません。IT自体が経営やマネジメントの主体者になることはなく、あくまで人間が主体です。ITという経営を強力に支援する道具をどれだけ使っても、人間の「手触り感」を失ったビジネスは必ずどこかで暴走し、顧客からの支持を失います。

さらに、誤って導入されれば効果がないどころか、多大な損失やダメージを組織に与えてしまうリスクがあるのが情報システムです。チャタジー教授は、ITの専門家でありながら、経営の視点からITという道具を見極め、組織の目的に照らして最大限有効に活用する方法論を学生に示そうとしていました。

情報システムは探求すればするほど「経営」「マネジメント」というテーマと密接につながっていることが分かります。それが、経営上不可欠な資源である「情報」の触媒であり、組織内のコミュニケーション・意思疎通に大きな影響を与えるものであるからです。あまり知られていませんが、ドラッカー教授の著書にも情報技術やコミュニケーションの本質について書かれている箇所が数多くあります。教授は、技術とそれを自在に扱う技術者の重要性を強く認めながらも「マネジメント」の観点で検証・判断することの必要性を主張します。本書で述べてきた通り、マネジメントとは事業の使命や顧客にとっての価値を定義し、その目的に向かい人がいきいきと、自律的に、生産的に、協働しながら成果を上げていくための方法論です。このマネジメントの考え方の中で、情報システムという有効なツールをどう「活かす」かがポイントになります。「このシステムを導入することで、このように顧客価値、顧客満足度を高めたい」「このシステムにより、社員の自律性をこのように高めたい」という意図の共有こそが大切です。

IT以前に、組織内で健全なコミュニケーションの土壌ができているかどうかも注意が必要です。心理的安全性の高い環境で、円滑にコミュニケーションできる関係性の土壌が耕されていなければ、情報システムを導入しても期待する効果は得られません。社内で情報共有システムやアプリケーションを導入してもなかなか活用されないという組織は、「IT以前に、我々はそもそも互いにコミュニケーションをとる目的と意思を共有できているか」を問うべきです。同僚に顧客情報を開示したくないから営業支援システムに入力したくないといった組織はその典型です。

逆にITがなくても普段から活発に意見がかわされるような組織は、情報システムの導入によりさらにコミュニケーションの量・質・スピードが向上し、仕事が生産的になります。これは私が情報システムの導入やコンサルティングに関わり、様々なプロジェクトを見た中で確信したことです。

マネジメントの役割を担う人であれば誰にとっても重要なテーマである、この「コミュニケーション」についても、ドラッカー教授は実践的なヒントを私たちに伝えてくれています。あまり知られることのない「コミュニケーション」についてドラッカー教授が伝えたかった重要なマネジメント原則も本章の後半でじっくりお伝えします。

ドラッカー・スクールの私の同窓生にも、日本の大企業でＩＴを活用した大規模なプロジェクトを手がけ国内外を飛び回って活躍している友人がいます。昨今は特に、シリコンバレーやＬＡのＩＴ企業に就職し活躍している卒業生も多いと聞きますし、Netflixなどユニークな人材活用で知られる人気企業の経営層にもドラッカー・スクール卒業生がいます。本章は、日本またはクレアモントでの卒業生同士の集まりで彼らと語り合ったこと、そして自分自身がＩＴ業界で経験したことなども織り交ぜて書いています。

組織をより良く、より強くするＩＴとは一体何か。マネジャーはＩＴとコミュニケーションという課題にどのような意識で取り組むべきか。一緒に考え、答えを探っていきましょう。

CASE

会社を強くする情報システムとは

創業45年の歴史を持つ中堅卸・流通企業のD社。社員数は1600人で東証二部に上場しています。創業以来、自然食品の卸売りや、業界に先駆けての通信販売、店舗での直接販売などが奏功し、順調に業績を伸ばしてきました。しかし、2000年以降、インターネットの普及で、食品関連のEコマースサイトやネットと連携した直営店舗運営などが急増したこともありD社の売上げの伸びは鈍化し、粗利率、営業利益率ともに減少傾向です。特に、この3年は利益率が著しく低下しています。

現社長の長谷川昇氏は、47歳で、創業者の甥にあたります。大手都銀の営業職として経験を積んだ後、35歳のときにD社に入社し、持ち前の営業力を評価され4年前に43歳の若さで社長に就任しました。しかし、近年の苦境の中で「次の一手」を懸命に模索する日々です。

「情報化社会を制することがこれからの流通・小売りの生きる道だ」

長谷川社長はことあるごとにこう話します。業界を取り巻く技術環境の急激な変化を誰よりも実感していて、いち早く優れた情報システムを構築することがこれからの事業成長に不可欠だと確信しています。

2014年4月、D社では、社長のトップダウンのもと、約3億円の開発予算を組み、情報システムの刷新プロジェクトをスタートさせました。開発期間は1年半。業務基幹システムからWebサイト、マーケティング・顧客管理システム、営業情報管理システムまで全てを刷新します。さすがに独立性の強い物流・在庫管理システム等は今回の範囲からは除外されましたが、ほぼ全社業務にまたがる大規模なシステム開発プロジェクトになります。

早速、システム企画・開発プロジェクトチームが社内で編成されました。主に情報システム部門のメンバー、経営管理部門のメンバー、事業部門の代表者などからなる約15人の体制です。

情報システム部門のマネジャーである入社15目の志村さんが、このプロジェクトのリーダーに任命されました。上司である執行役員情報システム部長の藤代さんがプロジェクト全体を統括するポジションにあり、社長がこのプロジェクトのオーナーです。

「とにかくスピードが最優先だ。まずは開発コストのことは気にせず、必要な機能を徹底して洗い出し、集約してほしい」

社長はこう告げます。プロジェクトチームは、定石通り、「RFI（Request For Information＝情報依頼書）」「RFP（Request For Proposal＝提案依頼書）」を作成し、システム開発委託業者を選定する作業に入りました。複数の情報システム会社（ベンダー）から提案書が出され、コンペティションが行われます。

結果、コスト的には決して安くはない大手システム開発会社I社が選定されました。選定の理由は、これまで業務基幹系システムを数多く手がけてきた実績と、同社の財務的な安定性でした。開発したシステムの保守の持続性を考えると、財務的な安定性は重要なベンダー選定基準となります。さらに、同社が開発した業務管理パッケージシステムの多くの機能がそのまま活用可能と見込まれることも大きな要因でした。既存のパッケージ機能を活用できれば、開発期間やコストを大幅に縮減できます。

I社の提案書には、「時代の最先端を行くBusiness Intelligenceシステム」「Digital Transformationを加速する」「ITの力で経営革新を」といった言葉が躍っていました。長谷川社長には、これらのコンセプトも強く響いたようです。提案を境に、社長自身の口からも頻繁にこれらの言葉が語られるようになりました。

7月から10月の3ヶ月半で、I社のシステムエンジニア（SE）とコンサルタント3人を加えたプロジェクトチームで業務要件とシステムの基本機能要件をまとめていくスケジュールです。プロジェクトの「スコープ」（範囲）が広いため、意見の集約が難航します。プロジェクトリーダーの志村さんは、これまでの部分的な業務システム開発とは全く異なる、全社システム要件取りまとめの難しさを痛感していました。

まず何より、要件を定義する際の「目線」「基準」がなかなか合いません。社長がプロジェクトのオーナーであるとはいえ、多忙で検討会議には殆ど出席できません。社長本人も、「システムそのものについては専門外なので、詳しい人たちに任せたい」と明言しています。

そのような状況で、一つ一つの要件に何らかの「結論」を出していくことは本当に難しいものです。例えば、マーケティング部門や営業部門が求める顧客関係管理（いわゆるＣＲＭ＝Customer Relationship Management）機能はかなり複雑であり、パッケージ機能の範囲では収まりません。既存の業務で入力している情報全てを新システムへ統合することへの強いこだわりが要件をますます複雑にしていました。さらに、ＷｅｂサイトやＥＣサイトの機能についても、「競合他社が利用している機能は必須」という前提で、検索エンジンのマーケティング機能や各種分析・解析機能への要望が「盛り沢山」に出されました。

営業部門の求める営業情報管理システムも同様に、機能要件があまりに多くなかなかまとまりません。「営業担当者は、システムになど入力したがらない。それでも会社が求めている情報を吸い上げたいのであれば、我々が手間をかけずに情報を入力・集計できる機能がどうしても必要です」と、営業部門から派遣されているメンバーは引きません。さらに、営業部門の中でも各部、各チームで別々のシステムやアプリケーションソフトを活用しているため、それらを全て統合してほしいという要求も出てきました。「営業メンバーが納得して使える利便性が必要だから」というのがその理由です。営業部門の取りまとめ役として本プロジェクトに参加しているメンバー自身、声の大きい現場営業担当者たちとの間の「板ばさみ」で疲れきっているようにも見えます。

さらに、経営管理業務機能の設計はますます混迷を極めます。管理サイドはとにかく「性悪説」で社員を見る傾向が強いものです。「この機能を操作されないように」「この情報を権限のないメンバーが閲覧できないように」「誤入力がないように」といったアラート、セキュリティ関連機能だけでも膨大な数になります。さらに、データの入力漏れなどがあった場合には速やかに督促メッセージが現場に送られる機能や、それらのデータ不備に対しては上長に即時にメールが飛ぶ機能なども要望として出されています。管理部門と営業部門の間では元々コミュニケーションが円滑にとられていないこともあり、とりわけその「穴埋め」機能には強いこだわりがあるようです。これも機能がますます複雑になる一因となっています。

志村さんは、膨大な業務要件をヒアリングしながら、違和感を感じていました。そもそもその業務のやり方や部署間のコミュニケーションのあり方が話し合われないまま「現状」の業務、課題、問題がそのままシステム要件に乗ってくる気がしたからです。「これで良いのだろうか。全社や経営の視点で議論をせずに、部分最適で個々の部署のニーズを優先的に取り入れてしまって本当に良いのか」と、志村さんの悩みはますます深まります。

しかし、プロジェクトは待ってくれません。志村さんは手早くエクセルシートに要件や機能案をまとめていきます。概算開発コスト見積もりを発表する10月の役員会はあと1ヶ月後に迫っています。機能要件を分類し、さらに優先順位分けをする作業にも追われます。ただし、この優先順位づけにも明快な基準はありません。各部門、あるいは声の大きい個人の要望が一人歩きし、優先度が上がるような状況も志村さんは気になっていました。

志村さん自身の精神的な疲労もピークに達していました。これまでハードなプロジェクトを数多くこなしてきましたし、それでも何とか予算内で開発を終えることで評価されてきました。しかし、今回の全社にまたがる情報システム開発の要件定義には全く次元が違うストレスがあります。それは「何も後ろ盾になる基準がない」という、いわば枠を持たない議論によるものでした。志村さんは要件を取りまとめる中で何度も、

「それは本当に当社の経営に必要なシステムですか？」

「上長がきちんとマネジメントできれば、必要のない機能ではないですか？」

といった問題提起をしてきました。しかし、プロジェクトメンバーからは「スタッフ部門の人には分からないと思いますが、これが現場の現実で切実なニーズです」といっ

た回答でかわされてしまいます。

システム開発会社のI社から参加している経験豊富なSEにも再三相談をしました。しかし、彼らの対応も、その要件の要否自体を深く検討することよりも「こういう仕様にすれば可能です」「こういう機能に少し変更を加えれば、その要求は実現できます」といったものばかりでした。仕事柄当然かもしれませんが、システムを開発することが前提になっています。それが「問題解決の方法」なのだと熱く語る彼らに対しても、志村さんはどこか冷めたものを感じ始めていました。

結果、当初想定していたパッケージシステムの機能は、ほぼ原型をとどめないほどの「カスタマイズ」（手直し）が必要となりました。開発予算も、想定を大幅に超え、4億円に迫る見込みです。

志村さんは上司である情報システム部長の藤代さんに「必要機能を選定する基準や優先順位を明確にし直して、改めて精査した方が良いのではないですか？」と相談をもちかけました。しかし、藤代部長の答えはそっけないものでした。「社長から予算のことはまずは気にするなと言われているだろ。このままで役員会に提示しよう。各部門の要望を調整する時間はないし、労力をさく余裕もないよ」という一点張りです。

志村さんは釈然としない中、10月の役員会での報告の場を迎えました。詳細な説明をする時間はありません。「マネジメントサマリー」と題した数ページの資料に、I社が作成したシステム全体構成図、新業務フローイメージ図、業務要件・機能要件がきれいにまとめられています。全体的なことは藤代部長が、そして個別の要件と開発予算額については志村さんが説明しました。

開発予算は約4億円にまで増えていますが、開発期間はほぼ予定通りのスケジュールで収めるという内容です。さすがにコストや機能の要否については、細かい質問が役員から出されます。藤代部長と志村さんは議論の経緯を都度説明しました。各部門から出された機能要望やその根拠に対して、その部署を管轄する役員から「ああ、確かにそれは必要だろうな」といった同調の声が発せられます。

結果的に、会議室内の雰囲気は、この開発予算でプロジェクトをスタートさせていく方向に流れていました。長谷川社長も「必要な機能は開発するしかないだろうな」と言います。

話がまとまりかけたように見えた会議終盤、これまで口を閉ざしていた経営企画担当の野田取締役が声を発しました。半年前に他の事業会社から引き抜かれてきた事業開発のプロフェッショナルです。他社でも、ＩＴを活用した様々な新ビジネスを立ち上げて成功させてきたといいます。ＩＴにも経営用語にも両方強いようです。普段温厚な彼の言葉は、その場を静まり返らせるものでした。

「ありえないですよ。これはただの機能要望の寄せ集め。経営の意思決定でも何でもない」

さらに、野田取締役は続けました。

「今の当社の経営状況でどこに4億円ものシステム開発をする余裕がありますか？現在の会社の苦境の原因はシステムが古くなったことではない。『マネジメント』の根本問題を直視し、戦略を再考して組織の体質を変えていかないと、数億円と貴重な労力をドブに捨てることになりますよ。このままシステムを開発しても、会社は決して強くなりません」

ＩＴ関連の事業を数多く成功させてきた野田取締役が「マネジメント」「戦略」「体質」といったシステム以外の部分の重要性を訴えています。静まり返る会議室の中で、志村さんは厳しい言葉を受け止めながら、どこか救われた気持ちも感じていました。

経営リーダーシップの不在が、情報システム開発を迷走させる

大規模から小規模まで、様々な情報システムが組織に導入されます。Ｗｅｂサイト管理、マーケティング、営業情報管理、経営管理、財務・会計、生産管理、在庫管理から、スケジュールや社内情報共有のシステムまでテーマは多岐にわたります。

開発を進めるために「システム導入プロジェクト」が立ち上がります。システムは一部署だけでなく複数の部署、あるいは顧客や取引先にまで影響が出るものなので、誰かの独断で導入することはありません。必ず組織横断的なプロジェクトチームが編成されます。前述のケースは、そのプロジェクトにおいて、頻繁に起こりやすい「落とし穴」「リスク」を描いています。読者の方も程度の違いこそあれ、同様の経験をしているのではないでしょうか。

私自身、コンサルタントとして、あるいは業務用ソフトウェア開発・導入を主業とする企業の役員として、こういった情報システム開発のプロジェクトに頻繁に関わってきました。私は技術者ではありませんが、顧客企業の課題を整理し、必要な情報システム

の要件を整理し、経営陣に提案するという仕事を数多く経験する中で見えてきた原則があります。それは、

「経営リーダーシップの不在が情報システム開発を迷走させる」

ということです。ここで言う経営リーダーシップとは、全社マネジメントの視点で、ヴィジョン・戦略を示し、その前提の上で各々の「手段」「手法」の重要性とその優先順位について意思決定する姿勢のことです。情報システムで言えば、全社の事業使命や戦略に則って、各々のシステム機能の要否、要件、優先順位を意思決定することと言えるでしょう。全社最適な視点で、戦略上必要なものには惜しみなく投資し、不要な機能にはしっかりと「Ｎｏ」と言える、こういったリーダーシップが必要です。それが機能しないままシステム開発プロジェクトが進むと「総花的に盛り沢山」の機能要件が積み上がり、開発投資額もますます増える一方で目的は不明確になり、プロジェクトが迷走していくのです。

このケースのように、経営者や経営層がプロジェクトに深く関わらず、システム部門や現場にほぼ任せきってしまうことはよくあります。経営のリーダーシップが機能しない中で「現場視点」の判断が繰り返され、予定していなかったカスタマイズ機能がふくれ

あがり、元々想定していたパッケージ基本機能も原型をとどめなくなってしまい、ますます全体像が見えにくくなります。そして当然、何よりの痛手は開発費用と工数が際限なく増えていくことです。

システム企画・開発プロジェクトの迷走は、プロジェクト自体が方向性を見失うだけでなく、その結果生み出されたシステムが本質的な課題解決や経営のニーズと合致せず、使われないものとなり、さらにその結果として何千万円、何億円という投資に見合った成果を得られなくなるため大変厄介な問題です。

■プロジェクト現場で起こる課題は、全社マネジメントの課題を映す鏡

「全社のマネジメントと情報システム開発プロジェクトのマネジメントは『相似形』である」

私は、このように考えています。その根拠は、次の3点です。

①会社全体のマネジメントにおいて優先している基準が、情報システム機能の優先順位に影響を与える（逆にマネジメントの基準や戦略的な優先順位が曖昧な組織は、

システムの機能も膨大にふくれあがり、絞れない）

②会社としての組織風土や体質が、情報システム開発のプロセスに大きく影響する

③優れたマネジャーやリーダーがいる会社は、システム開発プロジェクトのマネジメントも優れていることが多い（目的や個々のメンバーの役割が明確で、検討のチームワークが良い。意思決定の根拠もスピードも的確）

言い換えれば、戦略上の意思決定や組織風土など、全社マネジメントで課題を抱えている会社は、その課題がそのまま情報システム開発プロジェクトの現場で顕在化するということです。

前述のケースで最後に登場する野田取締役は、数々のＩＴを活用した事業を成功させてきた経験の中で、マネジメントの根本課題を解決しなければ高価なＩＴを導入しても何も意味がないという本質を理解していたはずです。志村さん自身が当初から持っていた違和感でもあります。多くの読者の方もこういった違和感を感じられたことはあるはずです。

このように、情報システムを開発・導入するプロジェクトという「窓」を通して、組織全体の課題が見えることもありますし、逆に組織全体の課題を経営層と話し合っていて、

会社と開発プロジェクトは相似形の関係

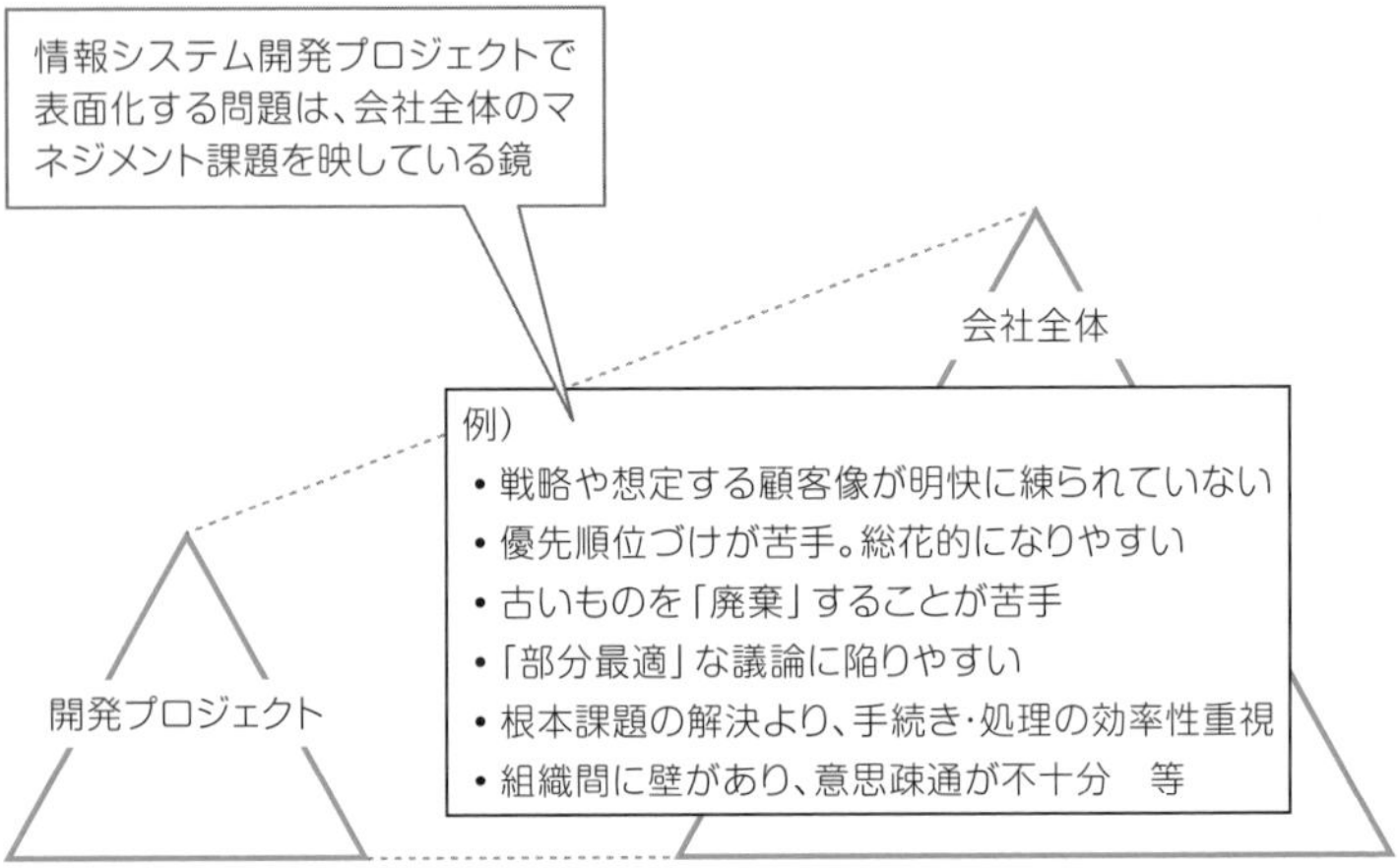
情報システム開発プロジェクトで表面化する問題は、会社全体のマネジメント課題を映している鏡
会社全体
開発プロジェクト
例）
・戦略や想定する顧客像が明快に練られていない
・優先順位づけが苦手。総花的になりやすい
・古いものを「廃棄」することが苦手
・「部分最適」な議論に陥りやすい
・根本課題の解決より、手続き・処理の効率性重視
・組織間に壁があり、意思疎通が不十分　等

情報システム開発のリスクや課題が見えることもあります。情報システムとはまさに「組織の神経系統」です。しかしながら、部分最適な議論の積み上げで、情報システムという神経系統が複雑に組織内に張り巡らされてしまっているケースも多いのではないでしょうか。

また、その責任の一端はシステムを企画・提案するコンサルティング会社や情報システム開発会社側にもあります。自社のビジネス面での収益にこだわり、「システム開発による問題解決」という選択肢を中心に置く思考から抜け出しきれません。コンサルタントとして真の問題解決を目指すのであれば、システム開発以前の経営課題を明らかにし、自社の開発案件にならないとしてもシステム以外での解決案も明示するべきです。当然、そのためには、システムを企画・開発する側ももっと「マネジメント」「経営」の知見や知識を持つことが必要になります。

■情報システム開発プロジェクトの「落とし穴」とは

情報システムは、前述の通り、「組織の神経系統」です。個々人がどんなに良いアイディアを持っていても、重要な情報を持っていても、それがシステムを経由して組織内で潤滑に流れなければ組織の実行力につながりません。さらに、前述のケース内の社長が言うように現在は高度な情報社会です。この「情報」のスピードが企業の業績を左右する時代であることは間違いありません。組織内だけでなく外部の顧客や、取引先などとの素早い情報交換が欠かせませんし、人力によるアナログ処理だけではどうやっても追いつかないことは事実です。

しかし、情報というのは、きちんと目的を明確にしてマネジメントしないと無限に広がっていく特性があります。「情報を制する者が情報化社会を制する」といったお題目だけを頼りにすると、社員が情報の海の中で溺れ、情報を入出力したりチェックしたりすることだけに手一杯になってしまう危険性もあります。

本章のケースには、全社の情報システムを開発するときの落とし穴が描かれています。いずれも前述のように経営的なリーダーシップの不在によって起こるわけですが、細かくは以下のような落とし穴があると私は考えています。

①現行の業務を前提に、新システムの機能要件を決めようとしてしまう

既存の業務に様々な問題や非効率があるから情報システムを入れるわけですが、多くの場合、問題の本質を解決する前に、既存の業務にシステムを「かぶせて」しまいます。中には、もはや不要な業務や、重複していて非効率な業務なども含まれてきます。ドラッカー教授はこう言います。

「間違った業務を高速にこなすことほど、危険なものはない」

私自身、システムのご提案や開発プロジェクトをマネジメントする中で、何度もこの言葉が頭に蘇りました。結果、業務そのもののあり方についてお客様や社内のメンバーと激しい議論になったこともしばしばです。しかし、そのような根本的な議論から、真に必要なシステムは何かが見えてくるはずです。

②一般的に流行している機能、他社が成功している（と聞く）機能を優先的に開発しようとする

特にWeb関連のサービスで顕著ですが、前述のケースにもある通り、流行している機能、他社が取り入れている機能を優先していくことも危険です。担当者が、「この機能がないと始まりません、戦えません」と言うときほど、「それは本当だろうか？」という突っ込んだ話し合いが必要です。もちろん、事業を成功させる上で必要な機能も多いでしょう。しかし、優れた商品力や事業戦略により、シンプルなWebサイトや機能で多くの顧客を惹きつける会社があることも事実です。細かい機能をどうするかより、真に顧客に価値を認められ、顧客の満足を得られる商品やサービスは何かという点を研ぎ澄ましていくことの方が大切です。

業務管理システムにしても、CRM（顧客関係管理システム）、SFA（営業支援システム）、ナレッジ・マネジメント（組織内の知識・情報の整理）など様々なテーマが生まれてきました。これら流行のキーワードを鵜呑みにすることなく、「今、自社にとってどのような情報システムが、なぜ必要か？」「そのシステムは、顧客に提供する価値の向上にどう貢献するか？」という議論が不可欠です。ある企業の取締役の方に「営業支援システムを入れれば、確実に営業の業績が上がるのだよね」と真面目な顔で聞かれて呆れた

ことがあります。言うまでもなく、それは目的と使い方、そしてリーダーシップ次第です。この例は極端だとしても、流行している情報システムを「我が社にも必要だ。効果がありそうだ」と思考停止して安易に導入してしまうことは危険です。自社のマネジメント上のゴールと紐づけてイメージすることで初めて、システムはその意図通りに活用され、結果事業の成果にも貢献してくれます。

③「現場の意見を取り入れる」ことが至上命令になってしまう

情報システム開発の現場で常套句のように使われる「現場のニーズだから」「これがないと現場が困ると言っているから」という言葉にも要注意です。もちろん、情報システムはデータが入力されないと意味がないので、現場社員の業務やニーズを十分に理解する必要はあります。しかし、基本的に現場の社員は目の前の仕事が増えないこと、慣れているやり方を変更されないことを第一義に要望を出してきます。これも経営リーダーシップ不在により「何を目指し、何を変革し、顧客に対しどのような価値を届けるためのシステムか」というメッセージが曖昧なことで起こるものです。

最初に経営やマネジメントの視点でIT導入の目的に関するメッセージが明確に出されること、そのメッセージと歩調を合わせる形で現場にとって「必要な機能」「必要でない機能」を話し合い選別していくことが不可欠です。

④コミュニケーションやマネジメントが上手くいっていない問題をシステムの機能を増やすことで解決しようとする

例えば隣の席の人と殆ど会話もせず、メールだけで用事をすませるような組織に、数億円の高価なシステムを入れても「コミュニケーション」は決して良くなりません。当然のことのようですが、この点を理解していない組織が非常に多いように思います。システム開発会社やコンサルタントがあまりに夢がふくらむ話をしてしまうからかもしれません。しかし現実には、ＩＴだけで本質的に「コミュニケーション」が良くなることはあり得ません。詳しくは後述しますが、真のコミュニケーションには情報の授受以上の深い相互理解が必要だからです。

同様に、現実のマネジメント上の課題をシステムの導入で解決できると考えるのは誤りです。ケースの最後に野田取締役が述べたように、マネジメントとして戦略への「焦点（フォーカス）」や取り組みの優先順位が曖昧な状態なのに、それをシステム開発で全て解決しようとしたために、開発コストが膨大になってしまったというのは失敗の典型例です。マーケティング、営業、経営管理、情報システム部門など各部門がそれぞれ「こういう機能でなくては困る」と主張をするだけではなく、そもそも組織全体が抱えている課題の根っこは何かを部署横断的に話し合い、解決の方向性を共有した上で情報システムの具体的な検討を進めることが大切です。

⑤抽象的なスローガンやコンセプトが先行し、その実体について具体的なイメージが共有されないまま物事が決まっていく

「次世代ソリューション」「ビジネス・インテリジェンス（Business Intelligence：ＢＩ）」「デジタルトランスフォーメーション」「経営革新」といったシステム会社の提案で多用される言葉が一人歩きし、目的化してしまっている状況も危険です。「ソリューション」といった言葉自体、何か具体的なイメージをさすものではなく、使う人によって捉え方も違うでしょう。「ビジネス・インテリジェンス」についても、蓄積されたデータを多方面から解析して経営陣にとって有効なデータを取り出し、可視化することが狙いではありますが、その経営上の目的や戦略的なゴールが共有されていないと、抽出されるデータや分析機能だけで膨大になり、運用する側は混迷を極めます。実際、複雑すぎて使われないＢＩシステムを私は何度も目にしてきました。

これらはいずれも、組織の外部者として支援する情報システム開発会社の営業担当者、

SE、開発者、あるいはコンサルタントにも責任があります。彼らが抽象的なスローガン的言葉を多用すると、マネジメントの現場で具体的にそれらにどのような意味があるのか、十分に検討しないまま導入してしまうことが多々あります。

そもそも、情報システムを提案する側がどこまで「マネジメント」「経営」といったものについて理解しているか、あるいは少なくとも理解しようとしているか、注意しなければいけません。スローガン的な言葉や専門用語をきちんと経営テーマと紐づけて説明できる人材は、決して多くありません。開発会社側で提供したい機能や、顧客から要求された機能をそのまま要件に取り入れ「いかに開発するか」を問題解決と勘違いしてしまっている人が多いことも事実です。「その機能はこのお客様の経営上の課題をどのように解決していくのか」にまで踏み込んで考えられないと、真の問題解決はできないはずです。

■情報技術（IT）で重要なのは「技術（T）」よりも「情報（I）」

ドラッカー教授自身、2005年に亡くなるまでの最後の数年間、まさに情報技術の飛躍的な進歩を目にしました。特にアメリカ西海岸ではITバブルとも言える活況の中で、ドラッカー教授が読者や学生たちに頻繁に語りかけていたのが、次の言葉です。

「情報技術（IT）で重要なのは、『技術（T）』よりも『情報（I）』の方だ」

これは、テクノロジーやエンジニアを軽視する意味では決してありません。教授は専門性の高い技術者がますますの活躍する社会を予測していましたし、期待もしていました。しかしそういった技術者の力を組織で活かすために「我が社の競争優位、生産性、仕事の意義とやりがいを高めるために、どのような『情報』が必要か」という問いを最初に立てることが大切だと訴えていたのです。

最後の著書『ネクスト・ソサエティ』（ダイヤモンド社）でドラッカー教授は以下のように語っています。ここではCEOとありますが、社長だけでなく経営の現場でリーダーシップをとるマネジャー全般をさしています。

「CEOは、道具としてのコンピューターの使い方を決めるのは自分だということを知らなければならない。与えられた情報責任を果たさなければならない。『CEOとしてどのような情報を持たなければならないか。誰から手に入れなければならないか。どのような形で手に入れなければならないか。それはいつか。』さらには、『どのような情報を与えなければならないか。誰に与えなければならないか。どのような形でか。

そしてそれはいつか。』を問い続けなければならない」

「どのような情報が必要か?」という問いに答えるためには「自社の競争優位や強みとは一体何か?」「顧客が今後必要とする商品やサービスは何か?」「社員の仕事の生産性、協働性はどうすればもっと高まるか?」といったマネジメントの根源的な問いに答えなければなりません。

「自組織の事業の使命」「顧客に提供したい最も大切な価値」

←

「そのために欠かせない競争優位性、卓越性、維持・発展させたい強み」

←

「その実現のために、特に重要で、慎重に扱うべき『情報』」

←

「その情報を効果的にやり取りするために、必要なシステムの機能」

という順番で議論が絞られていけば、無闇に流行の機能や、最先端の機能に飛びつくことはなくなるはずです。

前述のドラッカー教授の「情報責任」という言葉は、情報化時代のマネジメントの重要な責任を表しています。情報システムを構築することがマネジメントの責任ではなく、「自分たちには、顧客を創造し続けるために、このような情報が必要である」という旗印を、まずはじめに明確に立てることが責任であるということです。

かつて、私が経営企画部門の責任者の方向けにセミナーを開催したときのことです。参加者の方に「皆さんのミッションとは何でしょうか?」と尋ねると、殆どの方が、「経営者の意思決定に必要な情報を集め、経営会議に向けて分析・提示することです」と答えられます。

そこで私は、「では、この一年、皆さんの組織において、それらの情報を活用してなされた『意思決定』とはどういったものですか?」と質問しました。その問いに対して明快な答えがある方は殆どいらっしゃいませんでした。

ここから言えることは何でしょうか。会社内でやり取りされている情報と意思決定とがつながっていないということです。経営の中枢にいる方、場合によっては経営層の方であっても「その情報をいかなる意思決定に活用するのか」という意識が曖昧な場合が多い。逆に、「情報責任」を明確にし、「顧客の満足のために」「自社の競争優位性をますます高めるために」どういった情報が、いつ誰のところに集まっていて、どういった意思決定（意思決定しない場合も含め）に使われるのか、ということが共有されている組織は、情報システムも目的に沿った効果的且つコストパフォーマンスの高いものになるはずです。

■「データ」「情報」「知識・知恵（ナレッジ）」の違いとは

ドラッカー・スクールの情報システムの講義で、「データ」「情報」「知識・知恵（ナレッジ）」の違いについて議論をしたことをよく思い出します。

よく言われることですが、データはそれ自体では殆ど意味を持ちません。例えば、顧客データベースにある、「顧客名」や「居住地」などがデータにあたるものです。それが、「このような場所にお住まいのお客様は、こういうものを購入している」という段階にまでなれば「情報」と呼べるでしょう。情報それ自体の重要性は、これまでも述べてきた通りです。しかし、そこから一歩進んで、メンバーがその情報から「ナレッジ」を生み出さなければ情報化時代には勝ち残れません。「そのお客様は、なぜ、このときにこういった購入をされているのか。その背後にどのような潜在需要があるのか。その潜在需要をさらに引き出す方法はないだろうか」という「ナレッジ」にまで昇華して初めて競争力につながります。

ちなみに、「ナレッジ・マネジメントシステム」はよく使われる言葉ですが、殆どの場合「データ」を共有するという範囲を超えていません。良くてもせいぜい情報の共有といったところです。それを超えて組織として、他社が真似しにくい「ナレッジ」の生成システムを構築するには、IT以外に組織内で知恵を交換し合う風土やそれを可能にするマネジャーのリーダーシップ、さらに本当の意味でのコミュニケーションが不可欠です。すなわち、この情報からどういう有効な知恵を生み出したい

データ、情報、知識・知恵(ナレッジ)の違い

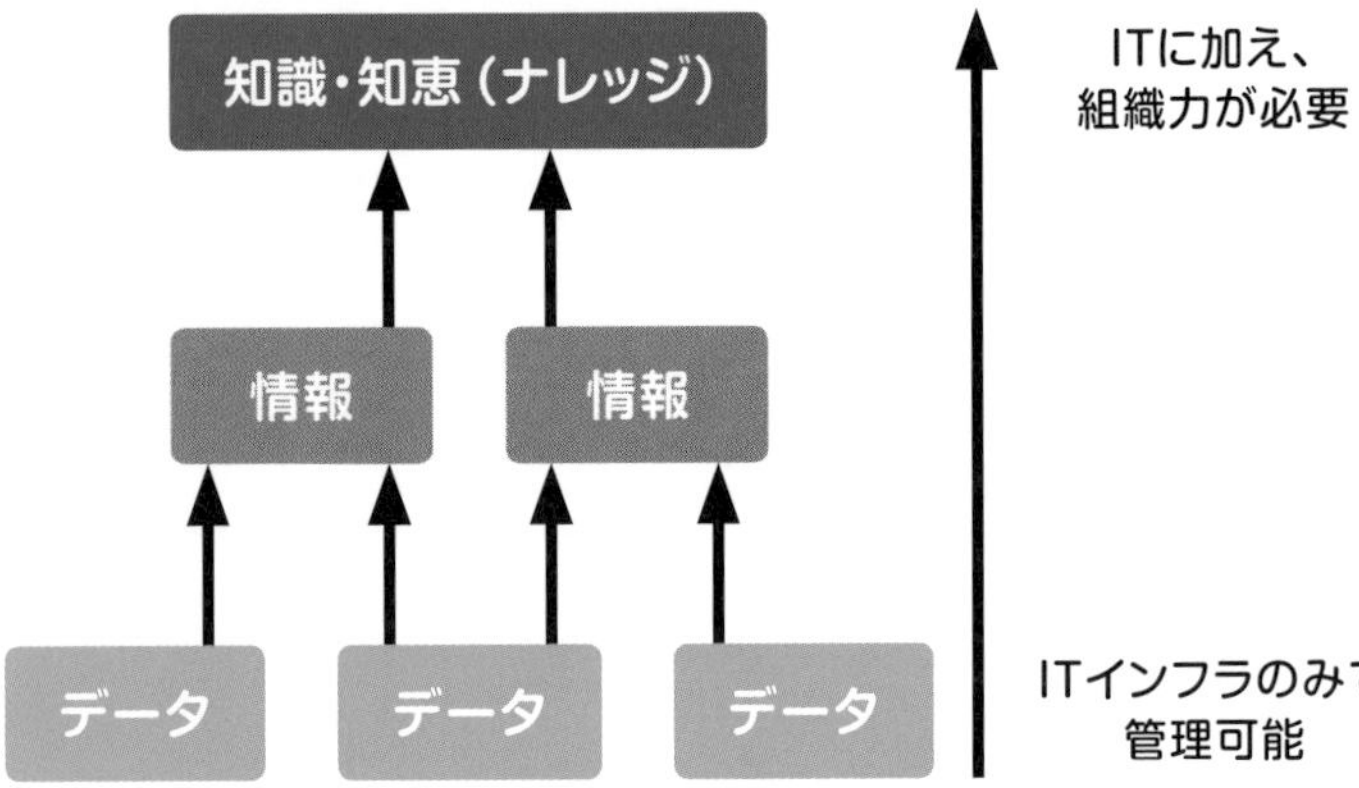

藤田執筆　Think IT「会社を強くするIT、弱くするIT」より(一部改編)
http://thinkit.co.jp/cert/article/0706/7/2/3.htm

か、その意図を示すリーダーシップが必要なのです。

■コミュニケーションとは一体何か

「データ」「情報」を超えて「ナレッジ」を生み出し、さらにその知恵を最終的な成果に転換していく上でも欠かせないのが人と人とのコミュニケーションです。特にテレワークやリモート会議が増えた現在、コミュニケーションの重要性はこれまで以上に増していきます。マネジメントにおいてこの「コミュニケーション」とは一体何か、という問いについて考えていきましょう。

多くの企業で「コミュニケーションが上手くいっていない」「部下とコミュニケーションをもっととりたいが、なかなか時間がない」という声を聞きます。しかし、「コミュニケーションとは一体何をすることだと思いますか?」という質問をすると、なかなか明快な答えは出てきません。

コミュニケーションを増やすといっても、闇雲に会話や挨拶を増やすだけでは十分ではありません。もちろん、言葉を交わす頻度を増やすことに意義はあります。まずは会話の量を増やすことで相互に話しやすい関係性が築かれます。しかし、それ自体がコミュニケーションかと言えばそれも違うはずです。このように、普段から頻繁に使われる

「コミュニケーション」という言葉の解釈にはかなりばらつきがあり、定義が曖昧です。

これまで多くのマネジャーの話を聞く中で、私の中にコミュニケーションについて一つの明快な定義が生まれました。それは、

「コミュニケーションとは意思疎通である」

ということです。たとえ会話の量が少なくても、お互いの意図や考え方をよく理解している場合、それはコミュニケーションができている状態であり、仕事がとてもしやすいはずです。実際、互いを尊重し、高いレベルで意図を理解し合っている関係性においては、会話量自体はさほど多くないという研究結果も聞いたことがあります。逆に、「頻繁によく会話する」「挨拶や声かけを徹底して行っている」という組織でも互いの意図を十分に理解し合っているかといえば、必ずしもそうではありません。それではコミュニケーションができているとは言えません。

私たちは、「コミュニケーションができているかどうか」を一歩掘り下げて「意思疎通」ができているかどうかを問う必要があります。そしてそれは当然、「自分自身の意思は何か？」「相手の意思は何か？」というコミュニケーションにおける重要な論点につながっ

ていきます。

■ドラッカー教授が教えてくれるコミュニケーションの本質

「データ」「情報」を超えた、「ナレッジ」を創発するために必要なのが、本質的なコミュニケーションです。最終的に、他社が模倣しにくい独創的な知恵を生み出すのは人間と人間のコミュニケーションであり、意思疎通です。最後に、マネジメントにおいてこの「コミュニケーション」とは一体何なのか、という問いについて考えたいと思います。

ドラッカー教授は、『マネジメント［エッセンシャル版］』（ダイヤモンド社）の中で、コミュニケーションについてこう言っています。

「コミュニケーションとは、①知覚であり、②期待であり、③要求であり、④情報ではない」

これはどのようなことを伝えようとしているのでしょうか。このコミュニケーション論は、実はドラッカー教授の組織観・人間観が際立って明快に表現されている重要な部分なので、ぜひ『マネジメント［エッセンシャル版］』第6章「マネジメントの技能」にある「コミュニケーション」の項をじっくり読んでいただきたいと思います。

情報をやり取りするだけではコミュニケーションとは言えません。ここまで書いてきた通り、情報という目に見えやすい対象のやり取りは情報システムを使えばある程度できます。ドラッカー教授は、コミュニケーションの成否とは単なる情報のやり取りではなく、「知覚」「期待」「要求」という極めて人間的な要素に左右されると言っています。

どんなに情報を伝えて相手を動かしたいという意図を持っていても、相手がそのメッセージと意味を「知覚」しなければコミュニケーションは成り立ちません。また、コミュニケーションは相手が「期待」している環境やスタイルで行うことも不可欠です。これも組織の現場でよく聞かれることですが、「大勢の前でいきなり高圧的に指示・命令された」「率直に腹を割って話せることを期待していたのに、頭ごなしに注意された」といった相手が全く期待していない環境で何かを伝えようとしても難しいはずです。

さらに、真のコミュニケーションは相手に何かしらの行動を「要求」するものでもあります。であるからこそ、相手の性格や特性を理解することに努めるべきです。強引に伝えた(つもりになっていた)メッセージが受け入れられておらず、後々大きなトラブルになったという経験をお持ちの方も多いはずです。トラブルになってから「この情報は発信したから」「情報を見ていないのか」と言い争っても不毛です。メールやＷｅｂという技術を使って「情報を出しました。アップロードしました。見ていないなんておかしいです」と言っても意味がありません。「コミュニケーションと情報は違う。情報の授受がなされても真のコミュニケーションが成立しているわけではない」という前述のドラッカー教授の言葉に耳を傾けてみる価値はありそうです。

教授は、こうも伝えています。

「コミュニケーションは受け手に何かを要求する。受け手が何かになること、何かをすること、何かを信じることを要求する。それは常に、何かをしたいという受け手の気持ちに訴えようとする。コミュニケーションは、それが受け手の価値観、欲求、目的に合致するとき強力となる。逆に、それらのものに合致しないとき、まったく受けつけられないか抵抗される」『マネジメント［エッセンシャル版］』（ダイヤモンド社）

確かに、歴史上の人物であれ、身近なビジネスリーダーであれ、重要な交渉で成果を上げたり、社内外での複雑な問題を高いコミュニケーションスキルで解決したりする人たちは、相手の価値観、欲求、目的といったものをよく理解するという原点を疎かにしていません。

リモートワークによるオンライン会議の増加で、とかく「情報」の効率的な授受に終始しやすい今こそ、ドラッカー教授が伝えるコミュニケーションの人間的側面を改めて意識するべきでしょう。

■コミュニケーションの成否を決めるのは発し手ではなく受け手

何よりまず、私たちが意識すべきは「自分本位な」コミュニケーションの姿勢を改めることです。私自身、以下のドラッカー教授の言葉を読むたびに「自分はまだまだだ」と反省することが多いです。

「コミュニケーションを成立させるものは、受け手である。コミュニケーションの内容を発する者、すなわちコミュニケーターではない。彼／彼女は発するだけである。聞く者がいなければ、コミュニケーションは成立しない。意味のない音波しかない。（中略）

コミュニケーションを行うには、『受け手の知覚能力の範囲内か、受け手は受けとめることができるか』を考える必要がある」『マネジメント［エッセンシャル版］』（ダイヤモンド社）

研修などの場でこのくだりを紹介すると、組織の経営陣やマネジャーの方も少なからず自分自身のことを振り返り、反省されることが多いです。コミュニケーションの本質が意思疎通であるとすれば、成功したかどうかを決めるのは自分ではなく、相手です。当たり前のことのようですが、私たちは普段の生活でこのことをどれだけ意識できているでしょうか。自分が言いたいことを伝えたつもりでも、相手が自分の言葉を聞き、受け入れてくれなければ、それは単に「音波」が発せられているだけだとドラッカー教授は厳しい表現で伝えています。

会社の中で上司が部下に向けて長々と一方的に話をしたり、下を向いて資料を棒読みしたり、やたら難解な言葉を使って話をしたりするシーンもよく見かけます。相手が知覚できない話を一方的にしている人を見ると、とても残念に感じます。両者の間の貴重な意思疎通の時間が、何も生み出さない単なる音のやり取りになってしまっているからです。組織でよく起こることですが、ものすごく大きな損失です。

現実の会議でも、またリモート会議の場でも、このことを念頭に置いて発言すれば、自分の意図が相手に届きやすくなり、コミュニケーションの成功確率は上がるはずです。

コミュニケーションの成否を決めるのは発し手ではなく、受け手です。そのことを常に意識し、相手が知覚でき、受け止められる言葉や話し方で伝えることがとても大切なのです。

■人間同士の深いコミュニケーションにより、「情報」を超えた「知恵」を

マネジメントにおいて、なぜそこまで「コミュニケーション」を重視するべきなのでしょうか。それは簡単に言えば、真に意思疎通し合うコミュニケーションがなければ、組織とは言えないからです。組織とは結局、共通の目的と協働する意思を持ち、意思疎通し合う人たちが協力して成果を上げていくためのものです。

であれば、組織の成果に責任を持つマネジャーは真の意思疎通としての「コミュニケーション」にとりわけこだわるべきです。コミュニケーションが成り立っていない組織では、システムという「箱」を作ったところで、創造的な知恵は生まれてきません。

ドラッカー教授は『マネジメント［エッセンシャル版］』（ダイヤモンド社）でこう伝えています。

「コミュニケーションは、私からあなたへ伝達するものではない。それは、われわれのなかの一人から、われわれのなかのもう一人へ伝達するものである。組織において、コミュニケーションは単なる手段ではない。それは組織のあり方である。これこそ、わ

われわれがこれまでの失敗から学んできたことであり、コミュニケーションを考えていくうえでもっとも重要な基本とすべき結論である」

「私からあなたへ」ではなく、「われわれのなかの一人から、われわれのなかのもう一人へ」。両者の違いとは一体何でしょうか。わずかな表現の違いに見えますが、この言葉にドラッカー教授のマネジメント論の核心が表れています。それは、組織で共に働く人は、個々バラバラな人の集まりではなく、共通の目的に向かう大きなコミュニティに属する「同志」であるという認識からスタートすべきだというメッセージです。

組織内で意思疎通、すなわちコミュニケーションが上手くいかないときに我々は、「私」と「あなた」を分断して考えてしまいがちです。そうではなく、コミュニケーションをとる相手とは元々つながった共同体の中に共にいるのだと思えば、相手への理解や共感が全く違ったものになります。まさに知覚、期待、要求という人間らしい文脈の中で意思疎通ができるようになります。すぐに距離が近づくわけではなくても、一歩ずつでも確実に相互理解が進みます。この考え方こそ、ドラッカー教授が「コミュニケーション」について私たちに最も伝えたかったことです。

次ページの図にあるように、テクノロジーでデータを生成し、そこから有効な情報を

ITを活用し、ナレッジを生み出す組織のコミュニケーション

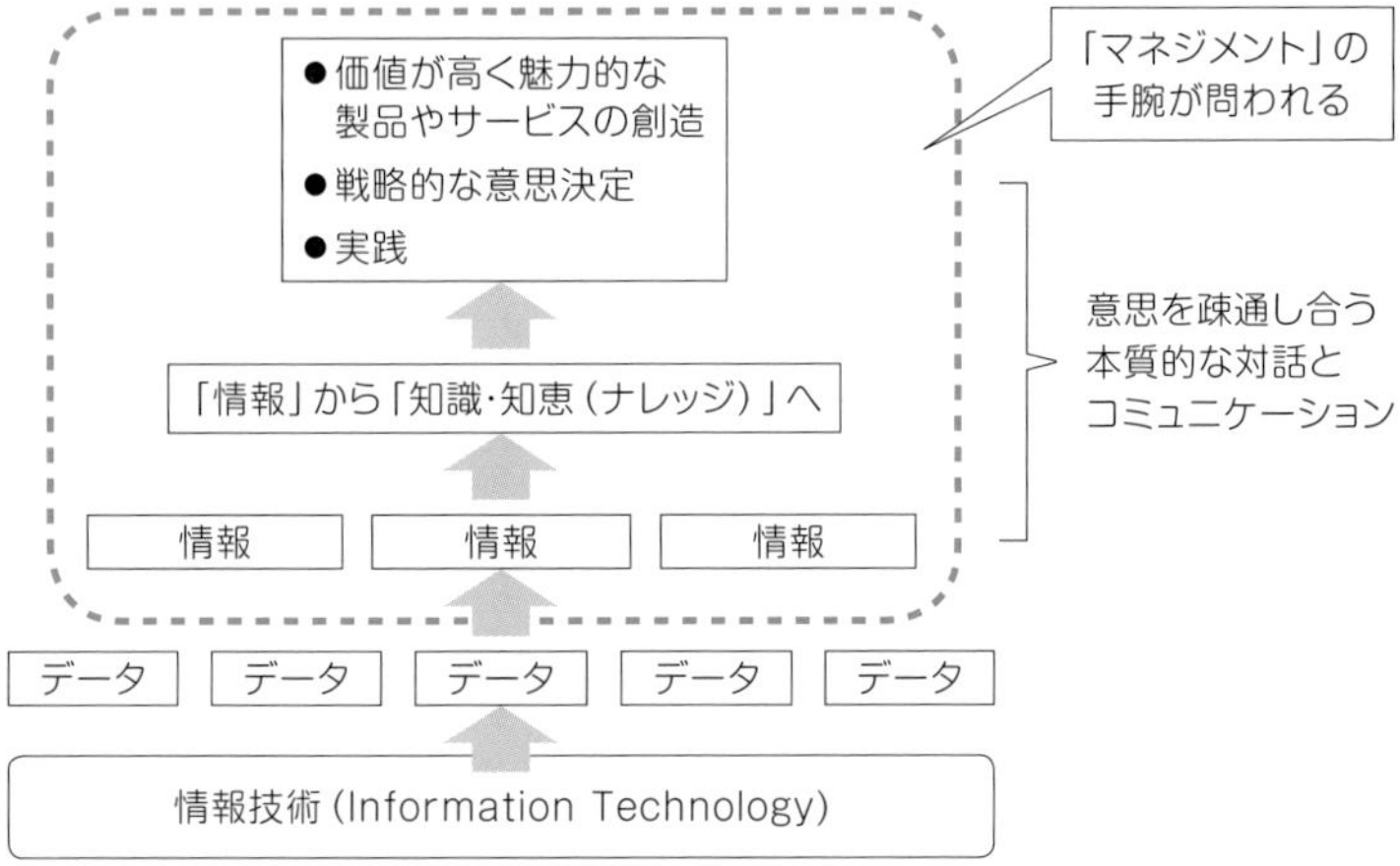

組み立て、その情報を双方向のコミュニケーションを通じて知恵へと転換し、最終的に自社独自の、顧客が価値を感じて喜んでくれる製品やサービスの創造につなげていく。この一連のプロセスを設計し実践していく上で、マネジャーの手腕が問われています。

本章の冒頭で説明した通り、ドラッカー・スクールの情報技術（IT）の講義では、技術論に過度に偏るのではなくマネジメントにおけるその技術本来の目的や役割を考えることを求められました。「事業目的と顧客にとっての価値を定義し、組織と人の働きを生産的にし、成果につなげる」というマネジメントの役割は、情報技術の開発・導入に際してもぶれてはいけない基本原則です。情報技術がその原則をどう具現化するのか。それこそが本当に重要な論点です。

優秀な技術者の知識とスキルを組織としての成果に結びつける。マネジャーにはこの重要な役割が求められています。技術者とマネジメント層が共通言語を見いだし、互いに理解を深め、力を出し合うことで、「経営とＩＴが融合した本当に強くて創造的な組織」が生まれるはずです。

エピローグ

Epilogue

マネジメント

～明日を創る生き方、働き方～

エピローグ　マネジメント　～明日を創る生き方、働き方～

■誰でも、どこでも、創造的な活動をリードできる

マネジメントとは、やりがいのある目的を実現するために、関わる人たちを活かして具体的な成果を上げる方法論です。それは、管理よりもむしろ創造に関わることであり、機械的である以上に人間的であることが求められる仕事です。そして、このマネジメントは、会社の仕事だけでなく、非営利組織でも、学校でも、スポーツチームでも、ボランティア活動でも、また家庭においても、どこでも土台として活用できる考え方です。本書で最もお伝えしたかったのが、これらのことです。

マネジメントを管理ではなく創造・創発と捉えれば、人間が本来持つ資質や強みを引き出して活かすことの大切さに気づかされます。人の弱みではなく強みを組織化しないことには、新しく魅力的な価値は生まれないからです。

また、創造するために、マネジメントを担う人は広く社会の変化やニーズに目を向けなければいけません。社内の論理や狭いものの見方の枠から抜け出し、社外や顧客の変化に目を向け、外の機会と「対話」をすることによって、自社独自のユニークな製品やサービスを生み続けられるからです。

「マネジャーは『昨日』を守ることに時間を使いすぎてはいけない。『明日』を創造することにもっと意識を向けなければならない」

これは、ドラッカー教授がドラッカー・スクールの学生だけでなく、広く世界中の人々に伝えていたメッセージです。私たちは、マネジメントを学ぶことで、過去から現在までの成功を維持・管理するだけでなく、未来を創造することの方に時間とエネルギーを使っていくことができます。

■技術が進化すればするほど求められる、人間本来のマネジメント力

そしてもう1つ。ドラッカー教授のメッセージを私が要約するとすれば、それは以下のことだと思います。

「技術や手法がどれほど進化しても、最後は『人間』にしかない能力が最も重要な意味を持つ」

産業資本や財務資本以上に、人間の知恵・知識・アイディアなどの「知識資本」が重要な経営資源になる知識資本の時代。これは、再び人間が経営の、マネジメントの主役になる時代とも言えます。ＡＩ（人工知能）をはじめとしたテクノロジーが発達すればするほど、多くの人が煩わしい手作業や雑務から解放されます。その結果、「自由な発想」「情熱」「使命感」「倫理観」「楽しさ」「感性」「思いやり」といった人間的要素がますます重視されるようになっています。これは読者の皆さんもビジネスの現場で実感されているはずです。

情報技術や通信デバイスの飛躍的な進化により、大企業や国家の一部の権力者が情報と意思決定をコントロールする時代ではなくなりました。一人ひとりの知識労働者が、起業家・経営者のように働き方や成果の上げ方について自由に意思決定し、経済を動かせる時代になっています。だからこそ、私たち一人ひとりが「リベラルアーツ（一般教養）としてのマネジメント」を学び、テクノロジーを正しい方向に活用して世の中にポジティブな影響を与えることが求められます。本書でもお伝えした通り、知識資本の時代に自由（liberal）で機能（function）する産業社会を実現することがドラッカー教授の一貫した願いでもありました。現代という激変の時代を生きる私たちが、その理想のバトンを受け継いで、日々目の前の仕事で実践していく番です。

■「問い」を武器にする経営学

リベラルアーツには「問い」が不可欠です。ドラッカー教授の経営学を私なりに要約するとすれば、それは「問いの経営学」であるということです。教授は頻繁に私たちにこう伝えていました。

「経営における最も重大な過ちは、間違った答えを出すことではなく、間違った問いに答えることだ」（『Men, Ideas, and Politics』１９７１年）

ドラッカー教授のマネジメント論や経営学を学ぶ意義は、この「マネジメントにおける有効な問い」を立てる力を磨くことにあります。状況に応じて適切な問いを立て、現状を建設的に疑い、人々のエネルギーが本当に向かうべき方向を見つけ出していくのは人間にしかできないことです。それを事業活動の中で最も積極的に行うべきなのがマネジャーです。

各章のケースでも書いてきましたが、

「我々の事業使命とは一体何か?」

「顧客が本当に欲しいと感じている価値は何か?」

「人の強みをどうすれば最大限に引き出せるか?」

「社会の中で起きている重要な変化は何か?」


といった問いの意味や、マネジメント(経営)の中でのつながりを理解することで、自ら新しい問いを生み出すことが可能になります。「今の自分の仕事は、正しい問いに答えているだろうか?」と常に自問し、日々の仕事で小さくても重要な意思決定を重ねていくのは、機械ではなく人間、特にマネジャーにしかできない大切な仕事なのです。

■「マネジメント」を通じて人と社会を学び、成長する

昨今、「マネジャー(管理職)になりたくない」と言う人が増えていると聞きます。「ストレスが一気に増えそう」「雑務が大変そう」「残業代がつかない」などの理由があるようです。また、リモートワークをはじめ新しい勤務形態が増え「マネジャーは不要」と感じている人もいます。確かに、マネジャーや管理職の肩書きのもとに「管理」だけを行う人は不要になるでしょう。スケジューリングも、期限の通知も、情報の集計も、相談や調査すらも、スマホ1つあればいつでもメンバーが自分自身で行える時代だからです。

一方で、本書で述べてきたような、本当の「マネジャー」の力はこれまで以上に必要になると断言できます。物理的に離れている人、国籍や文化や育った環境が異なる人に対しても、対話とコミュニケーションを通じて共通の事業目的を伝え、長所を引き出して活かし、全体としての成果を最大化するのがマネジメント力です。それが機能しなければ、目的を失った高品質な部品が動いているだけの機械のような状態になってしまうでしょう。

人と組織を活かして事業の成果を上げる一番の当事者になれるのがマネジャーです。仕事を通じて人の幸福に最も貢献できる役割であるとも言えます。その分、学ぶべきことも多岐にわたりますが、マネジメントはそれほどやりがいがあり、自分自身が成長でき、奥が深い仕事です。1人でも多くの人が「マネジャーをやりたい」と思えるようになれば、企業も社会もさらに創造的になるはずです。

ドラッカー・スクール卒業後15年以上の実務経験を経て改めて本書を書かせていただきました。仕事の中で失敗したこと、成功したことを振り返り、重要な「マネジメントの原則」に気づくこともできました。本書は、目次上は「マーケティング」「会計」「情報技術」など、一般的な経営学・ビジネス理論の内容に近い構成になっています。しかし、その中身は、個々の経営施策が「マネジメント」の観点でどうつながっているかについて書いています。序章で書いたように、マネジメントの要素は人の体のようにつながっています。私がドラッカー・スクールで学んだように、「マネジメントとは何か」という全体観を持つことで、個々の経営施策を有効に機能させられることに多くの方に気づいてもらいたいと思っています。

ドラッカー教授は、マネジャーに不可欠な資質とは知性以上に「真摯さ」だと言います。「真摯さ」の原文の英語は「Integrity（一貫性）」です。事業でも個人でも、本来抱いていた目的、情熱、思いはシンプルなはずです。諸問題や各論に惑わされることなく、一貫して「良い仕事」「わくわくするような商品とサービス」に社員の意識が向かえば会社の業績も風土も間違いなく良い方向に変化するはずです。

最後に、『現代の経営』（ダイヤモンド社）にあるドラッカー教授のメッセージを引用し、本書を締めくくります。

「マネジメントとは、事業に生命を吹き込むダイナミックな存在である。そのリーダーシップなくしては、生産資源は資源にとどまり、生産はなされない」

本書を通じ、事業の現場で奮闘している経営層の方々やマネジャーを励まし、ダイナミックに「明日」を創るために少しでも役立つことができれば、著者として望外の喜びです。

謝辞

本書は、多くの方のサポートなくして完成しませんでした。「経営」「マネジメント」の探究という私の旅(もちろん、今後も果てしなく続く旅ですが)をこれまで支えてくれた皆様に心から御礼をお伝えしたいです。

まず、ドラッカー・スクールで出会った素晴らしい恩師たちに。マネジメントという大切なテーマに出会わせてくれて、クレアモントで私たち学生を温かく教え導いてくれた、今は亡きピーター・ドラッカー教授と、その最良の協力者であったジョゼフ・マチャレロ教授に、心から敬意と感謝を伝えたいです。

入学から今までいつも優しく導き、リーダーシップやマネジメントについて大切な問いを投げかけ続けてくれる先生方に。ジーン・リッマンブルーメン名誉教授、山脇秀樹教授、ジェレミー・ハンター准教授に心から感謝します。

ドラッカー・スクール卒業生の仲間たちに。共に学び、マネジメントの原則と実践の間のジレンマについて語り合い、卒業後も様々な事業やプロジェクトで協力しながら、社会に価値を届ける活動に一緒に取り組めていることに感謝します。ここでは全員の名前をお出しできませんが、山川恭弘さん、稲墻聡一郎さん、後藤栄一郎さん、八木澤智正さん、アルバート・バニーゴさん、いつも刺激と勇気を与えてくれて、ありがとうございます。

新版の出版を強力にサポートしてくださった日経BPの村上富美さんと同社の皆様にも心から感謝します。本書の目的に強く共感してくださり、また、いつも的確にコメントとアドバイスをくださることで、原稿完成までの道のりを楽しくスムーズに進むことができました。ありがとうございます。

また、本書のケースや解説を書く上で決定的な示唆を与えてくれたのは、これまでビジネスの現場で出会い、語り合ってきた数多くの経営者やマネジャーの皆さんです。皆さんの真摯な仕事ぶりが生きたヒントを私に与えてくれました。心から感謝します。

最後になりますが、留学を決意した時から卒業まで支えてくれた家族全員に感謝します。特に父は、経営大学院への留学を強く薦めてくれて、ドラッカー・スクール出願時にも何度も相談に乗ってくれました。日本人として国際的な舞台でリーダーシップを発揮する必要性を誰よりも教えてくれて、本書の執筆に際してもたくさんのインスピレーションを与えてくれた父に感謝します。

そして、言うまでもなくかけがえのない存在である、妻と2人の子供たちに。結婚前に留学を決定した時からずっと自分を応援してくれる妻、英美と、大切な二人の子供、賢仁と仁美にこの本を捧げたいです。子供たちは、人への思いやりと人間の持つ無限の可能性というマネジメントにおいて最も重要なテーマを日々私に思い起こさせてくれます。

ここで全ての方のお名前を書くことは叶いませんが、皆様に、心から御礼申し上げます。

藤田勝利

藤田 勝利（ふじた・かつとし）

1996年、上智大学経済学部経営学科卒業。住友商事、アンダーセンコンサルティング（現アクセンチュア）を経て、2004年米クレアモント大学院大学P.F.ドラッカー経営大学院で経営学修士号取得（MBA、成績優秀者表彰）。生前のピーター・ドラッカー教授および、その思想を引き継ぐ教授陣よりマネジメント理論全般を学ぶ。専攻は経営戦略論とリーダーシップ論。

2005年からIT系企業の執行役員としてマーケティングおよび事業開発責任者。2010年に経営コンサルタントとして独立、2013年にPROJECT INITIATIVE株式会社を設立。次世代経営リーダー育成およびイノベーション・新事業創造に関する分野を中心に活動を展開。

桃山学院大学ビジネスデザイン学部特任教授。立命館大学客員研究教員。

米ボストン発祥のVenture Café Tokyoマネジメントアドバイザー。

大学院大学至善館イノベーション経営学術院在籍。経営リーダーシップ教育について研究中。

著書に『英語で読み解く　ドラッカー「イノベーションと起業家精神」』（The Japan Times）、『ノルマは逆効果　なぜ、あの組織のメンバーは自ら動けるのか』（太田出版）他

新版　ドラッカー・スクールで学んだ 本当のマネジメント

2021年4月12日　第1版第1刷発行
2024年5月7日　第1版第4刷発行

著　者	藤田勝利
発行者	松井 健
発　行	日経BP
発　売	日経BPマーケティング 〒105-8308 東京都港区虎ノ門4-3-12
編　集	村上富美
装丁・本文デザイン	伊藤健一（エステム）
制　作	志賀是仁
印刷・製本	大日本印刷

ISBN978-4-296-10883-1